之江崛起——纪念改革开放40周年系列丛书



# 中国LOGO

## 浙商品牌腾飞之旅

“之江崛起”丛书编委会 编

中国市场出版社
China Market Press
·北京·

**《中国LOGO——浙商品牌腾飞之旅》编辑部**

策　　划：田　军

顾　　问：钱宝鑫　李　莉　林海华　陈永胜

　　　　　姜雄伟　孔　亮　李振纲　陶　蔚

　　　　　李小航　张国华　张　平

主　　编：叶建华

副 主 编：吴　军

执行主编：于　倩

编纂人员：王向阳　陈　彤　龚坚华　柴　丹

　　　　　陈余玉　夏　燕　安　宇　梅雪风

　　　　　潘玮琳　于　倩

“之江崛起”
系列丛书

# 总序

## 繁华的真谛

王永昌　文

历史，总是在一些特殊年份给人们以汲取智慧、继续前行的力量。2018 年，就是这样一个特殊的年份，改革开放40周年，人们回顾过往，继往开来。

1978 年，在邓小平同志倡导下，以中共十一届三中全会为标志，中国开启了改革开放历史征程。从农村到城市，从试点到推广，从经济体制改革到全面深化改革，40 年众志成城，40 年砥砺奋进，40 年春风化雨，中国人民用双手书写了国家和民族发展的壮丽史诗。

一滴水可以照映出太阳的光芒，一个地方可以体现一个国家的风貌。

浙江是中国共产党红船的起航地，是中国改革开放的重要先行地，也是习近平新时代中国特色社会主义思想的重要萌发地。浙江自古人杰地灵，一条之江，从西向东，横贯全省，哺育两岸人民。改革开放40 年来，浙江人民沐浴着阳光雨露，踏着滚滚之江大浪，开启了一轮又一轮改革，创造了一个又一个的“之江奇迹”。浙江以自己的创造性实践，形成诸多鲜活的实践经验，在之江大地上波澜壮阔地展示出了中国道路、中国理论、中国制度、中国文化、中国经济的强大力量，踏踏实实地打造出了当代中国发展的鲜活浙江样本。

这其中，不得不说的是中国共产党领导下的浙商群体。他们与改革开放的历史进程同呼吸共命运，取得了惊天动地的历史性成就。

40 年间，浙商和中国企业家群体一起，参与创造了当今中国的变革时代；浙商参与创造了当代中国的基本经济制度，浙江民营经济的成长和发展，为中国特色社会主义制度注入了新的时代活力，进而形成了以公有制为主体的多种所有制经济共同发展的格局；浙商参与创造了一个全面小康的浙江，为浙江经济社会发展实力的较快提升、人民生活水平的较快提高作出了较大贡献；浙商不仅参与创造了浙江精神和浙商文化，助推浙江现代文明的发展，而且形成了一个具有国际影响力的群体。

改革开放40 年，浙商是怎么崛起、成长的？浙商发展之路是一条怎样的路？

**浙商之路是一条人类生命力量的搏击之路。**

人类的生命、生存本性是人类活动和发展的最为深层，和最为基础的动因，这是唯物史观的生存需求论。

浙商的发展之路，从最深层的意义上讲，就是人性的本质使然。因为人们总是要千方百计地去满足自己生存和发展的基本需要，让自己生活得更美好。这就是人的生命的冲动，就是社会生产力的呼唤。

浙商要对中国未来充满信心，要遵循习近平同志“让人民生活得更幸福更美好”的要求，大胆地往前走，不断开拓创业，去寻求新的发展。

**浙商之路是一条浙江人顽强拼搏奋斗之路。**

一方水土养一方人。浙江人的精神特质与浙江的地域、历史、文化、地理、资源等多种因素息息相关。由历史和现实造就的浙江人的优秀品行，让浙江人用勤劳的双手和智慧的头脑去改变自己的命运，创造自己更美好的生活。

无论是过去还是未来，浙商都需要传承浙江人身上的那种特别能吃苦、特别能创业、特别能忍耐、特别能冒险、特别能发现商机、特别能合作创新等内在品格，并在时代的实践中不断去丰富和光大浙江人身上特有的拼搏奋斗的品质。

**浙商之路是一条走向现代工商文明之路。**

浙商40 年发展之路，是由农民草根创业走向工商业企业家的成长之路，也是资本从单纯原始积累走向多元集聚的拓展之路。浙商是在做小商小贩生意和为城市经济代加工的过程中，逐步走向工商资本发展之路的。40 年风雨兼程，从过去的乡镇企业中走出了一大批以股份制为特性的现代企业，过去“农民式”工商业主或者说“草根阶层”，如今已成长为搏击商海的现代企业经营者（企业家）。这充分说明现代工商文明是现代经济的必由之路，而市场经济与工商资本的有机结合，会不可避免地迸发出巨大的发展动能。

浙商40 年发展之路，实质上是走向工商文明之路，是市场与资本融合的发展之路，也是一条凤凰涅槃的转型之路。

**浙商之路是一条永无休止的创新之路。**

浙商40 年之路，从来就不是顺风顺水的，他们经历了一次次的创新洗礼。

经历生产产品的更新、企业制度的变革、科技进步的浪潮、产业结构的调整、国际市场的竞争等种种考验，正是在这种变革创新中，浙商才能赢得生存和发展的机遇。浙商的发展过程，也是由创业求生存再到更多地依靠变革创新求发展的过程。

浙商40 年成长之路，始终面临着“成长的烦恼”“发展的炼狱”的挑战。浙商在磨难中前进。他们是“涅槃”的“凤凰”，是“突围”的“勇将”。现在的浙商，更多依靠和追求的是创新红利、人才红利、科技红利。

**浙商之路是一条不断完善自我的嬗变之路。**

浙商40 年发展轨迹证明，他们是社会财富、社会文明和现代文明人（主体）的创造者，他们在改变世界的同时，也改变了自己——使自己不断成长为现代浙商。

正如改革开放需要再出发那样，浙商们也需要再提升再完善再出发：变革创新再出发，创业发展再出发，完善自我再出发，贡献社会再出发。

无论是总结回顾过去40 年还是展望未来的岁月，我们对浙商群体都充满信心，也充满了期待，相信浙商的未来会更加美好，国家的未来也会更加阳光灿烂。

在举国同庆改革开放40 周年的重要历史节点，欣闻市场导报社策划编纂了“之江崛起”系列丛书。这家伴随着1992 年小平同志南方重要讲话而诞生的报纸，由浙江省工商局创办，长期报道浙江经济，特别关注浙江民营经济发展。这些年，经过改革创新和全新改版，成功实现了从传统媒体向融媒体的转型发展。市场导报社积累了大量人气和内容资源，并缔造了“浙商女杰”等大众耳熟能详的企业家品牌。

为认真贯彻落实习近平总书记“要隆重纪念改革开放40 周年”的指示，以党的十九大精神和习近平新时代中国特色社会主义思想为指引，以“八八战略”为总纲，干在实处，走在前列，弘扬企业家精神、劳模精神和工匠精神，推进“四个强省”“六个浙江”建设，大力宣传驰骋商海、勇立潮头的浙商军团在改革开放40 年中取得的突出成就，展示浙商的独特风采，市场导报社联合全省相关部门，与中国市场出版社共同策划推出“之江崛起”系列丛书编纂工程。

“之江崛起”丛书聚焦浙江经验以及浙江经济建设的主力军——600 万市场主体、1000 万浙商，将陆续推出小微企业成长样本、浙商品牌样本、浙商市场样本、浙商女杰样本等在改革开放历程中取得可喜成就、值得讴歌的经验、群体、企业家等，以书籍的形式公开出版发行。

浙商群体作为中国改革开放的弄潮儿形象，那种善于吃苦创业、敢于搏击市场风浪、勇于变革创新、富有时代责任感的坚强形象跃然纸上，屹立于之江大地，成为带动浙江高质量发展的精神内核。

之江崛起，繁华的真谛就在这里。期待“之江崛起”系列丛书震撼上市，特为之作序。

2018 年10 月28 日于杭州

（作者系第十二届浙江省人大常委会副主任、
浙江省文史馆馆长、浙商发展研究院院长）

# 前言

## 为“国家名片”而战

品牌是企业乃至国家竞争力的综合体现，也是参与经济全球化的重要资源。拥有国际品牌的数量和质量，体现了一个国家的经济实力和科技水平。

领改革开放之风气，浙商品牌从之江大地的星星之火到世界之林获巅峰荣耀。他们以品牌整合资源，推动产品结构、产业结构和企业结构的升级，进而提高品牌经济在社会经济中的比重，创造浙江经济崛起的奇迹。

（一）

改革开放40周年，浙江品牌建设水平雄居全国前列。截至2017年年底，全省有效注册商标量为154.48万件，位居全国第二（仅次于广东），占全国有效商标注册量的16%；成功创造树立600余件驰名商标和3600余件浙江省著名商标；地理标志商标208件，马德里注册4972件。全省办理商标质押登记482件，涉及商标1860件，授信额58.6亿元，办理商标质押登记件数占全国同期办理总量的37.4%，位居全国第一。“丽水山耕”“余姚榨菜”“金平湖”等区域公用品牌整合地区资源，

“母鸡”带“小鸡”，孵化出数百个子品牌，惠及数万当地农户和经营户，释放出越来越大的社会经济效益。

品牌建设和经济发展互为因果，品牌强则经济强。至2017年年底，全省每百户企业商标拥有数达78.7件。在之前发布的“中国商标发展百强县”榜单中，浙江独占33席，位居全国第一。前十名榜单，浙江入席的义乌、乐清、瑞安、慈溪和诸暨五县市均为民营经济发达的地区。

（二）

品牌发展并非一蹴而就。40年来，浙江品牌建设经历了粗放式发展、快速发展、国际化发展以及转型发展等不同阶段。从无牌、贴牌到有牌，从有牌到名牌，从名牌到打造国际著名品牌，浙江广大工商企业也完成了企业升级历史性巨变。政府引导、部门助推、企业担纲，作为商标品牌的主管机关，浙江省工商行政管理部门为全省民营企业争创品牌、保护品牌、运作品牌，营造良好的品牌发展环境做出了卓有成效的努力。

在粗放式发展阶段（1978—1991年），全省企业申请商标总量迅速增加，在浙江省工商局对商标进行调查摸底、清理和恢复注册的1980年，全省共成功注册商标300多件。到1991年年底，全省商标总量突破2万件。雅戈尔集团、华立集团、正泰集团、飞跃集团等民营企业因商标品牌意识先人一步，抢占了市场经济的先机。但该时期属于卖方市场，品牌总量急剧增加的同时，假冒伪劣层出不穷，全国多地爆发的“火烧温州鞋”等质量事件，留下那个年代的深刻烙印。

在快速发展阶段（1992—2004年），浙江民营企业痛定思痛，改变发展方式，注重塑造全国著名品牌。1995年4月，民营企业——宁波玉立电器公司的“玉立”商标成为全省最早的驰名商标。浙江省工商局在1992年开启省著名商标消费者评选活动，“娃哈哈”等75件商标被消费者投票评为省著名商标。1997年4月，《浙江省著名商标认定和保护条例》率先颁布，标志着浙江品牌建设步入法制化、制度化、规范化轨道，省市县三级梯队品牌认定体系的形成促使全省品牌大发展。

在国际化发展阶段（2005—2010年），时任浙江省委书记的习近平同志在浙江省工商局上报的《关于品牌大省建设政策措施的报告》上作出批示："品牌建设是转变经济增长方式、优化产品结构、促进产业升级的关键举措，要作为工作重点，形成具体工作方案扎实推进。"在省工商局推动下，浙江开启"品牌大省"大幕。该时期，浙江民营企业加快实施品牌"走出去"的战略，运用国际和国内两种资源和两个市场，全力推动浙江品牌大省战略。吉利集团购买瑞典品牌沃尔沃、金华的浙江盛世游艇有限公司收购意大利游艇品牌等典型跨国并购案引起巨大社会反响，"浙系"品牌军团由此声名鹊起。

在转型发展阶段（2011年至今），随着世界工业制造业进入新的转型升级期，互联网技术和人工智能技术日臻成熟，中国迎来新一轮科技革命和产业变革。在经济发展新常态下，如何做到以提高经济发展质量和效益为中心？2014年，国家主席习近平提出"中国制造向中国创造转变，中国速度向中国质量转变，中国产品向中国品牌转变"。国务院据此出台制造强国中长期发展战略规划——《中国制造2025》并印发《关于发挥品牌引领作用推动供需结构升级的意见》，最终在2017年正式宣布每年的5月10日为"中国品牌日"，这意味着国家品牌战略的正式开启。

积极贯彻落实国家和省委省政府的战略部署，浙江省工商局围绕商标品牌战略主要环节，在政策层面，力促驰名商标、省著名商标等商标项目列入省委省政府对各地市县党委政府工作的重要考核指标。在抓手层面，探索启动商标品牌指导站建设，统筹品牌基地创建，创新性地把品牌创建和服务工作延伸到乡镇一级，便捷、高效、近距离地指导服务。2016年以来，以商标便利化改革为契机，成功推动六个"国"字号商标受理窗口在浙江落户，使浙江企业在家门口即可申请注册商标。在示范层面，全省围绕打造浙江经济"升级版"，一方面启动省第一、二、三批“三名工程”试点培育，通过强化扶优扶强政策导向，指导企业加强创新，引导走中高端发展道路；另一方面，立足地区品牌个性，启动省级商标品牌示范单位评价工作，至2017年年底累计评出22个县（市、区）、39个乡镇（街道）和143家企业成为商标品牌示范单位，点线面联动，形成集群品牌、企业品牌和产品品牌三者相互支撑的示范带动效应，有力推动全省品牌建设的升级发展。与此同时，以创新监管方式、强化协调配合，线上线下“一体化”加强商标保护。

立足于之江大地，崛起于世界之林，改革开放40周年，越来越多浙商品牌突破一地一域的掣肘，开启腾飞之旅，以“中国名片”的雄姿与世界共舞！

（三）

历史，总是在一些特殊年份给人们以汲取智慧、继续前行的力量。改革开放40周年，人们回顾过往，继往开来。作为全省品牌建设的总策划师和总导演，浙江省市场监督管理局全新组建，浙江品牌建设工作由此进入新时代。立足职能，发挥能动性，以有形之手和无形之手“双手互搏互助”，参与并指挥推动“品牌强省”向更深层次迈进的大幕已然开启。

站在新时代的门槛，寻找、解构浙江品牌的样本，对于重温改革开放的时代精神、渲染创新创业的热潮、助力“品牌强省”的落实，意义重大。在隆重纪念改革开放40周年之际，市场导报社与国家发展改革委直属的中国市场出版社联合编纂《中国LOGO：浙商品牌腾飞之旅》一书，解析40个浙江品牌的典型样本，探索浙商品牌在转型升级中的普遍规律，书写在改革开放洪流中浙江人民解放思想、实事求是、与时俱进的品牌故事，传递这个时代的好声音，寻求继续前行之路。

国家间的竞争就是品牌化的竞争，一个国家的经济是否强盛与其国际品牌的多寡强弱密不可分，品牌崛起预示着国家崛起，品牌腾飞预示着国家腾飞。新时代，浙江为“国家名片”而战！

# 目录（排序不分先后）

## CONTENS

千年舟新材科技集团有限公司

# 19年，做一张“放心板”

从E1级到E0级，从E0级到无醛级，从行业首创杉木芯木工板到免漆板，再到LSB健康板、无醛级澳松板，72项专利，多项行标、国标制定……19年的栉风沐雨，19年的夙兴夜寐，19年的坚守创新，今天，“千年舟”已是中国消费者装修的首选品牌，国家高新技术企业、中国驰名商标、全国保障性住房建设用材优秀供应商、浙江制造、“品字标”认证等荣誉纷至沓来。在杭州举行的G20峰会上，千年舟还从余杭一隅一跃蜚声海外，为国扬威。

一舟一木一户家，一生一世一辈子。以中国家居建材行业百年企业为愿景，在浙商陆铜华的带领下，“19年做一张放心板”的千年舟品牌坚守故事值得传颂。

## 创建品牌
## 中华大海，“千年舟”跨千年，扬帆起航

“一个行业一定会留有一个缝隙，给一些有想法的人进去。”高中毕业后，成绩优异但没有升学机会的淳安千岛湖人陆铜华走入“社会大学”。不甘平凡的他深怀创业理想，自学裁缝和照相，开过代销店，承包过橘园，还卖过棒冰。他做事认真，对技术追求一丝不苟。他设计剪裁的衣服款式时髦新潮，广受欢迎。

后来陆铜华做起包工头，做事井井有条，深受甲方认可，在当地形成强大影响力，五年就赚到第一桶金，成为那个年代为数不多的“万元户”。“万

陆铜华

元户都是苦出来的。”他坦言，当包工头的五年，每年只是在农忙时给自己放假一周，说是放假，而这一周却要付出更多的体力，不分白天黑夜，把家里农忙的事情做完。

后来，陆铜华进入淳安县联合检查站工作。在做检查员的过程中，跟木材结缘。他的内心就一直希望去挑战命运。

机会总是留给有想法的人。在检查站的四年间，他发现有很多老乡在做木材生意，足迹遍布杭州、余杭、萧山、桐乡等地。在目睹一次木材生意的过程之后，他感到做生意并不复杂，于是毅然辞职，做起木材批发生意。

刚开始做木材批发生意的1990—1991年，陆铜华只是做简单的木材贸易；1992年，他来到位于杭州教工路附近的木材交易市场，开始做木材经营，销售方木。“起初一个立方的木头可赚200元，因为大家跟风而上，到了1994年、1995年，木材批发的利润空间已大幅下降，一个立方的木头只赚20元，甚至只有10元。”做木材已赚不到钱，极具经营头脑的陆铜华发现了沈半路上的商机。

“这条街上，大家都在卖夹板，生意很好。一车过来，瞬间就消化光了。”陆铜华就在夹板市场租了两间门面。市场里的同行都是坐销，等货上门，而他却不断跑客户、拓市场，从源头去找供应商。靠着这种吃苦耐劳的精神，从1995—1998年，陆铜华在夹板市场中的经营业绩遥遥领先。

“1998年年底，有位供应商朋友跟我提议办厂。当时整个行业品牌、环保、品质意识淡薄。我当时就想，如果办厂，第一个就是要做品牌，还有就是做环保，再一个是要做品质。”陆铜华说。

正是有了“品牌、环保、品质”的初心，使得陆铜华在萌生自主兴办实业想法的第一时间，就已经具有不同于常人对企业发展的定位。

免漆板

1999年，杭州华海木业有限公司在余杭良渚诞生。2000年年初，通过内部征集，集思广益，确立千年舟品牌。当时，公司名称“华海”寓意中华大海，行业是木业，舟与海、行业相关，又刚刚跨过新千年，千年舟品牌应运而生。

“那个年代，我自己去过其他加工厂，一进工厂，甲醛超标，让人眼泪直流，这一感受我不会忘记。”陆铜华立志要研发生产出一款环保、健康的板材。因此，早在创业之初，陆铜华就将“品牌、环保、品质”发展理念注入企业文化基因，确立“缔造健康居家、引领品质生活”的崇高使命。他带领千年舟全员上下，积极改善工艺和设备，成为当时少数通过中国环境标志产品认证的企业。

1999年，企业成立当年，千年舟首创杉木芯木工板；2006年，成功研发出E0级系列板材，将环保等级推向新高。相比E1级板材，E0级板材使用的胶水更加环保，甲醛含量更低。“千年舟率先推出E0级产品，也是以此向广大消费者宣誓决心，那就是始终坚持给大家带来绿色健康产品，提高人们的生活品质。”当年，千年舟不仅销售喜人，同时获得“杭州市名牌商标”“省级林业重点龙头企业”等数项荣誉。

2009年，千年舟在行业首家推出免漆板。“当时消费者用板材制造家具时要喷涂油漆，而油漆中甲醛含量很高，释放周期长，含有多种致癌物质，导致消费者依旧不能享受到健康环保的产品。面对这一痛点，我们开发免漆板，并在2009年成功上市，进一步促进千年舟品牌影响力和美誉度的提升。”

## 巩固品牌
## 三个思维，三个创新，为企业发展护航

“随着公司的不断壮大，发展遇到瓶颈，团队管理水平迫切需要提升。2014 年，公司提出品牌思维、财务思维、法律思维，其中，品牌思维是首要，财务思维是核心，法律思维是底线。”

品牌建设对于企业的发展意义深远。陆铜华认为，“品牌思维是企业首先要考虑的因素”。为了让健康板材走入千家万户，千年舟通过行业展会、行业协会会议、媒介宣传推广、线上线下营销活动等方式，提升企业品牌形象，让千年舟健康产品深入人心。

“其次，财务思维作为核心，树立成本意识，有效运用财务思维，与财务要求一致，按照财务要求开展工作，也是很重要的方面。随着千年舟品牌知名度和美誉度的提升，假冒伪劣千年舟品牌的案件日益增多，我们除了在打假方面进一步加大力度外，还要在合同规范、员工行为规范方面建立一个健康稳

千年舟集团

远红外桑拿房

定的法律环境，遵守法律法规不可逾越的红线。”

为了维护千年舟品牌形象和广大消费者权益，千年舟成立打假办公室，配备专职打假人员，在全国各地巡查、走访开展维护品牌活动。另一方面，积极采用新技术，如实现产品二维码扫描功能，方便查询真伪。同时，建立客户跟踪联系制度，建立客户投诉反馈服务机制，分析、研究和处理售后问题。此外，公司内部刊物设置法制专栏，定期发表相关信息，维护公司商标权益和披露处理侵犯公司商标权的违法案件进展。

2015 年，伴随着企业的快速发展，亟待进行组织变革，高素质人才成为企业发展的瓶颈。在这种形势下，公司提出“三个创新——组织创新、管理创新、产品创新”理念，将创新作为企业持续发展的不竭动力。在陆铜华的眼中，必须先进行顶层设计，对组织进行创新，同时引进配备人才，才能继而实现管理的创新；人才引进和管理有序，才会促进产品创新。

2015 年，千年舟研究院成立。经过 3 年多的发展，现已成长为浙江省级企业研究院、省级企业技术中心、省级高新技术企业研究开发中心、CNAS 检测中心等，并先后与浙江林科院、浙江农林大学、南京林业大学、浙江省林产品质量检测站等权威部门和机构进行全方位联合对接。近三年，累计投入技术开发经费3700余万元，拥有专利72项，其中发明专利4项，获得省级工业新产品8项，成为4项国标、12项行标的主持或参与制定单位，公司负责编制起草的《细木工板》《浸渍胶膜纸饰面细木工板》两项“浙江制造”标准通过评审并发布实施，杉木芯奥古曼负离子细木工板、杉木芯奥古曼普通细木工板两个产品成功取得浙江制造“品字标”认证证书。

“好的产品是一种价值传递。”陆铜华常说。近年来，千年舟通过技术创新研发，推出一系列健康产品。

远红外家用桑拿房是千年舟旗下柏菲伦品牌健康系统的重要产品，以中医养生理论为基础，利用生物波反射原理，促进人体新陈代谢，以达到强身健体的功效。随着现代人健康意识的觉醒，家用桑拿房正焕发市场新活力。

陆铜华表示，2018年，人造板环保标准大幅提高，对家居建材的环保性提出更高的要求，未来的家居建材之争将会是新型建材之争。

比如，近年推出的可饰面实木切片板（LSB），以进口松木为主要原材料，使用MDI无醛胶作为胶粘剂，有效解决甲醛含量的问题，具备绿色环保、健康无醛、表面可饰性和握钉力强、抗变形易加工等特点，能够广泛运用于建筑工程和室内装修，具有强大的市场竞争力和广阔的市场前景。还有即将推出的无醛级澳松板，同样值得期待。

## 弘扬品牌
## 追求卓越，回馈社会，践行企业文化主题

作为企业领头人，除了19年坚持不懈做一张“放心板”，陆铜华带领千年舟全体员工不断“追求卓越，回馈社会”。

2012年，自卓越绩效管理模式在千年舟导入以来，经过6年时间，企业管理进入一个相对成熟的阶段，实现组织绩效的持续改进。2015年和2017年，分别获得“余杭区政府质量奖”和“杭州市政府质量奖提名奖”，目前已形成具有千年舟特色的卓越绩效模式，开创企业发展的新局面。

“绿色是根，匠心是本，创新是魂，公益是责任。”陆铜华表示，“企业

快速发展的同时，要常怀回馈社会之心，积极履行企业社会责任，包括道德责任、公共责任和公益责任。”

道德责任是要鼓励员工践行良好的行为准则，公司合法经营，依法纳税，并传递诚信经营理念，影响五大利益相关方，共创诚信守法经营环境。

公共责任方面，千年舟一直以来积极推动环境保护、资源利用、节能降耗、公共卫生、安全生产、产品安全等方面的工作，加强公共责任体系建设。如2017年10月，由千年舟新投资的日照市澳思柏恩装饰材料有限公司新建落成，该项目环保措施齐全，设备性能处于国际领先水平，自动化程度高，符合国家节能减排、资源综合利用、保护生态环境等各项方针产业政策，是国家鼓励发展的重点项目。

近年来，在积极履行企业道德责任和公共责任的同时，千年舟对公益责任常抓不懈，共举办关爱儿童活动十余场次，与中小学、高校达成助学计划，每年结对贫困生，资助寒门学子圆其上学梦，累计资助受益人群近千人。在汶川、玉树地震，湖南洪灾发生后，千年舟第一时间伸出援手。

为响应习总书记2020年脱贫攻坚战略，2018年1月，千年舟携手民建思源·彩虹人生公益基金会，与供应商、经销商共同倡议发起“绿色健康+扶贫”公益项目，筹集慈善款约130万元，致力于推动贫困地区植树造林，改善贫困地区生态环境，加快贫困地区脱贫致富，为打赢国家脱贫攻坚战贡献一份力量。

此外，在陆铜华的支持下，千年舟党总支工作开展得有声有色，以“党建做实了就是生产力、做强了就是竞争力、做细了就是凝聚力”为理念，结合企业发展实际，始终坚持围绕“打造家居文创中心，强化党组织服务核心，凝聚企业员工人心”的“三心”工程，以实现“发展强、党建强”为目标，开展党建带群团建设活动，开创党建、工会工作新局面，助力企业迈上新台阶。

近年来，定制行业经过市场启蒙、起步阶段和发展阶段，全屋定制成为新的风口，各省市关于全装修的政策频出，为全屋定制提供了政策依据。寻找企业新的利润增长点，成为千年舟第二次发展转型的背景。顺理成章，千年舟开始涉足家具制造和成品制造，从板材逐步向全屋定制、智能家居方向发展。“现在的成品生产已经逐渐工厂化，如果还是按照原来作坊式的模式走，势必会遇

全屋定制

到很多很难解决的问题。”基于这种考虑，千年舟在余杭的仁和建立成品生产基地，并引进德国豪迈设备，提升生产自动化水平，保障产品质量的稳定性，提升终端市场竞争力，吸引多家工程单位开展项目合作，获得终端消费者的满意和信赖。如今的千年舟，已搭建起以基础建材、全屋定制为核心的两大产业。

陆铜华表示，改革开放 40 周年，为中国企业的发展积淀了丰厚的资源基础、技术基础和市场基础。千年舟将牢固树立机遇意识和发展意识，结合国家提倡的“推进绿色发展、循环发展、低碳发展”和“建设美丽中国”的宏伟蓝图，在 2018 年“新时代、新视野、新模式、新动力、新征程”五新主题引领下，不忘“品牌、环保、品质”初心，发扬“龙舟精神”，始终围绕“缔造健康居家，引领品质生活”的企业使命，做好一张放心板，强力推进成品化，为消费者打造美好家园而努力。与此同时，还将继续加强对公益活动的组织力度，扩大社会服务范围，提高服务质量，不断追求卓越，回馈社会。

文：于倩　李文哲　范慧

# 创新驱动　守正致远

春江水暖鸭先知，改革开放的春风从中国的南海边吹来。作为改革开放后第一批浙商代表性人物，20 世纪 80 年代，在邮电局工作的王建沂，带着通信情结与梦想走上创业之路，几十年如一日，坚持创新发展，守正致远。

以技术为品牌，以创新为品牌，以品质为品牌，以文化为品牌，历经 31 年的探索与发展，如今，作为富通集团创始人、富通集团有限公司董事长，王建沂创办的企业已稳居“中国企业 500 强”之列，年营收已突破 300 亿元，并成为横跨光通信、能源电力线缆传输产业，业务覆盖全球 50 多个国家和地区的大型民营企业集团。

站在改革开放 40 年这个重要的时间节点上，王建沂表示，回首往昔，无论顺境还是逆境，创业初心始终未变。谈及创业经历，他坦言：“从不为到有为，从一名技术员成长为一名企业家，我始终坚定做制造业，做负责任的企业家，以产业报国为己任。”

## 勇做创业探路者

王建沂出身于革命家庭，从小的耳濡目染，培养了他过人的胆识和坚忍不拔的毅力，伴随着他从创业走到今天。1982 年，王建沂从学校毕业后，在杭

富通集团前身——杭州富阳通讯材料厂

州富阳邮电局担任线路传输工作技术员，与通信行业结下了不解之缘。

1987 年，改革开放的春潮在祖国大地上涌动，许多人冲进浪潮，创业办厂做产品。面对改革开放的好机遇，怀揣着实业报国梦想的王建沂敏锐地感知到了时代的脉搏。乘着这股“春风”，王建沂放弃了邮电局的工作，筹集了几万元资金，创办了杭州富阳通讯材料厂，租下了一处不到 40 平方米的厂房，开始生产铁芯电话线产品。

“起初，没有技术、没有设备，光凭这么几个人，想要干出一番事业谈何容易。”刚刚创业的王建沂，内心七上八下，忐忑不安。但基于对通信行业发展前景的预测，让他看到市场的潜力并为他增添了一些自信。

关于创业初期的往事，每次忆及当年，王建沂都感慨自己遇上了改革开放的好年代。改革开放 40 年间，中国通信业基础设施建设完成了质的飞跃，信息化发展迅速，从最开始的电报电话到后来的“BP 机”“大哥大”，再到现在的光纤到户和物联网、云计算等新兴技术，整个信息通信行业经历了翻天覆地的变化。

在当时，通信行业是一个相对处于前沿的产业。那时，从原材料采购到安排生产再到跑销售等大小事务，王建沂都亲力亲为，艰辛可想而知，但丝毫没有让他退缩。他深信通信行业是朝阳产业，国家信息产业的春天迟早会到来。

1991 年，当时富通的铁芯电话线产品供不应求、形势很好，生产铁芯电话线给王建沂带来了一定的资金、市场基础和创业经验。那个时期，他几乎是没日没夜、起早贪黑，一年 365 天无休。但这毕竟不是价值链高端的产业，又是小作坊式经营，很难发展壮大。王建沂还在寻找新的机会。

面对技术革新、产品更新换代的快速发展，王建沂深知，只有产品结构不断改进，才能顺应市场发展潮流。随后，他便开始琢磨性能优于铁芯电话线的铜包钢电话线产品，从最开始的远赴外地寻找科研单位，到后来的研发生产，富通的产品顺利通过省级鉴定，并进一步扩大了生产规模。

到了 1994 年，王建沂已拥有 5 家上规模的企业，合并成立了杭州富通集团公司，走上了规模化经营的发展之路。1995 年，富通开始引进国际先进设备、技术和管理经验，与日本昭和电线电缆株式会社合资，从事通信电缆、数据电缆以及电子线的研发制造。

20 世纪 90 年代，中国进入信息化时代。城市电话以及互联网普及率不断上升，现代数据通信业务开始落户经济相对发达的地区。富通紧跟趋势转型求变，将目光瞄准了光缆这一新兴的通信材料技术，先后研制开发了多种系列的光缆产品，开创了浙江省光缆生产的先河。凭着对通信行业的敏锐判断，王建沂带领企业不断转型创新，不断引进先进技术和人才等资源，抢占技术制高点。

## 执着坚守　实业创新

1998 年前后，王建沂继续谋求企业的转型，进行了产业链的调整和提升，从国外购买光纤的上游原材料光纤预制棒，开始生产光纤产品，集中力量做强做优企业。

当时，中国光纤光缆产业处于快速增长时期，行业的稳健发展让富通得到了丰厚的回报，成为国内少数几家能够自行生产光纤的企业之一。但是，只能生产光纤产品还不行。2000 年前后，中国通信行业步入技术升级、产业革新的高速发展时期。国内涌现出一大批光通信企业，却没有一家企业掌握光通信产业的核心技术——光纤预制棒生产技术，只能从国外购买光纤预制棒来拉制光纤。面对行业的技术垄断和受

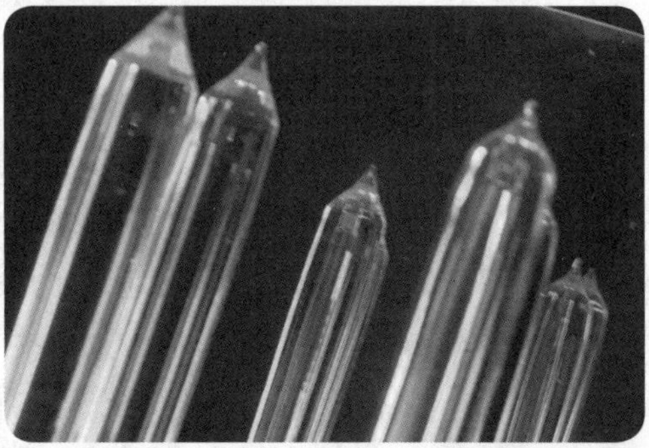

光纤预制棒产品

制于人的处境，王建沂的内心无比煎熬。和那些技术先进、规模庞大的国外企业相比，富通这样的国内光通信企业无疑是处在产业价值链的下游，就没有办法改变这一局面吗？

“光纤预制棒技术被国外企业垄断，国内企业若要突围，必须自主创新。这件事情迟早要有人去做。这个时代，既需要有仰望星空之人，也需要有脚踏实地之人。”王建沂当即决定进入光纤预制棒产品领域的研发，突破光通信产业发展瓶颈。“担民族责任、实现光荣与梦想。”这是他对自己以及所带领技术团队的自勉。

但是，研发光纤预制棒技术，不是简单的产品创新，而是一个系统集成的创新，涉及材料、设备、工艺等各个方面，必须沉下心埋头苦干。研发初期，由于缺乏相关技术经验，一切都需要从头摸索。王建沂清楚地记得，他带领研发团队的技术骨干赴海外学习，却被国外企业拒之门外的情形。“从那时开始，攻克光纤预制棒技术便成了我的全部。”怀揣着“中国企业也能掌握核心技术”的信念，王建沂更加坚定了他的技术创新之路。

在强烈的使命感和不服输劲头的驱动下，仅仅用了一年半时间，王建沂带领研发团队夜以继日不断试验，终于在2001年年底研制出了国内首根拥有自主知识产权的光纤预制棒，成功掌握了光纤预制棒全合成技术。

这段艰辛经历，其实是富通发展过程中众多技术突破和产业转型的缩影。光纤预制棒技术的研制成功，使得我国光纤制造成本迅速降低，不仅突破了世界光通信产业的瓶颈，更带动了整个中国光通信产业的转型升级，也确立了富通集团在行业内的前沿地位。

随后，富通光纤预制棒产业化项目被列入国家“863”计划，富通也先后获得了国家信息产业重大技术发明奖、国家科学技术进步二等奖、中国电子信息科学技术一等奖等多项国家科技奖励。特别是2004年，时任中共浙江省委书记习近平视察富通集团，对富通坚守光通信产业，以技术创新突破世界光纤产业的核心难题——光纤预制棒技术给予了高度肯定，并对光通信产业发展的前景寄予厚望。这更加坚定了富通坚守实业、创新发展的信心。

没有第一次从“电信号”到“光传输”的转型，就不可能迅速完成资金、市场和技术的积累；没有第二次产业核心技术的突破，就不可能形成完整的光通信产业链竞争优势。产业报国、实业兴企，是王建沂不变的创业初心。

此后，在他的带领下，富通集团继续在巩固和完善光纤预制棒自主技术创新体系方面深耕细作，坚持以创新驱动促进提质增效和产业升级，强化核心技术的研发和产业化发展，推动技术、管理和商业模式的协同创新。

当下，富通集团已成为中国光纤预制棒和光纤技术标准的制定者之一，并持续加大技术创新和科技研发投入，将技术进步与产业升级融为一体，逐步实现从规模化发展向高质量发展、从低端产品向中高端产品迈进。

人才是企业的推动力，创新是企业的驱动力。在推动实业报国的生动实践中，富通集团坚持走合作共赢、人才发展的道路。不仅在国内建立了富通技术研究院、企业技术中心、博士后科研工作站等科技创新平台，还在海外生产基地建立高品质、高水准的检测中心，形成了多元化、开放式的研发体系。与此同时，富通集团先后与北京邮电大学、浙江大学、天津大学、南京邮电大学、电子科技大学等高等院校和科研机构开展交流合作，吸引更多的高端创新资源，聚集一批通信行业领域的技术人才和专家。

2012 年以来，在巩固光通信主业的基础上，富通开始实施“双主业”战略，在能源电力线缆传输产业领域进行技术研发和积累。超导技术是 21 世纪的战略性储备技术之一，在能源、医疗、信息、交通等领域具有重要的应用价值。在 2016 年度国家科学技术奖励大会上，中国科学院院士、中国科学院物理所研究员赵忠贤因在超导技术及应用方面的突出成就，荣获 2016 年度国家“最高科学技术奖”。

富通进入高温超导领域的决心更加强烈了。早在 2014 年，富通集团就在二代钇系列高温超导电缆技术应用领域投入大量人力、物力和财力，搞开发、搞试验，建设了全球领先的高温超导电缆制备工厂，配置了全球先进的超导电缆评测和研发、实验装备。“民营企业是国家的一分子，有责任为国家的能源事业做点实事。”在王建沂的大力支持和坚持下，2017 年 3 月，富通集团建成了二代钇系列高温超导电缆传输应用验证试验线并成功挂网运行，为我国能源战略作出了积极的贡献。

这两年，随着持续的技术创新，富通在能源电力线缆传输领域形成了深厚的技术积淀和市场口碑。现在，富通要做的是积极布局未来 5 ～ 10 年的战略性技术，集中力量研制海洋光电复合缆技术。

## 智能制造　转型升级

集聚光通信行业上下游全产业链竞争优势，助力实体制造业从“中国制造”向“中国智造”跨越，这是王建沂眼下最大的梦想。

“任何行业都有上下游产业链，而信息化就像一条公路，如果能够把所有的生产工序以及产业链配套企业集成在一起，并且设有指挥高效的统筹调配系统，那么整个产业链形成的集聚效应，将会为光通信行业的发展带来不可估量的推动力量。这些就是富通全产业链想做的。”王建沂说。

“互联网 +”让王建沂看到了这个梦想变成现实的可能。在他看来，在物联网、大数据、智能制造等新一代技术应用的当下，产业互联网的时代已悄然来临。利用互联网技术提升传统实体制造业的智能化水平，应用新技术、新模式、新方法，将为富通发展带来新机遇，而全产业链项目正是富通实现智能制造的突破点。

富通集团在全国首个县域科学发展示范点浙江嘉善建设的光通信全产业链工厂，依托产业链集成配套的模式，极大地提高了企业的生产效率。在偌大的生产车间里，仅有少量工人，车间里更多的是机器运转时发出的声响。从原材料的投入到光纤预制棒的生产，再到光纤拉丝、光缆成品入库，全过程真正实现了自动化和智能化。

根据规划，这座集光纤预制棒、光纤、光缆以及原辅配套材料于一体的全球特大型光通信全产业链工厂，正在探索“产业组织模式、生产制造组织模式和市场（商务）模式”的创新，将“制造技术、自动化技术和信息化技术”三者融合，形成以“机器自主者”为核心的智能制造，打造具有全球竞争力的先进制造业集群，为助推嘉善县域科学发展示范点建设，为探索浙江县域块状经济转型升级提供路径。

31年如一日，专注实体制造业，持续稳步前行，富通已经拥有了绝对过硬的技术实力和产业创新能力，不断蜕变，转型跨越，深刻诠释了中国光通信行业从“中国制造”向“中国智造”的转型，以民营企业的家国情怀和企业担当书写着产业报国的“中国梦”。

## 加速国际化 铺设“信息丝绸之路”

早在20世纪90年代初期，富通集团就开始实施国际化战略。随着改革开放进程的不断深入，富通集团的发展也进入了新阶段，国际化战略不断提速。

2003年，富通集团在香港设立了高科桥光通信有限公司，成为香港唯一的一家光纤制造企业，集聚产业和技术等高端人才，也成为富通面向全球化市场的有力跳板。在随后的几年里，富通集团一步一步谋划全新的国际化战略，瞄准海外市场和先进技术，实现从“技术引入”向“创新输出”转变。

富通集团在泰国罗勇工业园的现代化光缆工厂和产品研发、检测中心已经建成6年了，目前正在进行二期扩产项目建设，目标是成为东盟地区最大的光

富通集团东盟（泰国）产业基地

纤、光缆工厂。

得益于全球信息互联互通和“一带一路”经济带建设，富通集团泰国工厂运行6年来，以“融入当地文化、本土化经营”为战略，取得了优良的经营业绩，产品供不应求。未来，富通泰国工厂将全面服务于包括泰国在内的东盟各国以及南亚、中东、北非乃至欧洲等地，积极服务和保障当地信息互联互通建设。

当下，富通集团联合国内民营企业，在北美洲墨西哥共同合作开发和搭建高端产业园，积极部署北美洲和南美洲市场，参与境外产能合作园区的建设，探索中国企业“抱团、集聚”发展，产业链互补、有序“走出去”的模式，共同面向和参与国际竞争。

20多年的全球化实践，富通集团积极实施品牌战略，持续加大海外市场拓展力度，跟随“一带一路”倡议“走出去”，凭借全球化营销体系，稳步提升市场占有率，不断提高在全球价值链的分工和地位。当下，富通已在泰国、墨西哥、卢森堡、日本等地设立产业基地和区域总部，产品与服务涵盖全球50多个国家和地区，成为新时代“信息丝绸之路”的重要建设者和推动者。

“一带一路”倡议是当前中国企业国际化发展的最强支撑，也是给予中国企业向沿线国家输出绿色、先进、高新产能的最好机遇。“我们会以更开阔的视野、更宏大的格局，将企业积极融入国际化竞争，以战略性思维做大做强，实现全球化的布局。”王建沂说。

## 担当责任　锤炼企业家精神

1993年，王建沂加入中国农工民主党。一直以来，他对中国共产党抱有深厚而特殊的感情，在长期的企业经营生涯中，他坚决拥护中国共产党的领导，高度重视非公有制企业党建工作，坚定“听党的话、跟党走”的信念，将个人进步、企业发展融入社会发展、国家进步乃至中华民族伟大复兴的进程之中。

富通集团1993年成立党支部，特别是2000年成立党委以来，一直高度重视党建工作，牢固树立“党建强、发展强”的工作理念，以党建促发展、以党建促转型。特别是在探索新时代非公有制企业基层党建工作新路径方面，取得了一定的实效。

富通集团有限公司董事长王建沂在全国政协大会发言

富通集团党委是 2016 年 7 月中共中央表彰的“全国先进基层党组织”，是中共中央组织部表彰的“2010—2012 年全国创先争优先进基层党组织”，也是中共浙江省委表彰的“2001 年浙江省先进基层党组织”和“2016 年浙江省先进基层党组织”。

作为第十一届、第十二届、第十三届全国政协委员，履职十几年来，王建沂积极履行委员职责，认真走访调研，精心撰写提案，先后提交了 40 多篇高质量的提案和社情民意，践行着一名全国政协委员的责任和担当。2017 年，王建沂当选为第十一届浙江省工商联主席、浙江省商会会长，成为第三位担任浙江省工商联主席的非公有制经济人士。

富通的发展和壮大，得益于改革开放的大好时代，离不开党和政府、社会各界的关心和支持。一直以来，富通集团始终肩负产业报国、回报社会的时代责任，在企业做大做强的基础上，积极参与精准扶贫、捐资助学、抗震救灾、慈善捐助、光彩事业等社会公益活动，已累计捐款捐物超过 4 亿元人民币，践行着一个企业公民的时代使命与担当。

特别是近年来，富通集团紧紧围绕国家脱贫攻坚战略，不断创新产业扶贫模式，积极投身“万企帮万村”精准扶贫、东西部扶贫协作和对口支援工作，探索和创新产业扶贫模式，特别是集中力量聚焦深度贫困地区的扶贫。

诚信和质量，是企业的立身之本。多年来，富通集团始终坚持“合法合规、正派经营”的理念，守正致远，不断完善企业管理制度，注重品牌建设，诚信履约、合法经营，守信用、讲信誉、重品质，树立了“富通”品牌良好的信誉和形象，实现了企业经济效益和社会效益的双赢。

当下，富通集团已是全球互联网信息基础传输材料光纤通信产业领军企业和国家能源电力线缆传输产业重要推动者，也是全球光纤光缆最具竞争力企业和中国线缆行业最具竞争力企业。富通产品和系统已广泛应用于电信网络、电

富通集团总部研发大楼

力传输网络、汽车、家电、移动终端和家庭等，约占全球 10% 的市场份额。

多年来，富通集团为中国光通信行业的发展以及实体制造业的转型升级做出了积极努力，先后荣获信息产业重大技术发明奖、国家科学技术进步二等奖、中国电子信息科学技术一等奖、全国信息产业系统先进集体、信息产业科技创新先进集体等荣誉，承担了多项国家“863”计划，也是全国守合同重信用企业。

从光通信产业核心技术的突破，到全球单体规模最大、竞争力第一的光通信全产业链工厂的建设；从全产业链发展模式的探索，到“双主业”战略的全新打造……立足实体制造业并逐渐形成产业生态，富通在不断创新转型中，从一家制造型企业逐渐迈向现代化智能制造企业集团。

富通创业创新的 31 年，是在改革开放的阳光沐浴下成长的 31 年。在改革开放 40 周年的新起点上，王建沂说得最多的一句话就是：“民营企业是党和国家改革开放政策的实践者、参与者和受益者，与改革同频，与发展同步，奋斗是我们对这个时代最好的回应。”

文：于倩　钟赛

# 医药行业的"第一"和"唯一"

杭州第二制药厂

古老的杭州祥符桥边有这样一家经受历史洗礼的医药企业，它曾是行业中名不见经传的"小老弟"，在变化莫测的商海中跌宕沉浮，它曾经历过产品落后的阵痛，在发展道路上孜孜寻求变革与机遇，以"要么第一，要么唯一"为创牌指针，25年改革创新，25年持续坚守，终在行业中占据一席之地，接连获得国际、国内行业多个"第一"和"唯一"，成为浙江省医药行业龙头，也是国内响当当的医药企业——华东医药股份有限公司（以下简称华东医药）。

改革开放40周年，回顾华东医药的发展史，实际上也就是回顾董事长李邦良带领华东医药改革创新的品牌发展之路。

## 默克效应：
## 合资，打造跨国品牌

1992年7月，从南京华东工程学院火箭弹制造专业毕业，又经上海某农场锻炼，并历任杭州华东制药厂技术员、车间主任、办公室主任、厂长助理的义乌人李邦良走马上任，担任该厂厂长。

杭州华东制药厂历史悠久，前身为成立于1952年的杭州第二制药厂。据李邦良回忆，当时厂里的主要产品还是20世纪80年代前的土霉素、庆大霉素和螺旋霉素。面对日益激烈的市场竞争，厂里对这些老产品一再压价，仍摆脱不了亏损窘境，"华东"陷入低谷。

在危急关头，李邦良迎难而上，向上级领导立下"军令状"：一定要带领华东杀出一条血路来！

军令状是立下了，但要在困境中找出一条明路，又谈何容易？李邦良日思夜想，认为企业要发展，最好的办法就是和外商合资。于是，在1992年，李邦良组建杭州华东医药集团有限公司，同一年成立杭州中美华东制药有限公司（以下简称中美华东）。

当时，全世界最大的医药公司之一默克公司（销售额曾是中国整个医药行业的两倍）正在全国6省市考察28家大公司，考虑合资。经介绍，中美华东被列入考察范围，但中美华东在杭州制药业当中都算"小弟弟"，人家凭什么挑中你呢？

果然，谈判出人意料的艰辛。谈了两年，共谈了21次，1994年5月14日凌晨3点多，最后一次谈判结束，默克最终选中中美华东。8点半，双方开始签约，合同有六大版本、十几套，中外文双语，仅双方签字就用了4个多小时。对此，李邦良感言："经过这样的阵势，今后再难的谈判，公司都没怕过。"

第二天，就有香港媒体记者打电话来问，世界巨头默克为什么选中美华东？

当时李邦良回答说："一是，看我们生产稳定。二是，发现我们在努力开发器官移植必服的新产品环孢素（新赛斯平），说明我们重视科学技术。这种药，现在世界上只有两家厂能生产。三是，美方说我们的人素质好。他们一个月要来一趟，每次来不同的人考察，都会提出新的问题。下一次来，发觉之前的问题我们已经改正，屡试不爽。”

比如，默克说，女厕所用蹲坑，对女士不够尊重。下一次再来，公司的厕所比宾馆里的还要豪华。又比如，厂里当时未禁止吸烟，默克有意见，因为默克公司包括其全世界大大小小的子公司都是禁烟的。公司几次开会禁不了烟，开职代会也通不过禁烟令，后来公司下了死命令，不准抽就是不准抽，一刀切。厂领导里的老烟枪都带头戒了。美国人一来，就讲公司办事有魄力！

以真诚换真心，回忆与默克的合作，李邦良感触很深。他认为，抓住这次机遇，公司上下开阔眼界，学会很多。

1993 年 8 月，中美华东和默克公司在香格里拉饭店签下意向书。美国人一转眼就在中国招了 130 个营销人员并进行专门培训。一切都还没有头绪，就先抓营销，这让中美华东整个公司都大吃一惊。默克的做法让李邦良意识到，企业是靠市场活命的，要市场必须重视营销！一个事实是，当时中美华东近千人的厂，只有 5 个营销员。

学到新招数，李邦良马上派人到默克公司去培训，并先后于 1993 年、1996 年成立市场部、公关部（后更名为政策发展部），率先在北京、上海、湖北、广东等地成立营销办事处。现在，中美华东已拥有 28 个省市公司，营销网络遍布全国，有数千名一线营销员奔忙于全国各地的业务线。

“其实，合资的有形资产是有限的，无形资产才是千金难买的。不合资，企业根本意识不到营销有如此重要，也就无法吸收外企这些先进的理念与方法。”李邦良意味深长地表示。

因为抓住合资机遇，就在这一年，中美华东一口气组建三家合资企业，实力迅速壮大。此事在整个浙江省引起巨大反响，由于默克公司在国际上的影响和地位，随着它的到来，一批国际知名企业也纷纷落户浙江。这一举动被省领导称为“默克效应”，李邦良也被舆论界称为“最真诚、最具魅力的企业家”。

百令胶囊万里行活动

## 打造名牌：要么第一，要么唯一

1992年，邓小平在南方谈话中提出“两手抓，两手都要硬”。深受启发的李邦良提出深具“华东”特色的“两手抓”，即一手拓市场的同时，另一手要紧紧抓住科研。

早在25年前立下军令状，李邦良就决定发展高科技、高附加值产品。他积极与美国富春公司合资，用300万美元组建当时浙江第一个基因工程实验室，研制开发出G-CS (F白细胞生长因子)，并以此为基础，成立杭州九源基因工程有限公司，成为全省第一家实现基因工程药物产业化的企业，白细胞生长因子的生产属国内第一、世界第三。

据当时的媒体报道，对国企背景的公司而言，这是一着险棋，风险极大，当时公司内部有很多反对意见，但为了搞活机制，李邦良大刀阔斧撤并部分科室，勇于捅“马蜂窝”，连一些上级领导也觉得不可思议。但就是这一妙招，使公司扭转了被动局面。

此后，华东医药又推出公司历史上第一个中药创新药，也是浙江省第一个一类中药新药——百令胶囊（发酵冬虫夏草菌粉）。据李邦良回忆，当年为了推广百令胶囊，他发动办公室所有人员，策划“百令万里行”活动，公司征集队伍，一步一个脚印，5年跑了几十个城市。终于，在1998年，百令胶囊销售破亿元，华东医药迎来大发展。

值得一提的是，1996年11月24日，酒泉卫星发射中心发射的第17颗返回式卫星，在绕地球239圈后顺利返回地面，华东医药生产的环孢素菌种成功搭载卫星，在太空遨游15天。在这一实验中，华东医药利用太空条件对微生物样品环孢素菌丝体进行诱变育种，提高菌种生产水平。据当时的报道，这也是学火箭专业的李邦良和火箭的一次漂亮“合作”。环孢素的价值是黄金的3倍，华东是世界上第二家、国内第一家生产该产品的公司。此次实验后，华东又研制了新一代环孢素制剂——赛斯平软胶囊，打破瑞士同类药垄断国际市场的局面。

2003年，华东医药成功上市卡博平、卡司平两只治疗糖尿病的新药。华东医药作为这些产品的独家生产企业，不仅结束了此类药物长期依赖进口的局面，为国家节约大量外汇，为病人带来福音，也使公司攀上制药行业的高峰。

李邦良始终把眼光瞄准国际医药市场的前沿阵地，在25年内，相继开发推广一大批具有世界一流水准的高科技产品。至今，华东医药至少在四个领域里做到全国第一：

肾病领域，百令胶囊已经连续25年获得全国销量第一；器官移植领域，人体器官移植抗排斥首选药物——赛斯平，现在是全球销量第一；糖尿病领域的阿卡波糖、卡博平，至今为国内独家生产，是当然的第一；消化道领域的泮托拉唑，即泮立苏，目前全国市场占有率第一。

“世界上所有事情都一样，大有大的难处，高处不胜寒。各行各业做大后要保持市场地位不容易，我们有信心，是因为我们生产的是医院里真正的治疗药，特别是对于肾病类慢性肾盂肾炎，中医、西医都没有好药，百令胶囊是真正的治疗药，了解百令的病人和医生、专家一致认为百令对肾移植病人有效。卡博平是我们独家生产的控制二型糖尿病餐后血糖的首选产品。”李邦良独辟蹊径的差异化营销策略，为华东的发展奠定了坚实基础。

在科技研发上，李邦良带领下的华东医药一直舍得投入。国外很多一类创新药，研发历时 10 ～ 15 年，研发费用多达 10 亿美元。华东医药是国内药企敢于花大资本投入科技研发的极少数企业之一。2017 年投入 4.6 亿元科研费用，较 2016 年增长 70% 以上，且占公司整个工业销售收入近 7%。2018 年上半年，华东用于研发方面的支出总额为 2.64 亿元，比上年同期增长 60.57%。这也是华东创业 25 年，每年均能保持 20% ～ 25% 增长且多个药物销售额超过 20 亿元的重要秘诀。

“不求规模最大，但求效益最好；不求品种很多，但求品种最大；要么唯一，要么第一，走专科特殊用药之路，而不是靠广告打开市场。”李邦良坚持了 25 年的品牌策略，至今听来都是字字珠玑，入木三分。

## 顺势而为：<br>上市！赶上世纪末最后一班车

“企业要做大，还要借势，政府支持至关重要，国外也是这样的。争取政府支持不是政企不分的意思，而是依靠政府和政策扶持，顺势而为。”这是 25 年来，李邦良在实战中得出的经验。

1996 年，为了抓住改革机遇，使华东进入浙江省 15 家政府扶持的大企业集团的名单，李邦良带着公司人员去省、市有关部门做汇报。他朴素大方的作风，使得好多机关干部把他当成一名乡镇企业家，当知道他是一位有大学文化的国有大企业的老总时，都被他的朴实无华和高度敬业精神所折服。李邦良耐心细致的工作，加上华东强有力的发展后劲，终于使华东在 1997 年 6 月争取到省政府“一厂一策”的扶持政策，并成为省长的工作联系点，给华东带来莫大的鼓舞。

“批文看看也就几张纸，但对企业来说非常重要，这意味着华东在市里、省里都挂上号了。省里一支持，公司有了话语权，办事情腰板更硬了！”李邦良表示，此后几年，杭州市的“工业兴市”以及省、市政府的“机器换人”等一系列扶持政策的出台，都对公司发展都有着极大的推动作用，让公司在追求技术提升、效益提升的过程中备受鼓舞。

其实，当年的中美华东还是有“野心”的，自从1996年与杭州医药站“强强联合”成立华东医药股份有限公司后，整体实力更强了，于是李邦良希望企业能上升到国家层面，途径就是上市。

不过，上市并不容易，华东的上市路也不是一帆风顺，第一次就与省里的指标擦肩而过。“当时我的脾气是想好了就做，不管困难有多大——办法会在做当中冒出来的。”李邦良专门在北京成立办事处，一门心思对付上市这件事。花了3年时间，公司总算拿到上市指标，赶上20世纪末最后一班上市列车，在深交所上市。企业上市融资2.7亿元，立刻全部投入生产经营。

李邦良

“中美华东上市，不少朋友以为企业有多了不得的靠山，或者送了多少礼，其实真不是这样的。政府就是靠山！走歪门邪道也许一时得逞，但不长久，要做好事情，先要做好人，交心，诚信，这是最重要的。”李邦良表示，走正道办事，省心省钱省力。

然而，走正道不等于啥都不干。对政府领导和公司各界朋友，华东医药每个月要寄出600多份工作简报，言简意赅，起到十分重要的沟通和汇报作用。重要年节，李邦良还要写几千张贺卡。对于亲自做这样传统又费时费力的事，他朴素地表示，“年尾就是回顾一年经历的重要关口，应该给见过面、帮过忙的朋友寄一张贺卡，以表示对他们悉心帮助华东的感恩。”

“古人语，修身齐家治国平天下，那是士人应担负起的使命，而华东医药人用心制药，服务大众健康，是义不容辞的责任。”李邦良表示，华东医药始终坚持的是：济世为民、心系大众，以肩负社会责任为己任。

华东热心社会公共事业，在各类突发灾害面前勇于担当，积极响应，在抗击非典、抗震救灾、应对流感等一系列灾难病害时，特别是在应对“杭州7.5公交车纵火事件”“三墩爆炸事件”中，华东医药跨境采购“救命药”紧急驰援事故受伤人员，对受伤群众的生命安全和后期恢复作出积极贡献。在“六一”爱心助学、健康快车进社区、志愿团等活动中，也都不乏华东药人的身影。2006 年，华东医药还成立亲属活体器官移植爱心基金，至今十多年间，共捐赠亲属移植 4299 例，各类帮扶惠及 1564 人，捐助 533.37 万元；爱心奖励 1396 人，捐助 135.51 万元。

华东医药办公新大楼

## 再转型：续写国际化新篇章

2018 年是一个特殊年份，全国性的时代回眸轰轰烈烈。创业 25 年来，华东医药的年营业收入从组建之初的不足 1 亿元增长至 2016 年的 253.80 亿元，营业收入年均增长率始终保持在 20% 以上，在全国药企中都是绝无仅有的。其商业经营从 2004 年起，连续 13 年名列浙江省同行业第 1 位，并在全国药品批发企业中连续多年排名稳居第 8 位。

在改革开放 40 周年的时点，善于未雨绸缪的李邦良再度开始对华东进行战略规划。“经历过第一次转型 25 年后，华东今年要开始第二次转型。”这一回，李邦良决定将华东医药从制剂大厂转型为以科研开发和技术创新为主导的医药工业企业，要在原来制剂大厂的基础上进一步提升科研创新能力，将创新药摆在重要发展位置。

“目前，我们已经有三种国家一类创新药在临床阶段，一种抗癌药物已进入二期临床，另外两种糖尿病用药已进入一期临床，这也为我们华东医药的第二次转型奠定基础。”李邦良表示，华东的第二次转型相比第一次，前期准备更充分、速度更快、层次更高、目标更大：要创造一条渠道，将中国的成品制剂推向世界！

“仿制药走向世界是没有竞争力的，国内药企应该努力在创新药走向国际化的方向上下功夫。”李邦良自信地表示，华东医药用 5 ～ 10 年的时间，一定能完成这个目标。

对于研发创新药的定义，李邦良认为，在抗癌药、超级抗生素、心血管用药方面，华东医药不仅自己会做创新药，如果国际上有好的创新药，即使在临床一期、二期的阶段，公司也会寻求收购或者合作的机会。以研发制造创新药为主，这是华东医药不会动摇的方向。

为了实现国际化的目标，2018 年年初，华东医药已在美国波士顿、硅谷组建两个科研办事处，这是为了将世界上最好的医药科研信息、医药产品和技术引进国内，也有利于华东医药生产的创新药在美国市场向 FDA 申报，并在美国做临床研究，还可以更能让华东创新药直接在国外进行销售。

作为浙江省医药商业龙头，华东医药建立完整的医药流通配送和医药零售渠道，形成以浙北、浙南温州两大现代物流中心为支撑，以湖州、绍兴、宁波、丽水等区域子公司物流为配套的全省物流配送体系，仓库总建筑面积 11.8 万平方米。目前，市场份额已突破 20%。

华东医药转型之路还不止于此。在以研发生产创新药为主的前提下，如今也在医美行业加大布局。2018 年 8 月，华东医药宣布拟以现金要约方式收购以研发、生产、销售医疗美容产品为主的英国 Sinclair Pharma 全部股份。

李邦良认为，医美产品受国家政策限制小，看好这个领域的发展前景。“中国人口多，医美市场未来潜力非常大，颜值经济促进消费升级。收购的这家公司目前虽然规模不大，但是产品非常好，已在全球重点市场报批并布局，今后在中国报批上市后，有望获得更快发展，这是我们华东医药国际化的战略之一。”

改革开放 40 周年，华东医药转型再出发，向创新药进发，向国际化进发，必将续写新篇章！

文：于倩　胡群彦　左丫好

# “三板斧”，百年老字号重塑辉煌

同福永原厂址

杭州同福永酿酒有限公司是创建于1890年的百年老字号酿造企业。一百多年，经过几代人的艰苦努力，积累了精湛的酿造技术和管理水平，积淀了浓厚的酒文化。“同福永”的品牌在杭嘉湖一带有着较高的声誉。新中国成立后，同福永更名为“塘栖酿造厂”，后又更名为“塘栖酒厂”，所生产的产品在杭州地区同类企业中名列前茅，一直是杭州地区酿造企业中的重点企业。2007年年初，塘栖酒厂转手给了兴良米业有限公司的老板沈士良，沈士良这个退伍军人也一举成了塘栖酒厂的新一代掌门人！

沈士良执掌塘栖酒厂后，开始了解企业的历史，当他得知企业前身“同福永”的辉煌历史后，当即挥出了“三板斧”，开始打造企业的品牌。

## 第一板斧：恢复“同福永”，香飘百年酒业

自从同福永创办以来，塘栖人都一直喝着同福永酿制的酒水，用着同福永生产的酱油，吃着同福永推出的酱菜。同福永，可以说是塘栖人生活所必需的产品，同福永，也可以说是塘栖人家喻户晓的品牌。

同福永商标

至今塘栖人还津津乐道着同福永的故事：如民国时期同福永以生产黄酒出名，同福永的黄酒曾在杭嘉湖一带享有盛名。当时的掌门人为了让同福永的牌子更响亮，曾在地下埋下了三十坛同福永黄酒，其目的是想几十年后出土让其酒味更淳。可是，斗转星移，这三十坛黄酒至今仍未找到，成了塘栖人谈论同福永时的一个热门话题。

新一代掌门人沈士良了解企业的掌故和文化内涵后，挥出的第一板斧，就是恢复同福永的老牌子。

2007 年，在沈士良的努力下，杭州同福永酿酒有限公司正式恢复使用同福永百年老字号，随后沈士良又马不停蹄地走访老员工、寻访老档案，将企业一百余年来的发展历程整理成册，积极申报“浙江老字号”企业。老字号评审的专家来实地察看后，发现厂区内那一排排具有百余年历史的大缸和像金字塔一样的竹编缸罩、一百余年没迁过址的生产厂区，不由一个个啧啧称奇。这样一百余年没

同福永酿造

动过地方的老字号，在浙江全省都少见。就这样，2011年，同福永正式成为了“浙江老字号”企业，让其百年老字号的金字照招牌更亮、更响。

沈士良的第一板斧成功了，在他手里恢复了同福永的金字招牌，同时也正式成了同福永新一代的掌门人。但他很清楚地认识到，恢复同福永品牌，这只是第一步，接下去如何使同福永金光闪闪、大放异彩，还有许多路要走。

## 第二板斧：原酿珍藏酒，打造“塘栖茅台”

沈士良恢复了同福永后，为企业发展所做的每一步，都围绕着同福永的品牌展开。

同福永一直以来以酿制黄酒和白酒为主，其黄酒和白酒的质量都相当过硬，在消费者中有着一定的声誉。但是长期以来，白酒市场上始终被外地的一些名牌所占领，本地白酒很难打开局面。沈士良不信邪，他要从白酒上打开局面，达到占领市场的目的。

同福永金字招牌

同福永掌门人沈士良

沈士良挥出的第二板斧，就是让白酒在原有的质量水平上再提高一步。为了提高白酒质量，沈士良用自己拥有兴良米业的优势，保证了优质原料的供给，坚持传统的酿造工艺，经过一番努力，研制出原酿珍藏白酒，其红瓶同福永白酒口味还略有酱香味，可与茅台媲美。

说来也有趣，有一次，沈士良去江西景德镇定制酒瓶，席间正逢茅台镇上的一位酒厂的厂长在，沈士良开了他带去的同福永白酒，让对方品尝一下。谁知对方品酒后说：“酒是好酒，但这酒是从我们镇买来的原浆灌制的吧？”

沈士良一听，哈哈地笑了起来，告诉他，“这酒完全是我们自己酿制的。你若不信，可跟我去我们厂里看看”。

那厂长一听，眼睛瞪得滚圆。他说什么也不相信，江南的酒厂也能酿出酱香型白酒。他当即跟着沈士良来到了同福永，经过实地考察，那贵州的厂长服了，他竖起了大拇指，“没看过，说什么我也不会相信。现在信了，但我还是没搞明白，你们是怎么生产出这酱香型来的？”临走时，那厂长带走了几瓶不同档次的白酒，说是要带回去“研究研究”。

就这样，同福永白酒的知名度越来越响了，塘栖的消费者饮用此酒后都亲切地称它为“塘茅”，每逢外地亲朋好友过来，宴请时便“塘茅”助兴。一来二去，酒香飘出了万里。

## 第三板斧：枇杷、青梅入酒，打造“特色果酒”

原酿珍藏白酒打响后，沈士良又开始酝酿第三板斧怎么挥。

这一年，塘栖枇杷大丰收，满街都是枇杷，果农们都在为枇杷卖不掉发愁。沈士良看到满街的枇杷，突然脑海中灵光一闪，对呀，塘栖是“中国枇杷之乡”，所产枇杷闻名全国，而枇杷又具有润肺止咳等多种功效，如果能将枇杷入酒，

同福永古法酿造

酿造果酒的原材料

酿制出一种保健果酒，这不但使企业发展注入了新的力量，同时又为果农枇杷的销售找了一条新的出路，这可是一举数得呀！想到这里，沈士良一拍大腿，对！第三板斧就抡向这里，开发新一代养生果酒！

枇杷入酒，怎么入？采取传统的泡制法吗？沈士良尝试后感觉不行，泡制这条路不通，必须采用酿制的方法。但酿制枇杷酒，这对同福永这个老字号来说，是“老革命碰到新问题”，在同福永百余年的历史中，从未用枇杷酿过酒，老师傅都不知道，这枇杷该如何酿酒。怎么办？沈士良是个不服输的人，他想到了现代的高科技，传统的百年老厂也得与高科技挂上钩呀。想到这里，沈士良找到了杭州市农科院，在他们的帮助下，以高科技结合传统工艺，终于成功地酿制出枇杷果酒。

果酒

枇杷果酒，塘栖生产，带有浓浓的地方文化符号。它一上市，叫好声一片，引得喝酒的、不喝酒的都蜂拥而至。

枇杷酒的成功使沈士良受到启发：塘栖除了有枇杷，还有青梅，打造特色果酒，青梅酒也不能丢下。当然生产青梅酒就简单多了，泡制就行了。但沈士良却在泡制的白酒上下功夫，采用原浆珍藏的高度白酒来泡，泡好后封存，从而使泡制出的青梅酒口感胜过了日本的青梅酒。

枇杷果酒和青梅果酒的成功，使同福永的家庭日益壮大，同福永的知名度也越来越高……

文：丰国需

# 气动业“标杆”的品牌坚守

2008 年 9 月 17 日，北京残奥会闭幕式在鸟巢举行。整齐而鲜明的绿色草地上，伴着一曲悠扬的古筝声，郁郁葱葱的小草随风起舞，黄色小花渐次开放，不断变换。在这个智能草坪上，一笔一画显现出中英文字符：给未来的信。随之而来的是 60 万片香山红叶飘然而下……整个过程行云流水，完美衔接。现场爆发出热烈的掌声和欢呼声，全球观众为之赞叹。

这个智能草坪上有 36 万朵花，演示要求每一单元草坪动作灵活，精度要达到 0.1 毫米，草坪上的 1.6 万个动作气缸，3 万米的气动管道，479 个电气控制点……“这个工程的全套气动系统和元件设计，都是我们提供的！”位于宁波市奉化区溪口镇的宁波索诺工业自控设备有限公司（以下简称索诺公司）董事长毛信强自豪地表示。

奉化区溪口镇素有 “气动之乡”的美誉。辖区拥有 500 多家气动企业，产业集群效应明显。数据显示，去年奉化区溪口镇气动产业工业总产值达 26.3 亿元，占国内气动市场 50% 的份额；出口交货值 10.2 亿元，产品远销 20 多个国家和地区。奉化区溪口镇同时也是浙江省气动行业专业商标品牌基地，注册商标 200 多个，其中亚德客、索诺企业的商标被认定为中国驰名商标，佳尔灵、光华、星宇等企业商标被认定为省著名商标，气动产业撑起奉化区溪口镇经济的“半壁江山”。

目前，奉化区溪口镇有 5 家气动企业是全国气动行业标准化委员会委员，先后有索诺、佳尔灵、星宇三家企业分别主持起草和修订电磁阀、气缸、线圈等 10 项国家行业标准。

## 梅花香自苦寒来　廿年绽放奥运会

2008 年奥运会，是"索诺"代表奉化区溪口镇气动产业在世界面前的一次精彩绽放。而 10 年后的今天，2018 年，恰好是索诺公司创建 30 周年。

毛信强回顾索诺公司的发展历程，总结为三个 10 年：1988 年，租借工厂，创立小作坊，加工生产气动零配件；1998 年，在奉化区溪口镇征地 10 多亩，兴建规模化生产工厂，注册成立宁波索诺工业自控设备有限公司，转型生产气动电磁阀等气动元件；2008 年，在浙江嘉兴征地 80 亩，投建一期工厂，成立子公司嘉兴纽立得气动工程有限公司（以下简称纽立得公司），进一步扩大产

荣誉墙

品规模和产能。目前，索诺公司的年总产值位居奉化区气动产业集群前列。

“我高中一毕业，就进厂跟师傅学开模具。两年后，自己成了模具师傅。”毛信强出身农村，1983 年，19 岁高中毕业后，去奉化区溪口镇一家五金塑料厂当学徒，学习制作五金塑料模具。模具制造在当时是高难度工种，每一副模具都不一样，需要根据不同要求独立设计，而且当时机械加工设备比较落后，既没有线切割，也没有电火花，只有普通的钻床、铣床和皮带车床，制作过程非常艰苦。要成为模具师傅，需要当好几年学徒。毛信强白天学徒，晚上自学模具设计及制造工艺，通过天生的悟性和后天的勤奋，只用几个月，就能自己独立完成模具制造。当时溪口地区模具师傅稀缺，毛信强工作量非常重，每个月要工作 45 班（每个班 8 小时）。就这样，白天工作，晚上学习，他坚持了两年。两年后，无论是理论知识还是实践经验，他都打下了扎实基础。1985 年，他去了溪口镇最大的乡镇企业担任模具加工师傅，收入是普通工人的两倍。

然而，有一门好手艺的毛信强怎么甘心打一辈子工？ 24 岁那年，他向亲戚朋友借钱，创办信丰电器厂，自任厂长，主要从事塑料模具开模和替别的厂家代工。说是工厂，其实是一个家庭作坊，是把家里的房子腾出几间开起来的。“当时很苦，设备落后，工伤风险很大。”他说，创业之初，母亲和妻子都在厂里帮忙。手压注塑原本是属于男人的体力活，年迈的母亲和柔弱的妻子却需要每日扳动沉重的机械进料，承受塑料颗粒熔化带来的高温，工作强度之大、安全生产隐患之忧，可想而知。就在一次送料过程中，由于液态塑料外溅，妻子整个左手臂烫伤了。伤痛在妻子的身上留下永久的疤痕，更烙在毛信强的内心。他至今内疚不已。

1998 年，毛信强创立天工气动成套厂。因为缺技术、资金、设备，他带领 60 多名员工迎难而上，他们把产品拆了又装、装了又拆，并向无锡气动技术研究所专家讨教。他带领技术团队连续攻关几十个技术难题，产品投放国内外市场，供不应求。2003 年，新厂建成后，他新注册索诺公司，相继在全国各地建立营销网络。

如今，索诺的产品远销 60 多个国家和地区，在巴西、越南、泰国都建立了分公司。

## 索求新高　诺言诚信　天下有我　工精业成

索诺的商标是黄色的 。走进毛信强的办公室，就可以看见墙上挂着朋友赠给他的字：“索求新高、诺言诚信、天下有我、工精业成”，这里面正好“藏”着企业的名字——索诺。他视这16个字为企业精神。为了壮大索诺这个牌子，他从一开始就下足功夫。

首先，他为索诺设立特别的编号选型。在当时，市场上大部分气动产品用的都是台湾的编码模式，一眼看过去都差不多，缺乏个性。他觉得自己的编号必须要和其他气动厂家的编号不同，提高视觉识别效果。对于这点，他的妻子索诺董事长蒋妙飞从一开始就很支持：“毛总从创立索诺这个商标开始，就坚定地认为，独特的编号能让行内人一眼就能识别STNC的产品，有利于品牌建设。”

其次，索诺公司编制一款专属的技术检验标准。蒋妙飞自信地表示，索诺的质量标准比一般企业的标准要高得多，“在生产线上严格把控质量。出厂前，用市面上普通标准去衡量，不合格产品报废率只有20%，但用我们自身标准再去衡量，报废率就有40%。我们只用自己的标准，自己检测出来不合格，我们就不卖”。

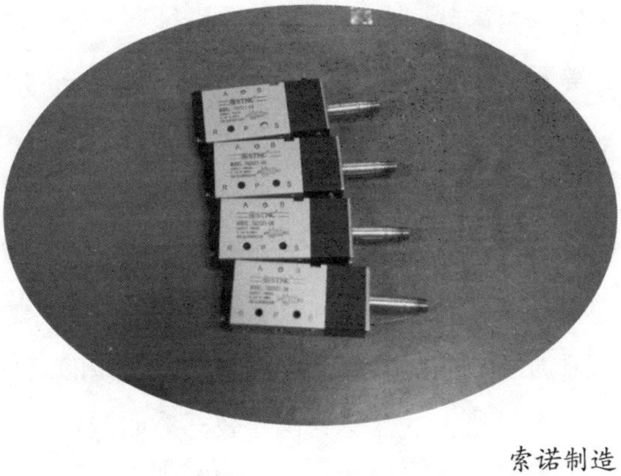

索诺制造

走进生产车间，无论是生产线还是装配线，每个线上都放着详细的加工制作标准图，每个工人对照着标准严格操作。蒋妙飞表示，“我们的产品质量非常好，连续不停地在机械设备中运转两三年也不会出问题，因此迅速在国内、东南亚、南美、南非等地打开市场”。

再者，索诺公司很注重对商标的保护和拓展。毛信强表示，企业商标保护和拓展离不开市场监管部门的帮助。在奉化区市场监管局的辅导下，“STNC

及图”商标于2015年6月被国家工商总局商标局行政认定为驰名商标，后又上榜2017年浙江省商标品牌示范企业名单，当年全宁波也只有6家企业。同时，他们在市场监管部门的商标辅导讲座中打开思路，利用经销商的力量推广宣传品牌。“我们企业规模不算太大，完全自己搞经销有些力不从心。但我们已在全国20多个省市自治区的重要城市建立了约300家专卖店，每个专卖店都可以看到我们醒目的STNC商标，形成强烈的视觉识别系统”。此外，他们还在奉化高速公路花15万元买了一块永久的广告牌，打上大大的STNC标识，让进入奉化的每个过路人都最先看到索诺的商标。

2013年开始，索诺在拓宽国内市场的同时，也不断拓宽对外市场，先是将试点机会选在越南。与一些企业热衷于让别人贴牌不同，索诺注重开发新产品，每年要开发出20多个产品。从2006年到2011年，索诺主持制定多项新产品研发计划，其中60项高新技术产品均被宁波市或奉化区列入新产品试产计划。“一开始，我们步履艰难，毕竟这个牌子别人不认识，价格卖不高，推广也需要时间，且当时我们的产品品种也只有几十种。”毛信强说，坚持了几年后，索诺就用自己过硬的质量征服了消费者，如今在越南的收益已达100多万美元，产品种类也多达3000多种，产品单价也提高了。

随着索诺声名鹊起，泰国、越南、温州市场上仿冒索诺的假货悄然出现。几年前，一群越南客户来中国考察，带来两个贴着STNC的气动配件，给索诺的质管部长葛兴芳，让他分辨哪个是假货，哪个是真货。“我里里外外都看了，完全分不出真假，外观上堪称高仿。”葛兴芳说。当他用切割机将原件切开来一看，立马暴露原形，“你看，索诺做的先导头电子阀的活塞是用经过特殊处理的铝做的，不容易老化开裂；然而假冒货是用塑料做的，经不起碰撞，很容易开裂。”葛兴芳拿着银色的配件告诉记者：“正宗的索诺做的密封件用的是日本进口材料，无须修边，但假冒货就属于毛边，很粗糙。还有真货的阀体表面光滑，但假货明显光洁度不够，容易导致橡胶摩擦老化。”

作为普通消费者，在市场上购买时的确难以分辨。对此，他们通过积极培训经销商，教他们如何识别编号、颜色、商标、内部构造细节等方法，让他们自己分辨真假索诺，将真货卖给消费者。

## 中国气动产业发展的力量源泉

索诺声名鹊起，让毛信强一家人无比自豪。妻子蒋妙飞告诉记者，2006年，她的侄女婿去广州的富士康集团考察，发现生产车间流水线的配套设备上，用的电磁元件印的正是STNC的商标，立马兴奋而自豪地对身边的工人们说：“你看，这个是我姑姑的厂里生产的！”“索诺的不少零配件都卖给大型的汽车配件公司，但并不知道这些零件流向何方。某一次，遇上这家汽车配件公司的客服人员前往奉化，才得知原来比亚迪大巴的自动门设备用的配件正是索诺的。”蒋妙飞表示，自家生产的元件能被这些知名大企业采用，心里颇感荣幸和自豪。

毛信强说，对于出身草根的民营企业来说，创新一定要善于借梯登高，不仅仅是引进设备的问题，更重要的是建立一种合理对待技术、对待人才的机制，“人才是制胜点。企业要形成吸引人才的强大磁场。我们是借别人的脑袋，搞自己的创新。”

据悉，索诺公司几年前就与同济大学、浙江大学、安徽工业大学建立“产

车间里不同的风景线

学研”合作关系，把行业里的专家请到企业，拜师学习，并聘请两位享受国务院津贴的专家驻厂工作，任总工程师。去年，毛信强还聘请两位国外工程师驻厂工作。

“这些业内顶级人才，都是我怀着求贤若渴的诚意，三顾茅庐求来的。”他说。十多年来，索诺没有过爆发性地增长，一直走得很稳健，也很顺利。

企业的发展，打上毛信强稳重、笃实的性格烙印。在索诺的车间里，有一道与众不同的风景线，那就是十多位正在操作车间装配的印度工人。毛信强表示，他们接下来的一个目标是拓宽印度市场，所以，今年招收15个印度工人，都是本科毕业，先让他们在工厂中熟悉流程和配件，接下来就靠这些印度大学生前往本国推广索诺的产品，介绍给更多印度的客户。

“日本SMC公司的创始人高田芳雄社长，现已九十多岁，仍然工作在一线。他就是我的偶像和榜样。在我的同学和同行里面，我的能力只在及格线上，但是我相信，执着和坚持就是最大的力量。我将坚守气动事业，一辈子只做一件事情，不会被其他任何产业诱惑，也不会投资任何其他产业。我要为实现自己的人生理想奋斗不止，并且期望一代又一代的索诺人，为了我们的长远梦想，顽强拼搏！”毛信强的这段表白，代表着这一代气动企业家的理想和信念，也是中国气动产业发展的力量源泉。

文：柴丹

# 做大不如做强，做强不如做久

从 2004 年成立宁波三生日用品公司开始，14 年来，从御坊堂一期到三生健康产业园，从国内第一家分公司到全球市场，从单一产品升级为构建全生态链健康生活产业集群，三生（中国）健康产业有限公司一步一个脚印地朝着目标前进。

到目前为止，三生（中国）健康产业有限公司已拥有 33 家国内省级分公司、4 家国际分公司，拥有三生全球研发生产基地、三生有机食品基地、三生国际名酒庄、天然化妆品研发中心、三生会议中心、三生游艇俱乐部、三生海外旅游、三生优福集因健康管理等项目组成的健康产业集群。

三生（中国）健康产业有限公司董事长黄金宝曾说过树与草的经营理论，“短期来看，草的生长速度和树相比，肯定是草的长势明显，但是几年过后，草换了几拨，但是树依旧是树。做企业其实是跑马拉松，不是比某一阶段跑得快，而是打持久战。对于我来说，一个企业，做大不如做强，做强不如做久。”

从起步到成长，再到发展壮大，黄金宝一直都对三生事业有信心、有底气、有信念，也一直将品牌建设放在企业的重要战略地位。

三生（中国）健康产业有限公司

## 创牌：
## 商标是企业最重要的无形财产之一

从2001年成立御坊堂公司，到2004年创立宁波三生日用品有限公司，也就是现在的三生（中国）健康产业有限公司，黄金宝在整个发展历程中，起到核心的决定作用。正因如此，三生（中国）健康产业有限公司一直秉持“自尊敬人”的企业核心价值观，永续经营，稳健发展，根深叶茂，基业长青。

三生（中国）健康产业有限公司十余年的发展历程，深深地镌刻着这种脚踏实地的印记——无论做什么，都要精益求精，做到极致，既严格要求自己，力求完善，追求卓越，又尊重他人，这是一种态度，一种智慧，更是一种行动。

从白手起家到将企业经营壮大，黄金宝珍惜三生的一草一木，尤其重视企业的品牌形象。他认为，商标是企业形象和信誉的集中表现，凝聚着生产的劳动智慧，是一项重要的知识产权，也是非常重要的一种无形财产。他表示，“企业通过具体的商标，向消费者展示产品形象和信誉，同时也向消费者承诺；而良好的品牌形象，可以促使消费者对商标产生忠诚度，商标的知名度越高、口碑越好，企业的形象和信誉也就越好。”

据了解，成立14年来，三生（中国）健康产业有限公司采取多品系、多品牌战略，从最初的“御坊堂”单一品牌，发展到14个产品子品牌，形成了集“健康检测、科学调理、专属保障、精准医疗、养生养老”五位一体的生态链布局。产品也从最初的海狗丸、海狗油、蛋白质粉、牛初乳4款产品，发展到健康生活食品、个人护理用品、健康家居用品、化妆品4大系列共百余款产品。

海狗丸

2001年是三生的品牌建设元年。为了提高产品在国内、国际市场的竞争力，依法保护产业群各品牌产品的自有权，三生首先在商标的申请注册上投入。“2001年7月，我们申请注册第一个‘御坊堂’第30类商标，至今共申请注册国内商标949个，成功注册781个，其中2010年、2012年、2013年和2015年每年申请的新商标数都超过100个。”负责商标的工作人员介绍，同时积极开展国际商标注册，其中“YOFOTO”、“御坊堂”和“ZE’MOITU”为马德里注册商标，成功注册29个类别。为保护产品品牌的完整性和凸显企业品牌显著性，产业群对“YOFOTO三生”“御坊堂”“生命健”“东方素养”等重点商标进行了全类注册保护。

## 壮牌：
## 以有效手段实现对商标的全方位管理

三生深知，在市场监管部门的支持下，商标是企业进行市场竞争的锐利武器。

为了适应市场竞争需要，面对数量庞大的商标群体，公司领导层早已将商标管理纳入公司战略层，提出科学管理、切实可行的管理方法，通过对商标组织管理机构的建设，投入资金支持、开展商标专题培训，以及各部门协助积极主动维权，对企业商标进行全方位的壮大。

据黄金宝介绍，董事长办公室专门设立二级商标管理办公室，成立以他为首的商标管理组织机构，并配备专职商标管理人员，分别负责商标注册与日常维护、商标维权和商标荣誉申报工作，共同建立商标数据库，做好各阶段资料的归档、保存及使用管理，确保原始资料的完整。同时，公司还将法务部、企划部和药政注册部中涉及商标方面的骨干员工纳入公司商标兼职管理人员，并对他们进行商标规范使用的培训。“企业内部形成分工明确、配合默契、联系紧密的管理体系。”

三生对品牌商标建设的的支持表现在舍得投入资金：公司规定，用于商标管理和品牌宣传的费用，以每年10%的比例递增。据统计，2017年，三生产业群的商标品牌宣传经费为1578万元，除了每年固定的杂志和网络媒体投放广告外，还与中央电视台合作，投放黄金时段的电视广告；聘请产品形象代言人；在宁波地铁站投放固定广告栏；参加亚太直销论坛评选优秀品牌产品；“三生”品牌向全国进行慈善捐助。2018年，商标品牌宣传经费的预算为1800万元，主要用于商标申报和维护、广告宣传、人员培训、维权奖励及风险备用金等。

商标需要通过品牌的运作才能实现价值，但品牌最终需要依靠法律的保护才能获得保障。记者在采访中了解到，三生通过坚持开展商标专题培训，进一步提高商标意识，识别和防范商标风险。“我们人力资源部每年都会制定商标知识内训和外训计划。内训每季度一次，主要以技术业务培训为主；外训主要是参加有关部门举办的各项商标知识培训和聘请有关专家到公司进行相关知识产权专项讲座。专职商标管理人员培训参加率必须达到100%，兼职商标管理人员做到培训参加率超过80%。”相关人员表示，2018年，公司还相继推出国际商标注册实务、商标维权方法、提升商标无形价值和网上商标使用等课程，参加商标保险维权培训，邀请商标代理机构专职人员讲解马德里商标注册等课程。

同时，为了有效地保护商标权，各部门协助积极主动维权，及时对侵权行为作出快速反应。产业群不但在公司有专门的法务组解决商标纠纷，还与宁波融博知识产权代理有限公司和北京亚太开元商标代理事务所有限公司签订常年知识产权法律顾问合作协议，聘请他们为产业群解答在商标申请、管理、保护过程中遇到的疑难问题。“专门指导我们商标的保护、维权（国内、国外）；对产业群在实际生产、销售过程中涉及的商标法务工作、商标权属纠纷等，给予必要的法律意见；参与商标的转让、使用许可等事项的谈判、指导等。”除此以外，三生还设置奖励基金，请全员共同维护商标权益，只要发现有商标侵权事项，经公司审查属实，即奖励 500 元。

## 护牌：
## 以精益求精的态度做好商标工作

作为全国第六家、浙江省首家获得直销经营许可证的企业，14 年以来，三生始终以“打造备受尊重的家庭健康生活全球品牌”为目标。黄金宝说过：“三生的很多产品可能不属于高精尖科技产品，但因为我们精益求精，把每个产品都做到极致，所以更加受到消费者信赖。三生也不是一家在战略上有独门秘诀的公司，但因为我们精益求精，把每项服务都做到极致，所以一直深受业

三生（中国）注重科技研发

务伙伴和消费者的喜爱。”

在维护企业的品牌和商标的过程中，三生始终保持精益求精的态度，没有丝毫懈怠，通过加强全员的商标品牌意识、增强注册商标的技巧性、重视企业商标设计及档案管理工作和争创名牌等一系列措施来实现。

通过商标品牌的宣传，达到增强所有员工的商标品牌意识，明晰商标品牌对企业生存和发展的重要性的目的。相关负责人表示，如规范注册商标许可、转让、贴牌，严格关注相对方的使用情况、产品质量、市场反应，及时修正管理程序，避免相对方不当使用对公司商标的消极影响。规范商标标识的印制管理。与市场监管部门等建立良好的沟通、协调机制，争取主管部门对公司商标侵权保护的支持。同时，商标管理部门通过网络、媒体、信息等，跟踪、关注侵害公司商标专用权的现象，及时处理，降低损失和影响。

相关工作人员表示，积极注册辅助商标、反面商标、集体商标、证明商标、全类商标，各种辅助商标能更好地保护公司的主打商标品牌。“比如对产业联盟简称、主流产品名称、主打技术名称等提前注册商标，这种捆绑政策能够把商标使用人限定在一个较小的范围内，更好地保证相关产品识别和服务的品质；积极到海外部署商标注册，自有品牌一旦在国内享有知名度，那么离攻占国际市场也不远了，提前做好海外注册，有备而无患。”

另外，记者了解，三生十分重视企业商标设计及档案管理工作，通过收集与商标注册相关的文件，包括设计过程、设计说明、设计日期、申请日期等；收集整理保护商标专用权的有关材料，包括全面的商标案件投诉材料，执法机关检查和处理情况等；收集整理商标使用于每个商品的营业成绩记录，用于宣传商标的广告等。真正做好商标的注册申请工作，彻底做到“市场未动、商标先行”的品牌策略。

作为中国直销界的后起之秀，黄金宝一直要求三生以名牌兴企战略引领企业发展。他指出，“通过争创商标荣誉和驰名商标来争取法律、法规对商标专用权和品牌的保护，是唯一有效，也是最有力度的渠道”。他要求三生产业群要加快品牌创建速度，加大品牌创建力度，形成一批知名品牌。在产品分类、产业分类研究的基础上，尽快完成商标注册总量上升的发展目标。同时，加大商标注册申请力度，扩大商标国际注册数量，在现有马德里国际注册的基础上，增加申请类别和申请地区，形成良好的国际品牌形象。

期间，黄金宝还向记者谈到一事，御坊堂商标曾经遭遇过侵权。2017年1月，三生发现烟台某公司在2016年注册“御坊堂”29类“鱼翅”商标，并取得商标证书。他向记者描述，“御坊堂是我们公司已经经营15年的品牌，不容侵犯，更不允许这种傍大牌的行为。于是，我立刻组织证据开展维权工作。2017年2月21日，正式提交包括：获得驰名商标的证明、2003—2013年的实际使用资料、工商登记、中国保健协会证书等十几项证据。最终，我们的积极维权收到成效，2018年2月26日，获得国家工商总局商评委的回复，争议商标宣告无效，维权成功”。

## 用牌：
## 让三生的产品品牌更具竞争力

驰名商标是我国品牌商标领域的最高荣誉。2016年，三生旗下的“御坊堂”商标获得中国驰名商标称号，标志着在全国范围内获得高知名度和美誉度，同时商标也可以得到强有力的保护。

数年来，三生的产品品牌通过一步步的发展，交出一份满意的答卷，得到社会广泛的认可。

2009—2015年，三生连续7年亮相APEC，御坊堂海狗丸成为APEC“中国之夜”唯一指定保健食品；2011—2018年，三生连续7年在中国食品安全年会上，获得食品安全十强企业称号；2012年，获得企业品牌建设成就奖；2013年，获得浙江省优秀品牌单位称号……这些荣誉，不仅让三生的产品品牌更具竞争力，也距离实现企业的宏伟愿景更进一步。

正如黄金宝所说，三生14年的故事，是一个真真切切关于坚守和价值的故事。下一步，三生将进一步致力于品牌建设，用发展来见证一个企业的社会责任感和使命感。

文：柴丹　王碧军　席连

# 从一只笔筒到“世界文具王国”

在中国，它拥有百余家销售分公司，近十万家销售终端，打造起庞大的销售网络；在全球，它的产品远销 100 多个国家和地区，正在创建一个世界级的品牌。

得力，宁波最早崛起的文具企业之一。1988 年就开始生产文具，它是伴随 80 后和 90 后成长的文具品牌，品牌随着文具产品连续 30 年的畅销而被广大消费者所熟知与信任。从诞生到驰名，与其前瞻性的研发设计、全球化的视野、强烈的社会责任感与优秀的文化经营理念密不可分，更与其对商标战略的打造、创新与运用休戚相关。

## 诞生：<br>深度思索商标

20 世纪 80 年代，宁海的一家模具厂转行做笔筒，得力文具就此诞生。从一只笔筒起家，到如今涉及 14 大品类、200 多个系列，每年超过 1000 个新产品面世的创新研发实力，俨然成为中国最大的办公与学生用品产业集团，多工作场景整体解决方案的领导者。

一个“文具王国”崛起的背后，是一家传统劳动密集型企业持续不断的通

得力展示中心

过品牌经营而走出的一条创新发展之路。

谈到得力商标的诞生，得力集团总裁娄甫安表示，起初得力没有自己的品牌，做一些贴牌、代工生意，但很快就明白了，在风起云涌的中国经济市场，如果没有自主品牌和核心技术，就很难存活下去。当然，除了要做自主品牌，更要努力成为民族品牌，为中国民族工业走向世界贡献力量，所以第一个商标的样式就是一个“环球”图形，叫“环球牌”。随着时代的进步，又觉得要设计一个印象更深刻、内涵更丰富的品牌名称，“得力”二字便呼之欲出，让学习、工作更得力，这不就是大家使用文具的初衷吗？

在娄甫安看来，商标战略是企业的使命，只有坚持稳定、健康的发展，才能使得商标战略获得坚实的物质基础。“商标管理就如同品牌管理，是将得力打造为‘中国办公整体解决方案领导者’和实现‘成为一家值得信赖且受人尊敬的企业’伟大愿景的重要保障。”他说。

得力集团自 1988 年成立至今，将商标工作及商标手段运用于企业的经营活动之中。目前，商标已经成为得力集团经营战略的组成部分，并随企业经营战略的调整而调整。

据得力品牌部相关人士介绍，自1988年得力第一代商标诞生至今，经历多次设计变更。2008年，得力邀请国内顶尖的东道设计公司，为得力打造第五代VI识别系统。第五代VI识别系统剔除得力原有标识中不易辨别的图形元素，以更符合视觉韵律，经过巧妙设计的拼音字母“deli”为主体，辅助中文名称进行解读。标识采用小写字体，整体视觉感受更加亲切，深具时代气息，消除语言和文化障碍，使中外人士都可以拼读，符合国际化趋势。

## 突围：抓品牌商标的宣传运作

文具行业是典型的劳动密集型产业。早在2000年，得力便跻身国内文具行业龙头企业之列，工业产值2.8亿元；到2007年，集团工业产值达到12.4亿元，员工人数增加到4500人。人力成本的快速增长和用工荒的频现，让当时的企业决策层倍感压力，得力开始寻求突围：一方面，投入力量自主研发。率先成立技改小组，集团总部专设技改办公室，高薪聘请自动化工程师，打造一个专业化的智能制造研发团队。通过研发新兴组装机，提高产能的同时也节约了成本。另一方面，重点抓品牌商标的宣传与运作。娄甫安曾说，树驰名商标，建百年企业。的确，这是每一个希望走品牌经营之路的企业永远遵循的宗旨。

2008年，得力邀请著名主持人陈鲁豫作为品牌代言人，2013年，得力邀请著名主持人杨澜作为品牌形象代言人和品牌传播大使，通过将她们知性、优雅的职业形象与得力所倡导的办公理念相结合，传播得力的品牌个性。得力每年投入数亿元进行线上线下品牌宣传，成为中国办公文具行业第一个拥有品牌代言人且在国家级电视媒体投放品牌广告的文具企业。“借助CCTV极高的覆盖率和收视率，每天都有数以万计的人通过电视认识得力，伴随着2008年至今的传播投入不断持续增加，得力文具获得更多与消费者接触的机会，得力品牌认知度、美誉度大幅提升，同时也带来终端指定购买率的大幅提升。”得力品牌部门相关负责人说道。

得力在加强线上推广的同时，同步加大线下推广的投入。2006年，得力开始启动终端样板店以及形象店计划，通过选择最优质的终端门店资源，让得力的品牌形象得到全面展示。与此同时，全面启动“植根中国、千城万店”的营销战略：以千城万店为目标，努力扩大国内市场份额，深度挖掘三级城市市场。另外，得力每年在全国举办的专场产品推广会达500场，参加的经销商超过10万人次。线上线下的合力出击，为得力品牌从渠道推力到市场拉力的演变奠定重要基础。

通过这些方式，“得力”将集团的商标战略推向一个全新的高度。也是凭借其独特的品牌优势和强大的产品竞争力，让得力的产品受到全球越来越多消费者的青睐。2017年，得力实现营业总收入230.8亿元，同比增长24.9%，其中，海外自有品牌实现营业总收入7.7亿元，同比增长19.5%，双双超出市场预期，行业龙头地位更加稳固。自2005年起，得力连续10年位列宁波市纳税50强，2009年，得力商标被认定为驰名商标，并蝉联中国轻工业文教用品行业十强

得力集团

企业第一名。在2013年年初进行的国家电网超市化采购招标项目中，得力集团中标金额近7亿元（包含办公用品、办公电器、IT耗材、办公设备等采购项目），成为最大中标单位，相比总得分和中标总金额排名第二、第三的供应商，分别高35.5%和86%之多，中标金额分别高出2.3亿元和5.7亿元。

## 应对：
## 全国合力实施打假维权保护商标

多年来，得力产品以高质量、最优性价比赢得最广泛消费者的支持。在多个产品或者类别中，一直占据销售冠军宝座。如削笔机——遥遥领先的市场第一品牌，计算器——销售数量最大且增速最快，订书机——中国最受欢迎的订书机品牌，文件管理类产品——销售量与增长速度双第一，等等。

伴随着企业的飞速发展，得力集团辛苦创立的驰名商标，却被不法商贩在全国各地大肆侵权假冒，制假售假的区域涉及全国十多个省份，每年给企业造成的经济损失高达3亿多元。

其实早在2004年，得力集团就在国内文化用品市场陆续发现侵犯“得力”商标的假冒伪劣产品。随着品牌知名度和市场占有率的不断提升，假冒侵权得力文具的情况日趋严重，这不仅让得力承受巨大的经济损失，也对企业形象造成极大的负面影响。

自2008年起，得力联合当地工商局，开展跨省打假行动。在河北景县，打假小组会同当地工商部门，在一制假窝点查获假冒“得力”文具数万件，涉案金额达数十万元，当事人被当地工商部门移送公安机关，追究刑事责任；在山东济南，打假小组查获假冒“得力”传真纸41箱；在浙江武义、河南安阳和河北保定，打假小组分别查获假冒“得力”订书针30箱、45000盒和168箱……宁波市宁海县市场监管局商广科负责人表示，“每到一个地区打假，我们还会和当地的工商部门建立打假联络点。目前，已成功与河南、河北、上海等十几个地区的工商部门建立协作打假机制，并成功端掉制售假冒得力文具窝点22个，查处售假商家89家，查获假冒得力文具47万余件，货值高达近百万元。”

在合力实施打假维权的同时，得力在商标注册上重点投入。据悉，得力商标除了在16类商品上进行注册以外，还进行全防御性注册，且在美国、泰国、澳大利亚等100多个国家也成功注册得力商标。对于国内外商标注册情况，与得力合作的商标事务所会进行实时监控，使得力在第一时间知道是否有抢注商标、恶意模仿等侵犯商标专用权的情况出现，合作律师会协助得力对对方商标情况进行分析判断，根据情况提出争议、撤销对方商标等方案。

## 提升：
## 亮相国际舞台彰显商标形象

一尘不染的街道、绿意盎然的西溪湿地、火树银花的南山路、淡妆浓抹的西湖……2016年G20杭州峰会，以其最美的姿态迎接四方宾客。在这场全球瞩目的盛会中，得力的"身影"也不断呈现，为G20增辉添彩，展示着中国制造的文化底蕴与民族魅力。

据了解，得力为G20杭州峰会提供81种办公用品，既有笔记本、文件夹、行李牌等套装用品，又有桌垫、手提袋、抽纸等会场用品，会场的每一个角落，

得力 G20 形象

几乎都能看到得力的身影。大到文具包，小到橡皮擦，每一款产品都是峰会的得力助手，令与会领导赞叹不已，同时也彰显出得力人“臻于品质、专注细节”的匠心精神。当然，这已经不是得力第一次亮相国际舞台了，“一带一路”高峰论坛、金砖五国峰会上都有得力品牌的身影，这也从侧面反映出得力产品品质的卓越性，可以说是代表着国家制造的最高水平。

“不可否认的是，中国文教行业目前整体的创新能力水平，与国际先进同行还有不小的差距，面对瞬息万变的全球经济市场，中国的文具企业只有加快实施创新驱动战略，深化实施商标战略，才能在未来的全球化竞争中占据主动。”得力集团总裁娄甫安。

如今的得力，拥有最齐全的产品线，自主生产制造 13 大品类（文件管理用品、桌面办公用品、办公电子用品、书写工具、纸制品、办公生活用品、商用机器），6000 多个单品，是中国最大的办公与学生用品产业集团，自主制造占 80% 以上。其拥有 5 大生产基地、8 大设计研发中心。得力在产业格局、规模效应、产业链整合、高科技应用等方面领先业界，成为拥有世界最大产能的文具企业之一。在中国，100 余家销售分公司，5000 家指定分销伙伴，50000 家文具零售商，得力打造起庞大的销售网络；在全球，得力产品远销 100 多个国家和地区，正在构建一个全球性的营销网络。

未来，得力集团将继续响应政府号召，以“中国制造向中国创造转变、中国速度向中国质量转变、中国产品向中国品牌转变”为己任，以发挥品牌引领作用为核心，大力实施品牌基础建设工程，提升得力品牌在国际国内市场的竞争力、影响力，推动产业结构优化升级。

文：柴丹　李鲁文

# 只打“价值战”，不打“价格战”

当都市里的人群沐浴着晨光，行色匆匆，奔波在上班途中的时候，在浙江宁波杭州湾新区里会传来一阵阵诵读的声音：“弟子规 、圣人训，首孝悌、次谨信……”不知情的人会认为这里有一所学校。其实不然，诵读来自宁波方太厨具有限公司的总部。

在资本逐利的今天，很少有企业会停下脚步，反思我们的社会和文化，大多用市场的成败来衡量一个企业的成功与否。世界是浮躁的，一波波的变革在历史长河中只是一瞬，而那些能够沉下心来反思、沉淀的企业，往往是能够长久留存不衰的企业。

宁波方太厨具有限公司就是其中一家。 公司成立于 1996 年，始终专注于厨电领域，从小到大，从无到有，坚持做创新有品质的产品，为亿万家庭的幸福而努力着。通过 22 年的努力，方太不仅成为中国高端厨电市场的领导者，还包揽一系列奖项，其中包括具有中国质量管理“诺贝尔”之称的全国质量奖。

方太是怎样做到的？或许可以从其品牌建设的故事中，去解读奥秘。

茅理翔、茅忠群父子

## 创牌：
## 子承父业约法三章另起炉灶

方太集团的名誉董事长茅理翔曾凭借人生的三次创业，荣获胡润百富“2014年终生成就奖”殊荣。父亲成就卓著，儿子茅忠群则青出于蓝而胜于蓝。

初见方太集团董事长兼总裁茅忠群，清瘦的脸上挂着平易近人的微笑。面对提问，他总是先沉思几秒，然后缓缓道来。茅忠群身上没有商人的精明，取而代之的是文人温文尔雅的气质。

茅忠群名义上称得上是“富二代”，但更贴切地说应该称为“创二代”。

谈到当初父亲叫自己回来创业，他回忆：“父亲叫我回来，我答应了，但有三个条件：放弃点火枪，研发新产品；不用旧人，打造新团队；离开乡下老厂，到城里筹建新厂。这些父亲一一认可。但是他也提出‘带三年、帮三年、看三年’的‘三三制’，考查我的企业领导、市场领导、应变、学习、创新和社交等能力。”

当时，方太父子角力新企业还未形成合力，中间还出现分歧。

“关于生产何种产品，我俩大方向一致——厨房电器，但分歧在于父亲想做微波炉，我要做吸油烟机。”茅忠群说。

方太前身

在当时，国内吸油烟机企业已有250多家，品牌林立，诸侯割据，形成“战国”群雄时代。当地政府更鼓励微波炉这一“高新”项目，贷款也容易些。对于吸油烟机，茅理翔以及老一辈管理层并不看好。但是茅忠群提出，做抽油烟机不是一时兴起，是在他做了1000份市场问卷调查后得出的结论——吸油烟机是未来厨房的必备品。“我还发现，国内吸油烟机产品虽多，但多为国外产品的山寨货，没有真正的原创产品设计。而烹饪习惯的不同，导致‘洋货’在中国水土不服，用户诸多抱怨。”当茅忠群将一份完整的书面报告递到父亲眼前时，父亲这次“认输”了。

茅理翔随即调转方向，一边与政府沟通，一边解决资金问题，以便让茅忠群潜心研发新产品。但在产品确定后，父子俩产生第二次交锋，企业名称与产品品牌名迟迟不能确认。茅理翔想沿用“飞翔”一名，因为有感情。而茅忠群则想启用“方太”这一新名。

谈到方太品牌名的初定情景，茅忠群不禁笑了。他回忆表示，“我们各持己见，僵持不下。一天晚饭，我和父亲再次为品牌名称的事争论。但我们都是知识分子，也没有高声吵闹，我饭吃了一半就走掉了。因为我有我自己的坚持，吸油烟机是厨房电器，厨房多由女人掌管，‘方太’即是‘方便太太’，指向精准且更具亲和力；此外，方太是香港ATV（亚洲电视）《方太美食》节目主持人的名字，她在电视上炒了20年菜，广为人知。用‘方太’，企业、产品、品牌完美统一，还有很好的传播基础。”

在茅忠群的努力下，最终父亲还是妥协了，母亲代为转达他的意见，“你爸爸同意了，你去做吧”。

方太集团

## 壮牌：
## 由贴牌向自主创新转型

方太，创立最初是请香港美食节目主持人任丽莎女士为之代言，到现在有了更深一层的解读：“方”有刚正、方正的含义，指做人的根本；“太”有极致、极大的含义，指做事的根本。

22 年走来，方太一直致力于探索厨电产品的创新，致力于品牌的建设与壮大。

1996 年的深型吸油烟机，2001 年的欧式吸油烟机以及近吸式吸油烟机，2008 年的嵌入式成套化厨电，2014—2015 年不跑烟的吸油烟机（不跑烟，在方太实验室规定条件下测试，肉眼未见明显的油烟逃逸），2015 年专为中国人发明的三合一水槽洗碗机，2016 年 98% 油脂分离度环保吸油烟机（检测数据来自方太实验室，98% 油脂分离度仅限型号 Z1T–H，Z3T–H）。2017 年随油烟大小智能升降吸油烟机，为中国厨电行业积累大量的核心科技。

从 1996 年到 1998 年的“带三年”中，茅理翔将产品研发权交给茅忠群。至 1997 年年底，方太连续开发的四种吸油烟机产品，均在市场上刮起旋风。

1998年，方太吸油烟机销量已在全国250多家同类企业中名列前茅。

从“飞翔”到“方太”，方太父子俩完成家族企业由贴牌向自主创新的转型。

## 用牌：
## 三不原则　秉承价值为王

2018年，方太连续第五年登榜亚洲品牌500强，以407.15亿元的品牌价值，领跑厨电行业。

如果说茅忠群坚持走高端是一种策略与目标，可面对唾手可得的利益，他的“不上市、不打价格战、不并购”的“三不原则”，还是让很多人说他“轴”。

1999年前后，成立仅三年的方太，用令人咋舌的速度迅速成长。茅氏父子的创业方法论的能量快速释放。尽管方太刻意保持低调，但这个厨电市场的“新晋后生”，还是引起当时行业一线品牌的注意。阻截一家新兴企业的方法并不复杂，就是价格战。价格战几乎代表那个尚不完善的市场经济体对竞争的全部理解。

茅忠群说，改革开放后，外资逐渐进入中国，尤其以日本家电企业为甚，大量优质易用的家用电器让物资匮乏的中国消费者眼花缭乱。“但这些家用电器往往结构简单，技术含量也不高，中国民营企业通过购买二手生产线或自己仿制，生产出价格低得多的产品。”这个过程并没有什么惊心动魄，却使草莽出身的企业家渐渐明白中国市场的基本特征——购买力不强的老百姓有着大量最基础的需求尚待满足。这意味着，低价才是王道。

“价格为王”的金科玉律，在把外资品牌挤出国门的同时，也持续主导着行业内战。

在方太成立后的2个月，也就是1996年3月，家电领域的彩电企业们率先开始一场血腥味浓重的价格大战。在这一年年底，国产彩电品牌的市场份额超过七成。

方太就是在这样的市场环境中呱呱坠地。在这个新生的企业第一次走向公众之前，它已做出与时代格格不入的选择。比起“价格为王”，方太秉承的是“价值为王”——用高品质，真正能够解决消费者痛点的产品去打开市场，甚至是高端市场。当时的厨电行业掀起猛烈的价格战，使得吸油烟机的价格一度滑落到200元左右，方太依然坚持自己的原则：不降价，但这并不是一个轻松的决定。

由于方太当时的品牌知名度还不够大，价格战一开始，一线销售人员就承担了巨大的压力。很多销售员每天给茅忠群打电话，茅忠群坚持不降价，他们就再给董事长茅理翔打电话。“那是我创业以来压力最大的一段日子。办公桌上的电话每天响个不停，好像全世界都站在我的对立面。”连番轰炸之下，茅忠群陷入深思，最终他还是决定——绝不降价，并在集团内贯彻自己的主张。

“我们在创业之初就有这个梦想，要打造一个中国人自己的高端品牌，因为有这样的梦想，所以不会轻言放弃。”茅忠群说，“我考虑过，方太的高端战略刚刚打开一条通路，如果再降价，跟中低端产品去厮杀，那么之前的工作就白做了，成果全部被抹杀。”更何况他此前亲眼看见过父亲创办的飞翔集团是如何在行业价格战中一步步陷入困境的。茅忠群明白，迎合价格战无疑是踏入一个无底深渊。理清利害关系的茅忠群，维持集团全线产品价格不变，再次埋头于新品研发。

父亲茅理翔理解并支持他。茅理翔还专门撰写了一篇《只打价值战，不打价格战》的文章，深入阐述方太的经营理念和竞争思路：“中国家电市场的‘价格战’似乎形成一种气候，彩电、空调等都是‘你方唱罢我登场’，就连有些小家电也蠢蠢欲动。而方太在风云变幻的市场面前，始终站稳山头岿然不动。虽然价格战是不可避免的一种竞争手段，但也会杀伤自己……方太为什么打出吸油烟机不降价的政策呢？首先，吸油烟机的价格一开始已拉开距离，把价格和产品分为高、中、低三档。低档吸油烟机尽管也会拉走部分顾客，但不会影响中、高档的客户。其次，一个行业的老大和老二不挑起价格战，这个行业的价格就会相对稳定。第三，我们冷静地处理价格与销量的关系。我们紧紧把握住两点：一是防止串货，串货会打乱价格，从而迫使厂家打价格战；二是要保证商家盈利，如果商家无利可图，也会影响销售，从而引发价格战。第四，我们对用户负责。价格战必然导致全行业的亏损。”

# 护牌：一个品牌定位的成功样本

近年来，不少家电企业陷入产能过剩、市场下滑的困境，方太却逆势上扬。究其成功的原因，是严格恪守品牌定位之道，始终专注于高端厨电产品的研发和制造。

茅忠群深谙企业品牌定位的重要性。他认为，方太必须坚持高端品牌发展，占领这一细分市场，“定位越准确、越明确，消费者就越容易记住”。

鲜明的品牌定位，使得方太在行业洗牌重组中脱颖而出，一举确立行业地位，成功开启中国厨电产业在高端市场的商业新空间。时至今日，方太已成为名副其实的“中国高端厨电专家与领导者”。

同时，方太坚持“成为一家伟大的企业”的愿景。这个看似很容易变成一个口号的愿景，在方太的员工眼中看来却很自然。他们经常说的一个词叫“仁爱之心”，方太的广告语即是“因爱伟大”。

品牌部员工讲述了另一个故事：方太厨电顾问沙飒在所在门店整理顾客档案时，发现一位顾客一年前买了产品后，始终没要求送货。奇怪之余，沙飒给顾客打电话，得知客户是一对老夫妇。儿子出国前给他们买了房子，并买了烟灶。但是还没搬家，大妈的脚就骨折了，看病花了很多钱。为了不让身在国外的儿子担心，并没有告知儿子，货也没去提。沙飒回公司后，申请把老人的订单退了，并登门带去货款。此后，只要休息，沙飒就去老人家里帮着做家务、聊天，如同家人。以后，老人的子女回来，逢人就推荐方太的产品，成为忠实用户。他说：只有爱顾客，品牌才能获得顾客的爱。

在沙飒看来，在这样一家价值观与自己相符的公司工作，是一件挺幸运的事。接受采访的数名员工，言谈中都不自觉地流露出一种身为方太人的骄傲和自豪感。正是这份骄傲，令方太的每一个员工都时刻谨记愿景，用心守护着“方太”这个品牌。

文：柴丹　蒋梦姣

公牛集团股份有限公司

# 插座“巨无霸”的匠心坚守

作为中国的插座之乡，宁波慈溪是全国最大的插座生产基地之一。它集原料基地、成本优势、生产技术及产业链一体化。

在慈溪，专业从事研发、生产、销售的插座企业达数百家。其中，公牛集团股份有限公司是当仁不让的行业佼佼者。

23 年坚持深耕一个行业，一直在技术、质量、文化等方面对企业品牌形象进行塑造，是公牛逐步发展成为中国插座业领军企业的根本原因。

## 公牛品牌诞生

公牛商标

16 岁时，公牛的创始人阮立平兼职插座维修站，把坏的修好再卖。

几年后的 1995 年，阮立平对插座已经无比熟悉，干脆回到家乡慈溪创业。说是创业，当时的合伙人，其实就是阮立平的爸妈、弟弟外加几个亲戚朋友。一开始，他和弟弟不得不合伙批发别人的零配件来做，对零配件质量做一个把关。农村没有工程师和设计师，模具师傅画个草图就生产了，质量差、外观差、价格低，是当时慈溪作坊式插座生产的特点。但身为工程师的阮立平毕竟不一样，质量和安全才是他创业的初衷。

最终，阮立平亲自设计出第一款产品并投入生产，“公牛”品牌从此诞生。

阮立平最早提出“制造用不坏的插座”。对于这一理念，周围一些同行很有些不以为然，质量这么好，都用不坏，那你的产品卖给谁去？当时这些家庭作坊生产出的插座普遍质量不好，样式花里胡哨，五颜六色，虽然中看不中用，却能卖出好价钱。有些插座品牌老板公开宣称，要“用最低的成本创造最高的利润”。但阮立平却作出不同的选择，“钱有两种，一种是现在的钱，一种是以后的钱。如果你局限于只赚现在的钱，那你可能就没有以后”。阮立平选择赚以后的钱。

他坚持选用真材实料，去掉那些花里胡哨的东西，将外观设计得简洁实用，颜色也以白色为主。此后，对品质的高规格要求，很快让阮立平的插座脱颖而出，消费者早已受够伪劣产品的苦，公牛插座式样好看，使用安全，质量有保证，大家愿意回头买，公牛很快有了口碑。

从那时候起，阮立平就有了品牌意识。他注册了“公牛”这个商标，还开始有意识地推广这个品牌。

## 摆脱作坊的桎梏，学习国际先进经验
## 品质初心奠定发展基石

作为一个不甘于现状的理想主义者，雄霸行业的阮立平一直没有停止前进的步伐，虽然产品超越同行，但他渴望摆脱作坊的先天不足，破除事业发展的羁绊。

他把目标对准国际巨头。

在创立公牛品牌之初，阮立平提出向国外大品牌飞利浦、罗朗格和贝尔金等学习，学习对方的先进技术和管理模式。通过向国际品牌的学习，公牛的组织架构体系和质量管理体系逐渐完善。

2001 年开始，公牛提出要制造中国最安全的插座。2003 年，公牛斥巨资建设获得美国 UL 国际专业组织认证的检测中心，可以做防雷测试、升温测试等，解决插座的安全问题，这一做法在当时的插座生产行业里绝无仅有。对于这样的做法，当时多数插座制造厂商连背后的含义都搞不清楚，因为市场需求太强了，不管好货次货，都能卖出去，抓紧生产都来不及，谁还会做这种“亏本”的事情呢？但公牛就这么做了，而且越做越大。

事实证明，公牛当初的选择极为明智，这也是日后能在插座市场获得举足轻重地位的关键。插座是个小生意，在市场需求旺盛的状况下赚点钱并不难，难的是把小生意做大，做成体系化、标准化。

插座看着虽然普通，但做好却并不易。一个插座有超过50个零件，每一个卡扣、每一个焊锡都关乎人们的安全，其中更是蕴含材料技术、工程技术、工艺技术和流程设计等诸多技术，需要持之以恒不断地创新，才能做好。举例来说，公牛新国标插座的核心部件铜条采用更安全的一体冲压铜条方案，即铜条周围均有外壳嵌套，铜条与外壳贴合紧密，确保复杂使用环境中铜条不会与插座松动。其实，一体冲压铜条技术只是公牛无数创新的技术之一，还有防雷转换器、抗电涌插座、防雨插座，等等，都是公牛首创。正是借助着始终聚焦品质的精神以及对创新的关注，公牛才一路走来，成为中国“质造”的典型代表。

时至今日，这个行业还会经常提起阮立平的第一个发明——按钮式开关，时间是1998年。“我们的第一批产品是没有开关的，因为市场上买不到可靠的开关，为了质量考虑，索性不用开关。”阮立平回忆说，“后来我设计了开关并投入生产，公牛的插座才有了开关装置。”到现在，国内市场上90%的插座用的开关还是他最早设计的按钮式，简单实用又可靠。

公牛插座

## 商标遭恶意侵权，维权路上一波三折
## 重视无形资产的保护

一个品牌能够持续发展，并且被大多数的消费者所知晓与接纳，重要的原因之一就是进行品牌的保护。这是企业长远发展的动力，也是品牌成长的保护盾。

随着知名度的不断提高，公牛商标遭遇侵权案例。商标侵权人企图通过各种不同的侵权方式侵犯公牛的商标，上海公牛鸿业贸易有限公司就是恶意侵权人之一。

公牛集团股份有限公司法务部相关负责人回忆，2016 年 4 月，在怀化市鹤城区发现有一商户销售上海公牛鸿业贸易有限公司的插座产品，产品包装袋上使用与公牛公司知名产品相近似的包装、装潢，包装袋正面标注“BLILLHE 保护家电保护人”的商标，同时其商标下方标注“上海公牛鸿业贸易有限公司”，易造成相关公众的混淆与误认，其行为已经构成商标侵权和不正当竞争。谈到这里，该负责人表示，企业商标维权路一波三折，十分不易。

当月，公牛向怀化市中级人民法院提起商标侵权之诉，要求上海公牛鸿业贸易有限公司立即停止商标侵权，并赔偿公牛公司经济损失 20 万元。然而，怀化中院以侵权商标不构成近似，以及侵权人使用的商标为注册商标为由，驳回了公牛的诉讼请求。

事后经过准备，针对怀化中院的判决，公牛再次向湖南省高院提起上诉，

公牛集团

请求撤销怀化中院的判决，并支持公司的诉讼请求。最后湖南省高院认定，商标注册人有权使用注册商标，也有权利将多个注册商标组合使用，但前提是应规范使用，对他人的商标权进行适当规避。上海公牛鸿业公司多次申请注册与原告商标近似的商标，早在2014年浙江省高级人民法院做出生效判决责令其停止使用包含“公牛”字样的企业名称后未予停止，由此可以认定两被告具有较强的侵权故意，法院于2017年8月7日作出生效判决，全额支持公牛索赔20万元经济损失的诉讼请求。

据了解，公牛的这个侵权案件还于2018年4月26日被湖南省高院列为知识产权司法保护十大典型案件之一。

车间一角

对于企业商标侵权保护，公牛法务负责人表示，商标作为企业的无形资产，价值巨大。面对恶意侵权行为，加强执法力度，强化诉讼执行落地，营造公平的竞争环境，已经是最为迫切需要解决的问题。因此，在实施打假维权的同时，公牛在商标注册上进行重点投入。

## 专注、极致、口碑、持久，23年专注一行匠心铸就品牌

“专注、极致、口碑、持久”，简单8个字概括公牛专注插座将产品安全性与质量做到极致的初心。而这个初心，阮立平坚持了23年。

在公牛的数码工厂，很多工人面前都有一块橡皮，而橡皮的作用是清理产

品表面不干净的地方。仔细观察一位工人擦拭产品的过程，基本上每一款产品都要经过他们的耐心擦拭……这个细节会让人对于“匠心优品”的匠心有新的认识。或许正是这一份匠心的渗透，让公牛的品牌得以逐步壮大。

在品牌成长的管理与规划上，公牛一直动作不断。

布局自动化生产线：插座作为劳动密集型产业，对劳动力的需求非常多，公牛很早就面临用工成本高的挑战，便开始及时布局无人化生产。近四五年来，公牛年均产值不断增长，但一线员工用人增加不多。根据内部估算，一台自动化设备至少能够节约 10 名工人，品质更有保障。如今，公牛正在加速实施“人机结合”的柔性自动化工艺模式。比如，适应插座新标准，公牛的无线产品自动化工序线在业内首创自动化工序线，能够实现三极座自动组装、铜条自动组装锚压焊锡等功能，其中公牛特有的整体铜条技术，就是在这里实现模块化设计、自动化组装的。

“质造”是“智造”的前提，但“智造”反过来又有力保障“质造”。比如，新国标要求每个插座都要有保护门，公牛每年销售过亿个插座，每个插座 3 个保护门，这使得公牛每年光是保护门的组装就需要好几亿个。如果采用手工作业，不仅效率低下，很难保障品质。在公牛上马的保护门自动化车间，通过保护门的自动化组装和检测，不仅降低了产品制造成本，而且保证关键零部件的品质和良品率。

阮立平

加速数码化转型：公牛的发展已经经历了四个阶段：从 1995 年公牛成立之初到 2001 年，是公牛在业内率先提出制造用不坏的插座的阶段；从 2001 年到 2014 年，公牛将品牌定位提升为制造中国最安全的插座，建立更严格的质保体系；2014 年进入移动互联网时代后，公牛聚焦数码 USB 类充电产品，从传统电工类插座向数码化方向转型；到了 2016 年，公牛提出数码精品战略，全面布局数码配件市场。

如今，公牛基于对数码充电产品的理解，对未来插座提出具有预见性的观点。阮立平认为，“公牛在产品规划、产品研发和产品迭代方面，始终顺应时代的潮流，插座已经由原来的功能性产品向强交互性产品转变”。随着使用环境的转变，智能手机、智能穿戴设备等的出现，用户取电的需求发生变化，对于插座产品的安全性、智能化、多功能、外观设计、便携性等等方面提出很高的要求。公牛已经注意到这个变化，在产品研发阶段，为了获取用户的使用习惯，提出场景研究方法论，通过模拟用户使用场景，邀请核心用户参与产品体验，以获取真实需求，并进一步挖掘未来的产品发展趋势。

紧随智能化趋势：智能插座在智能家居生态链中扮演着举足轻重的角色。在智能产品方面，公牛已经成立研究院，强化对智能物联、智能家居等前沿性技术与产品的研究。如公牛自动防过充 USB 充电器，能够智能识别充电时间，充满电自动断电，防止设备过充，还能智能分配电流，满足两台设备快速充电，充分做到充电的智能化，这项防过充的技术据说是业界首创；公牛的智立方 USB 插座、Wi-Fi 智能插座 2 代可以令用户通过手机 APP 遥控家中电器，多种定时模式随心控制，而且还能定时记忆，断网后仍然可以运行。这些智能产品正在彻底颠覆传统转换器行业，令其走向智能化。

据阮立平介绍，未来，公牛还将加大对全屋智能电工整体解决方案，以及智能化、场景化、品牌驱动型产品的研发力度。

从数百家企业中拼杀出来，如今占据国内行业半壁江山，有人把公牛的成功总结为质量好。但归根到底，这一切只因两个字——匠心。

因为匠心，它能及时捕捉到用户需求——从最初的用不坏到现在满足个性化取电需求，在各种不同场景下，公牛都能为用户提供恰到好处的产品。

文：柴丹

# “榜首”的奥秘

2018年年初，中国厨电行业领军品牌“帅康”凭借智能制造工艺、全球化的工业设计和独特的产品品质，荣获中央电视台授予的“CCTV 民族匠心品牌”称号。6月20日，“中国500最具价值品牌”排行榜在北京揭晓，帅康以321.98亿元的品牌价值，连续第11年跻身榜单，蝉联中国厨电行业第一品牌桂冠。

从35年前一家名不见经传的小企业，到如今中国厨卫电器行业的龙头企业，在历经风雨和掌声之后，在“破”与“立”的徘徊之间，浙江帅康电气股

帅康厂区

全球首款潜吸机在帅康诞生

份有限公司绽放出独属于它的光芒。

## 两次“砸机”，开启帅康品牌征战之路

帅康的改革和发展史，是一部洋洋大观的民营企业创新演义。邹国营，帅康厨电创始人，取名“国营”，却在民营经济的道路上点起一把火，用数十年的努力，非典型演绎帅康的领先之道。

早在1994年3月，帅康就成功核准注册第一件商标。经过数十年间的多次设计改进，才形成目前的商标。1998年，帅康第一次在厨房用吸油烟机商品上被浙江省工商局认定为浙江省著名商标。2002年，帅康牌吸油烟机产品被国家质检总局评为国家免检产品；随后，帅康牌吸油烟机、燃气灶具、电热水器等产品也陆续获评“中国名牌产品”称号。2004年，作为全省首批企业，“帅康”企业商号被浙江省工商局授予浙江省知名商号称号。截至目前，帅康已拥有浙江省著名商标 1 件、浙江名牌产品 4 件（国家质检总局已全面取消“国家免检产品”制度和“中国名牌产品”评选）、司法认定中国驰名商标 2 件、行政认定中国驰名商标 1 件。

别看现在的帅康品牌建设成绩斐然，多年来，邹国营却是无数次拿出刮骨疗伤的勇气和壮士断腕的决心，才一路摸爬滚打，走到现在。在公司的成长初期，邹国营曾因产品质量，两次亲手砸了出现问题的帅康吸油烟机，震惊整个厨电行业。正是这两次毅然砸机，却砸出质量，砸出信誉，也砸出“帅康”这块牌子，开启一路前行的品牌征战之路。

第一次“砸机”，砸的是吸油烟机。那是在参加完 1993 年广交会后，“由于喷塑设备调试不当和技术操作失误，一批价值 18 万元的帅康牌吸油烟机主壳出现喷漆不匀问题。这一小瑕疵不仔细分辨根本看不出来，但我得知以后，觉得砸什么都不能砸牌子”。据邹国营回忆，当时他立即找来一把榔头，让生产这批产品的员工把瑕疵品全部砸掉。从那时起，追求质量零缺陷的意识，就在员工们心中深深扎根。

第二次“砸机”，砸的是电机。1995 年，为公司生产配套电机的工厂在用料上以次充好，邹国营得知后，当即指示工厂质检部、供应部的负责人，到该电机厂进行突击检查，并第一时间将这批价值 20 万元的不合格电机全部封存。这 20 万元是那家电机厂老板的全部家当，于是向邹国营求情。邹国营给对方两个选择：“一是敲坏电机，全部报废；二是中止合作。”电机厂老板最终选择与帅康继续合作，当场砸毁所有不合格电机。此后，该电机厂的电机质量稳步提高。

“这件事也让其他配套企业明白质量是帅康的高压线，谁也碰不得。”邹国营自豪地说，“这两件事的实际价值肯定大过形式，绝不是仅仅表演给别人看。帅康能有今天，和在产品质量上的精益求精息息相关。”

正是凭着这份对品质吹毛求疵的执着态度和精益求精的工匠精神，帅康这匹生长于余姚洋山村的“小黑马”正式驰骋在中国的厨电市场上。据有关部门统计，自 1996 年起，帅康就已经在市场综合占有率、市场销售份额、市场覆盖面等三项指标上名列全国同行第一。而帅康商标作为中国驰名商标，经过多年的运营宣传深入人心，获得广大用户的选择与青睐，不仅在国内市场上具有较大影响力，也获得国外市场的认可，产品远销美国、韩国、日本、澳大利亚、新西兰、俄罗斯、西班牙、保加利亚等多个国家和地区。

## 不容“山寨”，打响知识产权保卫之战

优质的产品和优秀的品牌，为公司创造巨大的社会财富。仅最近三年，帅康的总产值和总销售额累计达 40 多亿元，纳税近 3 亿元。但是，随着品牌知名度的不断提高，各种侵犯帅康注册商标专用权的现象层出不穷。

其实，帅康历来重视品牌保护工作。早在申请注册第一件商标后，为了保护和发展自身品牌，公司就先后注册“帅康”42 大类全方位防御性商标；2005 年年底，重新设计的 商标核准注册成功，为使商标得到更加充分的保护，公司又于次年对新商标进行 45 大类全类保护注册；2018 年 3 月，帅康品牌再次升级，公司又重新注册45大类商标。目前，帅康已拥有国内有效注册商标130件，正在注册的商标 91 件；国外有效注册商标 7 件（包括马德里注册），注册国家 19 个，国外正在注册中的商标 7 件（包括马德里注册），涉及 62 个国家和地区。

在打假维权方面，公司 1996 年成立知识产权保护办公室，1998 年重新组建法务处，由熟悉相关法律法规的专业人员专门负责商标侵权等各方面的打假维权工作。他说：“这些年，虽然不法分子对帅康商标和商号的侵权行为屡禁不止、防不胜防，甚至侵权形式也日益多样化、复杂化，从以前单纯的商标侵权演变成目前的商标和企业名称同时被侵权的现象。但我们的打假维权保卫战从未停歇过，取得很大成效。”据悉，从开展日常商标监测，到向商标局提出商标异议；从向各地市场监管（工商、质监）部门举报投诉，到向法院提起诉讼；从协助执法部门开展打假行动，到列入余姚市优质品牌联动保护名录库，配合市场监管部门组建优质品牌保护联盟，共同建立跨区域联合打假机制……行政保护与司法保护双管齐下，使得帅康的打假维权工作取得喜人的成绩，既有力地保护了企业的合法权益，也为规范市场经济秩序发挥了积极作用。

2018 全球战略发布会新品展厅

不得不说，市场上出现的各种"傍名牌""山寨货"和假冒商标的情况，确实严重影响帅康的正常发展。如中山帅康、深圳帅康、广州帅康等典型的搭"帅康"品牌便车的企业，或在产品、包装、宣传上突出使用与文字帅康、英文"sacon"、拼音"shuaikang"、变形图案"SK"等帅康商标极其相似的商标及标识，仿冒正品进行销售；或在工商部门合法登记带有"帅康"字样的企业名称，诸如"帅之康电器有限公司""帅一康厨卫有限公司""帅康新家电有限公司""帅康时尚科技有限公司"等，在销售产品时突出使用"帅康"企业字号，引起消费者对"帅康"品牌的混淆；还有更甚者，假冒帅康售后服务人员，骗取消费者金钱，一些假冒"帅康"产品在消费者使用时出现安全事故。这些均对"帅康"品牌造成严重损害。对这些无良企业，帅康的做法是，拿起法律武器，进行严厉打击，让制假售假者付出惨痛代价。

如 2018 年 7 月中旬，在河南商丘，帅康接到一客户的售后维修需求，但售后人员上门维修时发现，该产品假冒帅康商标，客户购买产品的门店竟私自售卖假冒帅康产品。为挽回公司品牌荣誉、维护消费者权益，帅康第一时间派打假人员前往河南永城调查取证核实，经打假人员和当地运营商多次走访，确认有13名消费者在该门店购买了假冒帅康产品，公司立即向永城市公安局刑侦大队报案。经公安机关立案调查，该门店被证实确系售假，犯罪嫌疑人已抓捕归案，下一步将移送检察院审查，提起公诉。

这些侵权行为影响极其恶劣。2018年8月，CCTV-2财经频道就报道一起以低价检修引诱消费者购买假冒帅康产品的事件。据报道，上海一消费者在一名自称是专业燃气公司检测员的男子的推荐下，花6000多元买下一款所谓的帅康燃气灶和吸油烟机。然而收到货后却发现，不仅产品商标中间多了一横，变成“帅一康”，而且这英文拼写“saicaior”也不对。更令人难以接受的是，在使用过程中还感觉到有煤气泄漏。幸亏消费者有所警觉，才避免事故发生，随后报警，才得知购买的产品实际是“某某市帅一康厨卫有限公司”生产的山寨版帅康产品。试想，如果消费者不够谨慎，一旦接触到明火爆炸，后果将不堪设想。目前，该案正在调查取证中。帅康将毫不手软，全力协助执法部门维护好市场秩序，以保障消费者的合法权益。

## 崭新亮相，扬帆全新帅康梦想之旅

在品牌规划与管理上，帅康围绕“厨卫电器领导品牌”的高端定位，制定长期规划及年度计划，并建立市场中心，由40多人组成团队，全面负责品牌与市场管理工作。同时，每年都严格执行CIS品牌价值管理量化指标体系，以VI、SI标准进行操作、宣传以及对终端市场进行指导，并由销售大区经理、市场经理及市场相关人员进行跟踪管理，自上而下全面加强品牌建设，提升品牌核心价值。

多年来，帅康的品牌建设动作始终不断。每一年帅康商标都持续在广告投放、物料宣传、终端展会、场馆布置、活动推广、产品包装等各个领域得到广泛应用。特别是近几年，高铁广告霸屏列车、跨界体育营销、社会化传播创新……可以说，帅康正以一个全新的形象呈现在消费者面前。2015—2017年，连续三年，公司在展销会、户外、电视、报刊、网络、宣传物料等渠道，每年投入的品牌宣传费用就达上亿元。

据悉，从2017年开始，帅康更是进行全方位的变革。年初与上市公司日出东方集团达成资本合作，两家企业充分发挥“强强联合，优势互补”的作用，为帅康注入新鲜血液。公司在原有优势领域基础上不断创变，以实现产品、品牌、渠道、供应链等方面的垂直升级。“新品牌、新产品、新营销、新玩法、新体验”的“5N”战略，更是让帅康在新的消费环境下焕发出新的活力。

同年，全新LOGO也正式对外发布。帅康认为，好的厨房，不该只有冰冷的机器，应成为更多人文关怀和家庭温暖的聚集地。因此，新LOGO形象在保留原有中文字体、保持现有用户识别度的基础上，针对英文进行优化改造，特别加入可靠性、年轻化、品质感的设计，并提供“好厨房选帅康”的LOGO组合版，使英文“sacon”与中文“帅康”相辅相成、相得益彰。同时，还对“sacon”进行诠释，Scientific科技、Authority权威、Credibility可靠、Obligate责任、Noble卓越，更加坚定“引领厨卫行业创新，提升家庭生活品质”的品牌使命。

而在最为核心的科技研发和产品创新方面，帅康的表现更为出色。2017年，公司开发新产品及项目110项，申报专利25项，授权专利16项，其中授权发明专利5项。

2018全球战略发布会

2018年，在“5N”战略的加持下，帅康重新调整自身定位——“掌握核心科技”，并以年轻化和科技化的品牌形象不断示人。9月19日，帅康在北京钓鱼台国宾馆成功举行2018全球战略发布会，其主题“匠心帅康”生动演绎帅康一以贯之、开拓创新的品牌精神。发布会上隆重推出的全球首款潜吸机，更是开创吸油烟机新品类，率先破解厨房油烟危害健康难题，为健康厨房提供新思路，为厨电行业拓开新视野。

从1984年开始，35年风风雨雨，44万个日日夜夜，从中国第一台深型吸油烟机在帅康诞生，到第一台免拆洗吸油烟机、欧式烟机植入中国“芯”、第一台27m/min涡轮增压吸油烟机，再到今天的全球首款潜吸机，奋进中的帅康不断用创新来夯实品牌基础、壮大品牌力量。

## 良心浙商，以公益之心行品牌之道

一个热衷公益的企业，一定是具有社会责任感的企业，也是值得信赖的企业。经过数十年的累积，帅康不但成为技术创新的领衔者，更成为社会责任的先行者，由此获得“CCTV民族匠心品牌”称号。

帅康电气总裁孙命阳

说到技术创新，在一定程度上可以反映一个品牌的能力，但说起社会责任，往往能显示出一个品牌的境界。一直以来，帅康始终秉持“坚韧不拔创业、敢为人先创新、兴业报国担当、开放大气合作、诚信守法经营、追求卓越奋斗”的浙商精神，努力弘扬企业文化，肩负社会责任，推动经济发展，将“帅康”逐渐打造成一个有温度、有真情的字眼。

2008年5月12日，这是一个举国悲痛的日子。这一天，帅康一季度办事处销售视频会议正在紧张进行中。突然，视频中成都办事处经理的头像消失了。拨通电话，刚刚听到一句“地震了”的消息，就再无音讯。原来，四川汶川地区发生大地震。当时，邹国营立即作出捐款的决定，并向董事会汇报。当天下午，100万元的捐款就打到中华思源工程扶贫基金会的账户上。据该基金会名誉理事长、全国人大原副委员长成思危说起，这是该基金会接到的第一笔企业捐款，也是厨电行业捐款最多、捐款最快的企业。其实，在那个经济危机“抬头”之年，帅康的经营遇到很大困难，公司首季度财务报表显示亏损400多万元。但是，100万元的捐款，丝毫没让邹国营有任何犹豫。

从2010年，巴基斯坦遭受特大洪灾，帅康通过巴基斯坦驻华大使馆向灾区捐赠100台帅康牌净水器，用以解决当地的饮水安全问题，到每年暑期定期举行帅康“小候鸟”旅游活动，帮助员工子女快乐度暑假，再到每个冬天都举行“依旧情深”向贫困地区捐赠旧衣服大型公益活动……据不完全统计，1994年以来，帅康用于学校、老年人、拥军、村级建设等社会慈善、公益事业的捐款就达5000万元，公益事业投资近亿元。

山积而高，泽积而长；厚德艺馨，仁者雅韵。35岁的帅康始终凭借着“精致生活，源自细节”的企业理念，以高端品质塑造品牌形象，以品牌战略推动产销市场，以社会责任升华品牌价值，为中国悠远的饮食文化增添一抹亮丽色彩。

文：柴丹　董晶晶　张亮蓉

# 注塑机行业的“中国名片”

2015 年 10 月习主席访美期间和 2016 年 8 月奥运会期间，海天塑机集团有限公司（下称海天塑机）两次作为“中国名片”登陆纽约时代广场，与其他知名企业一起，携手向世界展示中国品牌。

海天塑机 1966 年在宁波诞生，1973 年生产出第一台注塑机。当时，海天塑机只是一个拥有 107 人的小厂。40 余年的时间，它慢慢从一个小企业，蜕变发展到成为拥有 8000 多名员工、总占地面积约 200 万平方米、下辖两家上市公司和 70 余家海内外子公司的大型跨国集团。

2018 年 5 月，中国品牌建设促进会和中央电视台联合发布中国品牌价值评价信息，海天塑机品牌价值达 104.76 亿元，居中国机械设备类第 4 位。2017 年，海天塑机年产值 157.3 亿元，年销售额 152.7 亿元，各项经济指标再创历史新高，产品销量稳居行业世界第一。海天塑机的品牌奥秘何在？

## 质量保障树品牌

走进生产车间，一排排智能化生产器械，一个个身着海天制服的员工，一声声机器运作的铮铮声，都让人感受到现代化企业运作的井然有序。“这个注塑机生产车间有 22 万平方米，是目前亚洲最大的单体车间。” 海天塑机宣传

亚洲最大车间一角

部主管王金忠表示，集团公司壮大背后，其实有着一段不为人知的艰辛时光。

据王金忠回忆，2008年，金融危机令国内经济一片低迷，海天塑机也受到很大的影响。2008年10月，产量大概是600台/月，到11月份，是300台/月，12月份，直接没有订单。为了潜心提高产品质量，海天塑机的创始人张静章不辞辛劳，安排员工走访各地客户，了解需求，采集反馈意见。“无论以后发展得多好，我们都不会忘记那段萧条的时光，以及脚踏实地走向壮大的责任感。”

据悉，海天塑机对于质量问题实施“杀无赦”“零容忍”政策，设立质量专业管理职能部门，对产品生产全过程实行网格化监管，同时建立全员质量责任包干制，以公司总裁作为总体质量第一责任人，将质量责任分解到每个岗位、员工，建立对应的质量目标体系，与绩效考核挂钩，做到“人人都是检验员、人人把好质量关”。

海天塑机还投入巨大成本，采购行业内先进的检测装备，对产品的所有指标进行全覆盖检测，检测项目包括注塑机在负载状态下测试的7大类128项，是同行业出厂检验项目的2～3倍。作为中国塑机协会会长单位，海天塑机主导并参与制定一项国际标准、四项国家标准、两项行业标准，产品先后获得CE（欧洲）、UL（美洲）、KC（韩国）等产品认证。

## 科学创新铸品牌

在海天塑机荣誉室里，国家科技进步奖二等奖、省部级科技进步二等奖和中国机械工业科学技术一等奖等荣誉证书排得满满当当。

企业置身商海，市场竞争是主旋律。在商业竞争环境中，生存和发展是企业永恒的主题，创新则是企业生存与发展的重要支撑。据了解，海天塑机将自主创新视为发展的重中之重，建有国家认定的企业技术中心和博士后工作站、德国技术研发中心、日本研发中心，每年持续保持 2 亿～ 3 亿元的研发投入，鼓励和实现创新。目前，海天塑机拥有塑机领域多项核心技术和专利 201 项，

海天集团

其中包括发明专利 21 项。

2006 年，海天塑机推出的海天 J5 系列伺服控制系统节能注塑机，彻底颠覆注塑机耗能高的特性，平均节省能耗 40% ～ 80%，占领行业的高端市场，单一系列机型累计销量达 17 万台。2008 年，自主开发的全电动注塑机批量生产，打破国外垄断。2013 年，世界上最大的二板注塑机 JU 66000 问世，不仅在动力系统上进一步节能，在环保、节材、精密、高效等方面打破多项德国、日本等国外技术垄断，被中国工程院瞿金平院士赞为“国之重器”。

“没有领先的技术，没有知识产权，就没有办法在行业里独占鳌头。”王金忠感叹。据了解，海天塑机从 2014 年起，就开始策划布局工业 4.0，并提出“开启工业 4.0 大技术质量战略”。一方面是“互联网 + 注塑解决方案”，即产品和服务的互联网化、智能化；另一方面是产品研发、制造过程的互联网化、智能化，即智能制造。在张静章看来，粗放式发展的时代已经结束，跨入“十三五”后，不仅产品、销售要创新，管理更要创新，要加强精益化、模块化、网络化等思维，用高质量的产品吸引全世界客户，这样才能实现“装备中国，装备世界”。

## 精准定位壮品牌

1973 年，张静章因看见出差上海的公社文书脚穿一双当时罕见的塑料凉鞋，前瞻性地认识到塑料制品必将大有市场，塑机将大有可为。由此，海天开始进军注塑机行业。1973 年，海天塑机生产的第一台 60 克直角式注塑机问世。从此，海天与注塑机结下不解之缘，一直专注耕耘于塑料机械行业，40 余载未动摇。“虚拟经济固然可观，但真正能复兴中国的只有实业，我们一定会矢志不渝地坚守实业。”张静章说。

海天塑机的品牌价值不断提升，精准定位功不可没。海天塑机的精准定位除了专注生产注塑机，还有国际化定位。当 200 克注塑机诞生时，张静章就提出了“把产品打入国际市场”的要求，每年主动争取参加海外展览会，积极与国外优秀的企业合资合作，实现企业的跨越式发展。

2006 年，海天注塑机产业在香港成功上市，意味着海天塑机品牌国际化迈出关键性一步。2007年，海天塑机收购德国长飞亚塑料机械制造有限公司，获得其知识产权和市场营销渠道，为海天塑机“走出去”增添新的力量。2012年，创立天剑品牌，由此海天塑机“三品牌战略”实现对整个塑料机械市场需求的全覆盖。

长飞亚品牌聚焦高端应用市场，以全电动技术为基础，结合最新技术，聚焦高精密塑料制品生产客户群；海天品牌定位中高端市场的标准化应用，针对市场覆盖率最广的应用领域，以传统液压注塑技术为基础，提供符合国际品质要求的产品；天剑品牌关注中低端的常规应用市场，针对中低端市场对性价比的需求，提供应用广泛、质优价廉的解决方案。

“海天塑机目前海外市场份额占27%，三分天下有其一；国内市场占有率达42%，占据近半壁江山。”王金忠表示，海天塑机目前在世界范围内拥有100多家销售网点，商标已在全球99个国家和地区成功注册，产品遍及130个国家和地区，服务全球范围内5万多家客户，成为真正的国际品牌。公司计划在2020年前，再投入25亿元，建设30～50个海外工厂，进一步壮大国际市场。

谈及海天塑机“十三五”的发展规划，张静章表示，经过半个世纪的发展，海天塑机已经成为中国民营企业崛起、中国塑机行业持续进步的一个缩影。能力更强，也意味着肩负的责任更加重大，绝不会有一丝的松懈和骄傲，必须时

海天集团

刻保持危机感。

## 优质服务护品牌

从2008年至今，海天塑机连续9年行业内产、销量居世界第一。近年来，海天塑机获得国家、省、市级多项荣誉，连续十余年入围中国民营企业500强、中国机械制造企业100强，也是中国塑机协会会长单位，被评为中国优秀民营企业、全国首批创新型企业、国家级重点高新技术企业、全国创建和谐劳动关系模范企业。海天塑机被评为中国民营企业竞争力50强，入选中国品牌海外推广计划。

谈到海天塑机如何维护品牌的时候，王金忠表示，公司通过知识产权管理体系认证，构建一个由多部门参与的动态化知识产权主动预防体系，将公司涉及知识产权和技术保密的各项工作都纳入其中进行管理。并且，公司设立专门的品牌维护小组，由市场部、技术部、营管中心与法务部门配合，对于侵权行为，积极联合市场监管部门查处或者通过法律手段维护品牌形象，但这些都不是维护品牌的关键，最重要的法宝还是客户体验。

海天集团

事实上，在这方面，海天塑机已经交出一份满意的答卷。海天塑机不断强化“以客户为中心”的服务理念，通过客服沟通平台，全方位的技术服务支持，让客户无后顾之忧。2013年10月7日，受台风“菲特”影响，中国最大的塑料产业聚集地——余姚、慈溪受到严重影响，两地800余家海天客户遭受水灾，淹没近万台注塑机设备。海天塑机急客户之所急，立即响应，组织服务、生产系统人员建立32个“救灾小分队”，分两批奔赴受灾区域，为海天塑机的受灾客户提供免费维修服务。历时两个月，为所有受灾客户恢复生产，最大程度帮助客户减少损失。对此，客户表示由衷感谢。当年余姚塑博会，海天塑机展位挂满客户感谢锦旗的场面，成为展会一道独特的风景线。

“客户各方面体验好，自然会回馈并推广给其他客户，长此以往，建立的品牌信誉，就是我们的制胜法宝。”王金忠表示，海天塑机的客户遍及航空航天、国防工业、交通设施、电子电器、汽车、家电、物流等各个领域。据不完全统计，连续跟海天塑机合作10年以上的客户有6529家，累计采购亿元以上的客户近100家。

海天塑机致力于团结每一名员工，其积极实现“装备中国、装备世界”的海天梦、“打造注塑机行业的中国制造标杆”等员工寄语分外醒目。目标决定未来，或许这个目标就是海天塑机脱颖而出的动力和真谛。

文：柴丹　张瑶瑶

# 铜业领军品牌的成长密码

在连续几日绵绵细雨的滋润下，清新柔美的慈城古镇（宁波市江北区西北部）更显生机盎然，在碧水青山间涌动着项目建设的热潮。

宁波金田铜业（集团）股份有限公司铜带650热轧线项目正在紧锣密鼓地推进。据了解，这是金田集团除越南、重庆、广东、慈溪等地新建的精密铜管项目、高端铜基新材料项目、异型精密铜排项目、高导高韧铜线项目之外，又一重大在建项目。该项目以高精度黄铜板带为主要产品，全部达产后，将进一步扩大产能规模，优化产品和客户结构，巩固行业龙头地位。

作为一家民营企业，金田集团自1986年开始建立，2000年组建发展至今，整整走过32个春秋，从连年亏损的乡间小厂，发展成为以铜加工为主，涵盖高新材料、建筑材料、稀土钕铁硼等领域的行业龙头企业，无论是经济效益还是环境效益，都交出一份满意的答卷。

从小厂发展到名企，是什么动力使得金田铜业发展得如此之快？又是什么成就金田铜业的品牌实力？

## 坚守主业　自强不息

创业之初，金田铜业就坚持“发展才是硬道理”，结合市场定位，围绕主业及拳头产品，审时度势，前瞻性地布局各类铜加工生产线。

经过十余年的发展、积累，金田铜业由一家乡间小厂发展成为涵盖多类铜加工产品的集团型公司。

2000 年，经过改制，宁波金田铜业(集团)股份有限公司创立，楼国强担任董事长兼总裁，金田品牌由此诞生。他大胆实行企业改制，建立起产权清晰、管理科学的现代企业制度，为公司的跨越式发展插上腾飞的翅膀。从 2002 年至 2007 年，企业的销售收入持续大幅增长，在浙江省制造业企业排名中位居前列，成为国内规模最大的铜加工企业之一。

经过 30 多年的沉淀，如今的金田铜业已发展成为全球领先的铜加工制造基地，下辖分公司、子公司 20 多家，先后在慈溪、江苏、广东、重庆及越南等地建有制造基地，在美国、德国、日本设立海外机构，综合铜加工量连续多年位居全国第一。2017 年，实现铜加工总量 80 余万吨，被评为宁波市首批七家千亿级工业龙头培育企业之一。

现在看来，金田铜业的创业发展过程，从一个侧面反映改革开放以来中国经济与社会发展波澜壮阔画卷的一个场景，它的前进步伐与这个伟大时代同步，成为优秀民营企业的代表和典范。金田铜业的品牌之路，是做大做强之路，也是诚信为本之路，通过规模优势，强化成本控制，推行精益生产，树立质量第一理念，逐步建立起行业口碑，赢得市场及全社会的认可。

## 品牌共创　成就共享

采访了那么多知名企业，它们各有特色。“大气磅礴”这个词，用在宁波金田铜业（集团）股份有限公司身上，再合适不过了。

所谓大气，一指行业地位，二指品牌优势，三指发展潜力。金田铜业是国内最大的铜加工基地、全国首批“城市矿产”示范基地。30 多年来，金田铜业一直从竞争战略的高度认识到创建品牌、做好品牌的重要性。据了解，杰克龙——即宁波杰克龙精工有限公司——是金田铜业旗下子公司，也是金田铜业的独立品牌。

企业外景

杰克龙诞生于1998年8月，定位十分明确：创一流品牌，在金田之外，再创一个品牌。作为后起之秀，杰克龙进军奥运会、全运会（第十一届全运会主体育场济南奥林匹克体育中心项目）以及号称亚洲第一高楼的上海环球金融中心，迅速在铜阀门市场树立品牌。究其原因，是其将品牌建设放在高处，视品牌之战为品质之战。

杰克龙恪守“质量是企业的生命”，从未有丝毫的懈怠，“我们还有原材料的优势，我们的投资法人（指金田铜业）就是我们的供货商，这一优势无人能比，这样的供货，一是质量有保障，二是价格有保障。尽管在这个行业，我们还不是最优秀的企业，但我们有信心成为这个行业的领先品牌”。

对于品牌之战就是品质之战一说，楼国强解释，没有品质，就没有品牌，品质是品牌的前提。“也许，你可以通过宣传，解决企业知名度的问题，但美誉度必须建立在长期不懈的品质追求之上，尤其我们是做实业的。”楼国强表示，品质有三方面含义，一是产品品质；二是服务品质；三是员工品质。提升产品品质，就是重视产品质量，把质量看成是企业的生命，以质取胜；提升服务品质，就是关注客户感受，通过升级服务，留住老客户，用优质服务，赢得新客户；提升员工品质，就是要科学、合理安排生产，优化生产工艺流程，消除一切浪费，将“精益”理念熔铸到员工的日常行为习惯当中，通过管理来提高效益。

## 固本溯源　逆势飞扬

打造品牌商标战略是企业的使命，也只有企业坚持稳定、健康的发展，才能使得品牌商标战略获得坚实的物质基础。

近年来，面对国内外经济形势的复杂多变，金田铜业加大科研投入力度，建设国家认定企业技术中心及国家级博士后科研工作站；强化质量过程监督，倡导全员营销，建立市场快速反应机制，提高顾客满意度；建立科学决策机制，加强原料采购过程监控，优化采购供应链，降低采购风险；制定系统培训规划，持续推进金田干部培训班等项目，提升员工综合素质。在严峻的外部环境下，企业广泛推行上进心、责任心教育，得到广大干部员工的热烈响应，内部创业、承包责任制、降本增效的良好举措在企业内得到普遍落实。

在传统产业增长乏力、行业普遍不景气的大环境下，楼国强号召坚持制造业主业不动摇。楼国强回忆，“在护牌的过程中，公司逐步建立产学研用四位一体的企业技术创新体系，通过持续实施精益生产及精细化管理，大力引进国际装备与技术，广泛聘用全球知名专家人才，全力推进信息化技术应用及系统搭建，依次开展从战略、文化到营销、研发等全领域的管理咨询项目，在低迷

车间一角

声中逆势而上，品牌应用范围更广泛了”。

同时，金田铜业坚持核心号召，坚持没有质量就没有一切、品牌之战即品质之战的管理理念，自 1998 年开始不断推进质量管理模式，从自身行业和产品特点出发，以卓越绩效管理模式为引领，整合 ISO9001 质量、ISO14001 环境、OHSAS18001 职业健康安全、ISO10012 测量、ISO17025 实验室认可等各项管理体系，建立规范化、标准化的管理规定及流程，健全以技术标准为主体、管理标准与工作标准相配套的企业标准体系。坚持走高质量、高附加值、高市场前景、高效益的精品之路，积极吸取国内外先进管理经验，优化、细化过程管理，持续提升过程管理水平；倡导工匠精神，重视质量培训及质量考核与激励，建立大数据预警，质量否决及质量问题分层、分级管理机制等，提升员工质量意识。

至此，金田铜业在全国、全省的知名度进一步提高。经浙江省经贸委等多个省级部门审核，被列为浙江省诚信示范企业；铜及铜合金管 / 棒 / 线 / 阴极铜、板带、钕铁硼、漆包线等被评为浙江省名牌产品；集团公司位列中国 500 强企业第 238 位、浙江省百强企业第 25 位、宁波市制造业百强企业第 1 位。

## 驱动创新　探索路径

金田铜业自成立之初，就在品牌战略规划上展现十足的远见。

1994 年注册商标，随后建立起一整套完整的 CIS 体系，系统性地构建金田品牌战略的蓝图。随后，金田铜业从企业理念识别（MI）、行为识别（BI）、视觉识别（VI）三大方面对品牌战略规划实施落地。以塑造企业文化、规范员工行为、统一公司形象为基础，通过参加国内外展览展会、建设品牌网站、参加行业论坛峰会等推广工作，稳扎稳打地将品牌战略层层落地。时至今日，经过 30 多年的洗礼，金田铜业已然逐渐成为行业领军和深入人心的优质品牌。

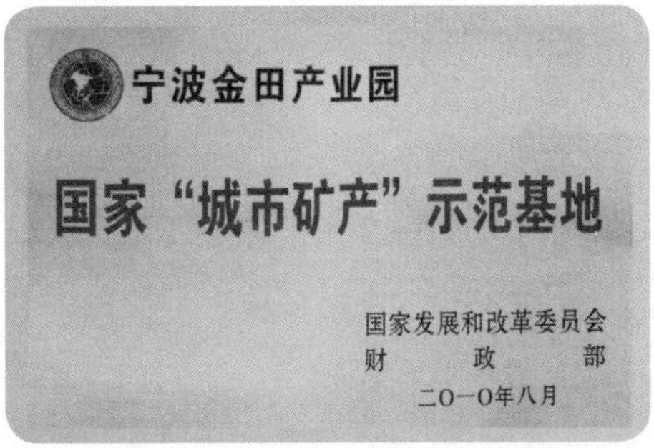

企业荣誉

楼国强表示，通过技术创新，金田铜业大幅提升高精度板带、精密铜管、高精度棒线、耐高温电子漆包线等高附加值产品的产量比率，全面推进产品结构升级。“有什么样的标准，就有什么样的产品。参与标准的制定，给我们带来更多的市场话语权。”公司及子公司先后主持、参与26项国家/行业标准制定，拥有授权发明专利87项，先后获省级以上科技进步奖10项，先后承担国家“863”计划项目1项、国家“十二五”科技支撑计划项目3项、国家火炬计划项目10项和市级重大科技攻关项目4项。

同时，金田铜业立足品牌战略，积极开拓产业未来。

在品牌注册方面，国内商标注册290多个；国外商标注册近20余个，涵盖美国、欧盟、印度、沙特、阿联酋、泰国、印尼、伊朗等十余个国家和地区。自主知识产权的品牌产品包括：金田铜棒、铜管、高精度棒线、高精度铜板带、铜排、铜线、电磁漆包线、磁性材料、阀门、龙头和水暖卫浴等。

在品牌宣传推广方面，2018年，金田铜业组织参与国内外展会30余场，其中进行特装的展会在半数以上；在“互联网+”推广方面，积极创建以集团网站、微信公众号、今日头条等为主体的新媒体矩阵，拓宽品牌宣传渠道；同时，开展与上海有色网、亚洲金属网、旺财新媒体等行业内的专业平台合作，从品牌形象、行业地位、产品特色等多方面对集团品牌进行宣传。线下宣传方面，杰克龙精工在全国范围内设立形象店，拉近与客户距离，将品牌推广深入人心。品牌活动方面则联合国内知名制造业网站平台，进行行业论坛和峰会的协办、赞助，且长期组织以“杰克龙经销商大会暨杨梅节”为代表的一系列主题活动，以达到品牌宣传目的。

针对品牌保护，金田定期进行品牌商标的管理工作，对到期商标进行续展，委托第三方机构进行定期商标监测，防止其他企业申请注册近似或相同的商标。

谈到未来，楼国强表示，金田铜业将以宁波建设“中国制造2025”试点示范城市为契机，积极拥抱变化，从旧思路、旧方法、旧手段转向新理念、新模式、新路径，在新环境中坚持稳中求变，探索转型路径，以寻求新生机、谋求新发展。

文：柴丹

# 吹响中国民族音响业的冲锋号

品牌是企业的形象。一个企业拥有自己的品牌，才拥有进入世界市场的通行证。每一个企业都梦想成为被世人所崇敬的世界级品牌，但是，没有循序渐进的发展，没有稳定可靠的产品质量，没有最紧密人群的高度认可，成为世界名牌可能只是南柯一梦。如今，品牌实力已成为衡量一个企业综合竞争力的重

音王在这个废弃弹药房起步

要标志之一。

在音视频行业，如今的音王几乎无人不知，无人不晓。音王品牌的天籁之音，在文化、教育、部队、流动演出、专业电影等领域应用甚广，为各种大型剧院、体育场馆、多功能厅、会议室、文化礼堂、音乐教室、流动演出、娱乐会所和专业影院等场所提供专业的扩声保障和技术支持。

“音”字上面是一个“立”，下面是一个“日”，寓意立于红日之上，光芒万丈！“王”字上面一横代表天，下面一横代表地，中间一横代表人，当中一竖则代表天、地、人三位一体，立志真正成为站在太阳之上、贯穿天地之道、以人为本的企业与品牌。而音王的商标更像一头庄严威武的雄狮，吹响中国民族音响产业振兴的冲锋号，Soundking品牌由此诞生。

## 音王的创牌之路：
## 践行品牌制胜理念，打造强大的品牌阵营

1988年，音王电声股份有限公司董事长王祥贵仅凭2万元投资，租借宁波东钱湖的一个废弃弹药房，开始艰难创业。“做产品就是做质量，做质量就是做人”，他凭借这一信念，让众人深深地记住“小宁波，好插头”。1994年，王祥贵参加美国拉斯维加斯世界音响器材博览会，琳琅满目的展品让他震惊，这些展品几乎都是洋品牌。他暗暗发誓，外国人能制造的东西，不信我们中国人做不出来。就是这次博览会，打开了他的眼界，促成音王从音视频连接插头到音响配件的生产转型升级。

音王先将产品瞄向国际市场，依靠物美价廉，与国际市场上的洋企业打起价格战，同时也吸引国外很多大公司的目光。拉斯维加斯博览会成了王祥贵人生的重大转折点，此后，企业的销售额迅速增加。一有积蓄，他就投入新产品的研发，研发出多种具有自主知识产权、在质量和音色品质上足以与国际大牌叫板的专业音响器材。

2007年，音王在海外销售前景一片光明，此时，王祥贵启动了“音王归来”的发展战略，把目光转向国内，在洋品牌充斥的国内市场开始攻城略地。

事实证明，这一举措果断而超前。在2008年席卷全球的金融危机中，音王海外市场收入下降近30%，但国内市场却做得风生水起，弥补了海外市场的损失。不仅如此，音王还抓住金融危机的难得机遇，果断出手，收购欧美相关企业。2008—2009年短短一年多时间里，成功收购创建历史超过40多年的世界三大知名音响品牌Studiomaster（录音大师）、Cadac（卡迪克）和Carlsbro（嘉士伯），尤其是作为世界高品质调音台化身的Cadac，全球70%的顶尖场所都有它的身影，为音王占领技术制高点。此后，音王顺势收购美国知名电影品牌PGS，形成旗下拥有7大品牌的强大品牌阵营和多元化的品牌战略，市场估值达30亿元以上。

音王在经营中践行品牌制胜理念，大力实施品牌战略。音王已拥有中国驰名商标、浙江省著名商标等荣誉，名牌总数位居行业前列。

## 音王的用牌之路：
## 用高品质为世界顶级盛会保驾护航

2018年中央电视台春晚，宏大场面与激昂声乐交织成一曲献给新年的礼赞，现场完美的舞美、音效令人记忆犹新。这曲赞歌的“发声器”正是音王。王祥贵告诉记者，“不仅登上央视春晚舞台，我们还曾服务于北京奥运会、上海世博会、西安世界园艺博览会、G20峰会、厦门金砖五国会议等世界级盛会等”成为国家重大活动的“标配”，“零故障”完成任务，音王有底气。

据了解，北京奥运会期间，音王为开幕式、闭幕式和38个奥运场馆提供100余只监听音箱、几万个音箱接插件和20万余米音频、视频电缆线，为奥运会的转播提供可靠的保证。奥组委在感谢信中写道：音王产品设计优良、品质卓越、服务周到，事实证明“中国制造”是完全可以信任的。

上海世博会期间，音王成为中国国家馆、世界主题馆音响设备指定品牌，并为主题馆的城市人馆、城市生命馆、城市星球馆、城市未来馆和中国馆的“寻觅之旅”“低碳未来”等六大展区、十多个主秀以及数十个展项提供整套音响设备、各种插件等上千款产品及整体技术解决方案。经受10个月的考验，获得世博组委会的高度赞赏。

在西安世界园艺博览会上，音王为开幕式、闭幕式以及园区各个演出场合提供价值1600多万元的音响灯光设备。“蝶恋花”“浣溪沙”“水龙吟”三个固定舞台、园中花车巡游、游船及5公里的灞河两岸的音响，均采用音王产品。

在杭州G20峰会上，音王旗下德国顶尖K&F音箱为多个主会场提供音频扩声，呈现给世界一份别样的精彩。G20峰会的主会场是新建的杭州国际博览中心，建筑面积85万平方米，是国内最大的单体建筑，多功能会议厅、宴会大厅、新闻发布大厅以及用于一些单独的领导人会面和接待嘉宾的小型会议厅等多个主要会场，全部采用德国K&F扬声器系统。

在厦门金砖五国会议上，音王旗下英国顶级Cadac调音台与德国顶尖K&F音箱为会议保驾护航。厦门国际会议中心的国宴厅、海峡厅（新闻发布厅）以及若干个中小型会议厅，全部采用K&F音箱，其中国宴厅主要用于举行会议的欢迎晚宴以及会议最后一天习近平主席举行的中外记者见面会。

“在影院产业发展中，我们的全系列影院音响系统从2008年进驻杭州西湖文化广场新远国际影城以来，年安装量达到2000多个影厅，我们的产品技术和服务达到国家先进水平，得到数十家院线的高度赞美，成为国内院线最值得信赖的品牌。”王祥贵自豪地说。

无论在国家大剧院、人民大会堂，还是在新中国成立60周年大庆阅兵式上，在越来越多的地方，人们可以看到音王的产品。“在全球90多个国家地区，我们拥有常年客户800多家，并且这一数字将持续攀升。只因我们技术领先、服务至上，秉承始终以客户利益为先的行为准则，我们代表品质、竞争和创新。”

这一切的努力，使音王入选国际音响行业权威刊物——美国《音乐贸易》杂志，成为全球乐器与音响供应商综合实力225强名单中的第28位。

## 音王的护牌之路：构建完善的企业知识战略体系

随着科技突飞猛进，经济全球化深入发展，国际间生产要素重组和产业结构调整及转移，以权力独占和信息利用为其本质特征的知识产权制度的重要性和影响力日益突出。因此，在新形势下建立企业完善的知识产权战略规划，是实现企业快速持续发展的重要命题。

音王经过多年发展，已经成长为业内具有一定规模及影响力的企业。企业的优势产品、品牌、专利产权数量等达到新的高度。在新时期，建立和制定与企业自身特点和整体发展规划相结合的、规范可行的、具有引领企业创新发展的知识产权战略规划，具有非常重要的现实意义。在此背景下，音王建立了企业知识战略体系与保护措施。

据了解，音王通过对企业员工进行商标、专利、版权保护等培训，企业产品及关键技术科技展板的宣传普及，组织专业人员编写企业知识产权实务手册和典型案例分析等，充分利用“3.15”“4.26 世界知识产权日”和“科技活动月”、集团内网、微信公众号等活动和平台，全方位、多渠道，开展形式多样的知识产权宣传普及活动，大力提高企业高层领导和研发人员的产权意识，激发员工的创新思维及创造力，全面提升企业竞争力。在构建及完善企业自主知识产权创新体系的工作中，音王构建和完善了以政府为指导、市场为向导、企业为主体、产学研相结合的自主知识产权创新体系。通过整合优势创新资源，着力提升企业集成创新能力和引进消化吸收再创新能力，努力走出企业的自主知识产权双创之路。

王祥贵介绍，音王十分重视加快基础性知识产权战略资源的创造和储备，采取有效措施，提高企业专利的申请量和质量，努力实现专利申请量及质量的同步增长。同时，争创行业内产品的驰名商标、著名商标及名牌产品等。通过持久的技术创新、质量管理、市场推广和售后服务，打造企业良好的品牌形象，培育企业饮誉海内外的商誉。同时，加速吸引培养企业知识产权的专业人才，包括懂专业、懂外语、懂法律、熟悉国际规则的复合型知识产权管理人才，技术、法律兼备的企业专利工程师和企业知识产权实务操作人才，能够从事并胜任知识产权代理、评估、交易、咨询、诉讼和专利检索等高级服务人才等。他预计，到 2020 年，音王基本形成一批数量足、素质高、结构合理并与企业发展相适应的知识产权专业人才队伍。

与此同时，音王在拓展行业内国际和区域间的知识产权合作与交流工作上下功夫。

如今，文化行业知识产权国际间的合作与交流越来越深入，日益重要。音王通过项目合作、人才吸引、专业高级论坛等多种合作与交流方式，开辟国际及区域内知识产权合作创新的新途径。

“除了构建企业知识产权体系，音王始终把品牌放在战略发展的高度来抓，在产品品质和服务方面打牢基础，有效提升企业的社会知名度和品牌影响力。”王祥贵说。

多年来，音王一直重视企业品牌形象及商标品牌的宣传，每年投入资金积极进行创建维护。申请中国驰名商标、浙江省著名商标宣传商标品牌，申请海外注册商标，扩大商标品牌的影响力，有选择性地参加公信力度强的评奖，提高商标品牌的美誉度。2018年，中国品牌研究中心评估音王的品牌价值为25.3亿元，成为中国品牌百强榜上的一员。

在服务方面，音王十分重视售后服务。“公司设有专门的全国售后热线，并成立营销服务中心，包括售后客服部、国内销售服务部、国外销售服务部等多个服务部，拥有完善的部门职责，定期对售后服务人员进行专业的培训。每一个客户投诉，都有专人积极跟进处理，并形成客户投诉处理报告，以留案存档。”

## 音王的壮牌之路：走出国门，实施技术创新提升品牌生命力和竞争力

音王的发展时期，也是中国经济由高速增长阶段转向高质量发展阶段，国家积极推动形成全面开放的新格局。以“一带一路”建设为重点，坚持引进来和走出去并重，遵循共商共建共享原则，加强开放合作。这些举措对音王的发展起到极大的支持和推动作用。

王祥贵表示，近些年，音王积极贯彻国家发展战略，开拓属于自己的“丝绸之路”。如今，音王产品市场占有率（含配件类产品）已达到5%，美誉度

享誉国内外。2018 年是音王二次创业的发展之年，他们屡次走出国门，踊跃拓展市场，走访德国、荷兰、南非、印度、俄罗斯、韩国、马来西亚等 20 多个国家，订单纷至沓来，与客户们建立更加深厚的友情。

2016 年上海国际专业灯光音响展，专设 700 平方米中国音王馆，这是音王首次在世界的高调亮相；2017 年中国（广州）国际专业灯光音响展，音王首次举办大型专场产品推广会，一切策划和执行工作都呈现音王的专业性；2017 年上海国际专业灯光音响展览会，1200 平方米独立展馆是音王史上最大参展规模，展会期间的发布会、产品试听和视频展示，更是凸显国际化，有亮点有创新。

随着我国改革开放的不断深入，国内许多企业已逐渐认识到品牌是产品整体的一个重要组成部分，纷纷注重品牌生命力的打造。

近年来，音王始终坚持以技术创新引领发展，通过强化产学研合作、关键技术攻关和海外技术合作，着力提升产品竞争力和品牌生命力。企业依托国家级企业技术中心、国家级博士后科研工作站，与中国传媒大学等知名高校开展战略合作，联合研制开发高新技术项目，形成“研制一代、储备一代、生产一代”的产品研发良性体系。

在技术上，音王先后攻克多项行业技术难题，研发生产的多功能演艺声场控制系统，解决建筑场馆的多用途适用范围，为场馆多功能利用提供解决方案，该项目获得 2017 年国际电影电视声音技术高端论坛（IFTT）大奖。统计显示，目前，企业拥有国家各类专利 400 余项，主导起草 3 项行业标准的制定，参与起草两项国家标准的制定，并承担多项国家重点火炬计划项目。通过产学研合作和关键技术攻关，企业产品不断推陈出新，实现企业品牌的常青常新。

王祥贵表示，今后，音王将积极抢抓新旧动能转换重大机遇，继续大力深化产业布局，切实提高创新能力，深入实施品牌战略，着力培育和打造更多的优势品牌，全力深化转型升级，不断提升企业综合竞争力，努力为社会发展作出新的更大的贡献。

文：柴丹

# 177年“老字号”的“长寿经”

素有“海上名山、寰中绝胜”之誉的温州雁荡山，不仅以奇秀山水闻名遐迩，更是孕育九大仙草之首——石斛的天然绝胜之地。《本草从新》记载，石斛“温州最上”。自古灵山藏灵宝，在这个岗顶有湖、秋雁宿之的钟灵毓秀之地，“铁皮石斛”的孕育，是得天独厚的神奇馈赠。

乐清市铁枫堂石斛发展有限公司就坐落在美丽的雁荡山北麓龙西乡。这里是中国铁皮石斛之乡、中国铁皮枫斗加工之乡、全国一村一品（铁皮石斛）示范村、浙江省铁皮石斛生产基地县。集天地之精华，“铁枫堂”的金字招牌就从这里开始，经历177年的传承和发展，逐步壮大，走向全国。

## 百年非遗传承，数十年品质坚守

铁皮石斛

每一个品牌的诞生，都是价值的认同和品质的传承，铁枫堂的起源正是一个长达百年的价值探索之旅。19世纪四五十年代，公司创办人宋仙水的高祖父宋康池在大荆龙皮岙开设中草药铺，开始采集、加工、销售雁荡山铁皮石斛，为胡庆余堂常年供应雁荡山铁皮石斛、金银花等中草药。1874年，胡雪岩曾亲临雁荡山，拜访宋康池。宋康池后借用“胡庆余堂”的名号，将两个孙子取名为再庆、再余，意即让孙辈向胡庆余堂学习，再创第二个胡庆余堂。为解决野生铁皮石斛多而不宜久存的问题，宋康池革新种植和存放方法，尝试将野生铁皮石斛移栽在岩石上和树林中，将石斛茎烘干、扭曲加工成枫斗，使得铁皮石斛可以常年供应于市。

“铁枫堂”的第二代传人为宋仙水的曾祖宋万连，生于清同治六年（1867年）。他随父在大荆龙皮岙街经营中草药铺，开始较大规模地采集、收购、销售、栽培铁皮石斛，制作加工铁皮枫斗。康有为、蒋叔南等名人曾长期委托宋万连代购铁皮石斛和铁皮枫斗。因草药店以经营铁皮枫斗而闻名，故将药店改名为“铁枫堂”。因所售铁皮石斛品质精良，在坊间享有盛誉，康有为为宋万连题词“中医世家”，蒋叔南为宋万连题词“铁枫堂”和“天下第一草”。铁枫堂由此诞生，开启一个品牌的百年传承之路。

第三代传人为宋仙水的祖父宋再余，生于清光绪二十七年（1901年），随父一起经营铁枫堂。宋再余和父亲曾受乐清县县长张雪梅委托，将铁皮石斛作为珍品，馈送给孙中山先生原配夫人、孙科之母卢慕贞。同时，铁枫堂铁皮枫斗更是宋美龄随身必带的养生美容珍品，被长期食用。宋再余的长子宋启华因擅长铁皮石斛栽培、枫斗制作加工、鉴别，在1985年被国家中医药管理局授予“共和国老药工”名誉称号，彭真委员长亲自签发荣誉证书。宋再余还长期来往于江西、浙江金华、丽水等地，采集收购铁皮石斛，然后移栽分种或制作加工成枫斗销售，并尝试利用铁皮石斛成熟果实进行人工播种。

铁枫堂这个品牌的真正发扬和传播始于宋仙水的父亲宋启富。宋老先生随其父及姐夫潘必善一起经营铁皮石斛生意，并远赴云南、广西、贵州等地采集收购铁皮石斛。因经营规模扩大，宋启富于1971年创办铁枫堂铁皮枫斗加工厂，工人达50多人。为使根茬得到利用，宋启富将大量根茬移栽，移植技术取得很大成功，铁皮石斛种植面积达10多亩，成为当时我国规模最大、时间最早、移植技术最成功的铁皮石斛种植基地。因长期为上海市药材公司提供铁皮枫斗，铁枫堂成为乐清乃至全国最早实现将铁皮枫斗远销东南亚的企业。

宋仙水自小耳濡目染家族中医药文化，从1990年开始从事铁皮石斛等药材的采集、制作加工和销售生意。2009年11月，乐清市人民政府出台《关于加快铁皮石斛产业发展的若干意见》。宋仙水筹资3000万元，传承祖辈的铁皮石斛养生文化和传统技艺，结合现代生物科技，先后创办浙江铁枫堂科技股份有限公司、乐清市铁枫堂石斛发展有限公司、康盛堂大药房、浙江铁枫堂科技股份有限公司、杭州铁枫健康科技有限公司等机构，建成铁皮石斛组培室三座，大棚种植基地400亩，仿野生林下原生态种植基地1000亩，并向云南、广西等地供应种苗和提供栽培技艺，宣传铁皮石斛的药用价值和使用方法，传播铁皮石斛中药养生文化。

宋仙水利用现代科技与祖传栽培技艺相结合，开展大规模林下仿野生栽培，根据现代国内国际的食品和中药材生产要求，不断改进祖传铁皮枫斗制作加工技艺。在前人的基础上，将雁荡山铁皮石斛这一濒危中药材保存下来，并发扬光大。经过多次培植和临床实验，在继承发扬祖传的名贵药材栽培的基础上，革故鼎新，创新铁皮石斛传统栽培方法和铁皮枫斗制作加工技艺，构筑集中医药文化传承、优良品种选育、仿野生有机栽培、古代养生秘方攻关、中医药临床应用于一体的独特完整的中医药产业链，得到国家、省市各级专家学者的高度赞誉，优质产品蜚声海内外。“铁枫堂”现已发展成为一家集铁皮石斛品种优选优育、大棚种植、林下原生态种植、枫斗制作加工销售以及铁皮石斛中药养生文化传播于一体的现代科技农业企业和生物医药企业。

铁皮石斛市场鱼龙混杂，有拿着紫皮石斛冒充铁皮石斛的，也有拿着大棚种植的石斛冒充野生种植石斛的。不公平的竞争环境，让企业在发展中面临着巨大的挑战。作为铁皮枫斗非遗技艺的传承人，宋仙水一直坚持将诚信经营和产品质量放在公司发展的首要位置。数十年的铁皮石斛种植，让他积累了丰富的经验，始终坚守品质如一，才能让公司在复杂的市场竞争中立于不败之地。在他的带领下，公司建立质量监督管理队伍，由他本人亲自担任组长，对石斛育苗、种植、加工等十几个环节进行针对性的把控。公司建设有温州唯一的一个农业院士工作站和设备完善的产品质量检测中心，通过完善的例行监测制度，开展对铁皮石斛产品的检验检测和质量监测。公司先后开展质量诚信评价活动，将标准的推广、生产档案的建立、生产的产品质量纳入质量诚信的评价内容，督促提高公司的质量意识和诚信水平。对品质的坚守，让铁枫堂取得了无数的荣誉，更重要的是让铁枫堂产品在各级机构抽检中全部合格，得到消费者的信任和支持。

## 扎根农业发展沃土，坚持科学技术创新

乐清市铁枫堂石斛发展有限公司从2010年斥资300万元成立，到2017年几千万元的营业额，真正实现铁皮石斛品牌的树立和产业的跨越式发展。飞速发展的背后，不仅是产品品质的简单较量，更是科学技术创新的丰硕成果。而一个品牌的成功，不只是源于市场对品牌的认知度，更是市场对这一品牌所代表的产品的认可度。走进铁枫堂数千平方米的加工园区，浓郁的人文氛围和创新拼搏精神，体现在每个角落。如果非要说铁枫堂有什么成功秘诀，相信一定离不开“基础”和“创新”两个词。

一是重视基础建设，牢牢扎根农业的土壤。得益于各级政府对农业发展的重视和对企业的关怀，铁枫堂长期致力于铁皮石斛种植基础的建设。通过多年

铁枫堂基地一角

努力，目前在乐清已形成种植面积8000多亩，辐射周边5000亩的种植规模。在总公司的支持下，已建成年产铁皮石斛组培苗7000万株的组培室三座（是目前国内设施设备最完善、规模最大、管理最规范、生产能力最强的铁皮石斛组培室之一），已在大荆、雁荡、云南等地建成大棚种植基地500亩，在雁荡山国家森林公园灵峰林区承租1000亩的森林，开始林下原生态种植。农业企业始终离不开肥沃的土壤，发展优越的种植环境是公司多年来保持旺盛生命力的根本源泉。

二是始终坚持技术创新。铁枫堂在多年的铁皮石斛种植培育实践中，总结出多项专利技术和独家培育加工工艺。著名的根菌共生养根技术、七优微控培植技术，都是铁枫堂石斛丰收的秘诀。除此之外，还有五项铁皮石斛独家栽培专利：铁皮石斛栽培方法发明、铁皮石斛苗床创新、铁皮石斛组培架创新、取苗器创新、蜗牛防护架创新；两项突破性枫斗加工专利：铁皮枫斗烘烤装置、石斛枫斗加工定型夹。在漫长的种植加工过程中，宋仙水不懈钻研，总结出

组培室一角

十九道非遗技艺：三挑三拣、茎干精修、净茎筛选、活泉清洗、鲜条分鉴、五翻五晾、炭火慢烤、碧茎初晾、分级裁段、60度温焙、古法茎揉、三扭三绕、绵纸加箍、恒温复焙、竹筛晾胚、老匠放箍、微调整形、精工复箍、清香三焙。一粒上等铁皮枫斗的制作过程是复杂而严苛的，需几十年经验的老斛匠，历经十九道工序，耗费数天之功。从三挑三拣，于数百根铁皮石斛中苛选品相上等的鲜条开始，到四次匠焙，掌心可精准掌握火候温度的纯熟技艺，再到枫斗成型至关重要的旋钮加箍，每个过程环环相扣，不容有一丝一毫的疏忽。正是因为177年来的品质坚守，才有了汇聚81位国斛匠工超人技艺的铁枫堂铁皮枫斗。也正是对品牌的重视，才让铁枫堂公司不遗余力地专注于每一颗枫斗的制作，让他们的产品在竞争复杂的市场中脱颖而出，独具匠心。

除了对自身产品的研发，铁枫堂同时还与浙江省农科院合作繁育优良的铁皮石斛品种，推广先进的种植和生产技术，依靠科技创新力量，保证产品质量和档次。公司相继建设国家中医药管理局铁皮石斛重点研究室、中国工程院院士专家工作站、浙江省农业科技研发中心等。2011年，公司的“铁皮石斛规模化、工厂化生产研究项目”列入国家星火科技项目。过去的铁皮石斛育苗培育成活率始终是个大难题，经过多年的技术研究和创新，铁枫堂将过去40%的成活率提高到将近100%。这一数据的背后，正是企业将科学技术创新和农业发展有机结合的丰硕成果。

## 品牌驱动企业活力，营销开发市场价值

多年来，乐清市铁枫堂石斛发展有限公司坚持用品牌驱动企业活力，用“互联网+”的思维，全方面、多角度地挖掘市场价值，不断构建完善健全的营销网络，努力在石斛行业做大做强，成为行业龙头企业。公司先后注册了“铁枫堂”“铁丰”“龙凌”三个商标，其中“铁枫堂”先后获得浙江省著名商标、浙江省老字号等荣誉称号。传承百年的铁枫堂品牌，不仅是技艺和产品的高度结晶，更是历经市场考验的成果。如何讲好品牌故事，让更多的消费者了解雁荡山石斛，认可铁枫堂石斛，成了铁枫堂企业未来发展的必修课题。

雁荡山铁皮石斛自古以来就受到皇室的青睐。当年雁荡山药农采摘铁皮石斛的场景，已演化成雁荡山著名的旅游项目——“飞渡表演”。诺贝尔文学奖获得者莫言来到雁荡山时，即兴题诗：“雁荡药工巧如神，飞涯走壁踏青云。采得长生不老草，献给天下多情人。”如此丰富的故事和文化底蕴，却没能合理开发，助力雁荡山石斛占领市场，让许多石斛种植开发企业都痛心疾首。消费者了解石斛产品，首先关注的是石斛的产地和质量，然后才会进一步了解是什么品牌的石斛，这一品牌是否有足够的知名度和质量保障。

如今，市面上云南石斛、霍山石斛都是雁荡山石斛的有力竞争者。铁枫堂希望通过企业品牌的塑造和营销，带动当地产业的发展。在铁枫堂品牌脱颖而出的同时，让消费者进一步了解到雁荡山石斛的优越特性。回顾2008年以来石斛市场的价格上涨势头，不难发现，市场对石斛产品的深入了解，成就石斛行业发展的“蜜月期”。随之而来的就是雨后春笋般发芽的小散型无序竞争和市场价值的错误估计。在竞争压力日趋激烈的今天，铁枫堂在完善产品质量的基础上，努力通过品牌发展，抓住消费者的注意力，将雁荡山石斛的故事和铁枫堂的品牌发展紧密结合在一起，通过多种形式的产品营销和产业文化发展，来推动铁枫堂石斛走向全国，走出中国。

铁枫堂在多年的市场开发探索中进行医药零售、专卖店、网络销售等多种方式共同结合的营销架构，将优质的产品销往全国各地，在行业内销售名列前茅。铁枫堂已与50家国内主流医药连锁企业合作，设有专柜50多个，网点2000余个。截至2018年，已在全国开展巡回专题讲座87场，为铁枫堂品牌的推广和塑造打下坚实的基础。

2012年以来。铁枫堂独家举办中国首届道地药材产业论坛、财富论坛等全国性大型活动。相继参加美国、马来西亚世界中医药大会，新西兰大健康产业论坛等活动，通过大型国际论坛传播雁荡山铁皮石斛，引起各行各业及相关专家的高度关注。同时，铁枫堂产品先后在中央电视台、浙江电视台、温州电视台、乐清电视台进行专题推广。通过新闻媒体、网络媒体、户外广告等形式，扩大品牌知名度。更在杭州、昆山、温州农博会以及各类名特优新农产品展销会上崭露头角，受到各级领导的重视和消费者的欢迎。

铁枫堂公司所在地绝美风光

“铁皮石斛的育苗种植，不仅需要经历十月怀胎的艰辛，还要经历自然环境的千锤百炼。”铁枫堂企业的发展，正如老宋对石斛育苗种植的心得体会一样，经历千辛万苦和不懈付出。“国标之上，国誉之斛”，由铁枫堂在2018年提出的产品质量理念不难发现，铁枫堂企业一直致力于将产品质量放在首位，以更高的生产标准要求自己，通过品质坚守，再创铁枫堂超过百年的品牌力量。回顾漫长的发展历史，从市场的火热追捧、激烈竞争再到如今的披荆斩棘、硕果累累，十年磨一剑，相信富有朝气的铁枫堂将迈着稳健、快速、铿锵有力的步伐，走向更高的平台，描绘出雁荡石斛发展的宏伟蓝图。

文：杨智露　陈彤

# "鞋王"的品牌之道

如果说，温州制鞋业是温州民营经济发展史上不可错过的乐章，那么康奈就是其中一个活跃的音符。

商海沉浮，大浪淘沙。康奈集团董事长郑秀康凭借超前思维，改变温州鞋业上千年的手工制作历史，开启温州机械化制鞋先河；积极实施质量兴企战略，成为中国鞋业大王，并大步走向世界；带领康奈人实现从中国制造向世界制造的转变、从品牌输出到资本输出的跨越。沿着改革开放的足迹一路走来，"康奈"品牌成为温州中国鞋都成长的推动者、参与者、见证者。

集团董事长郑秀康手捧"中国十大鞋业大王"奖杯载誉归来，为温州"质量立市"打响第一炮

## 练好内功创品牌

1987年8月8日，是郑秀康一生铭记的日子。杭州武林门发生火烧温州劣质鞋事件。一时间，全国大中城市不约而同地拒绝销售温州鞋，各大商场相继将温州鞋扫地出门，再也没人敢说自己的鞋子是温州制造的。上海华联商厦鞋帽部的经理甚至对郑秀康说：“不是你的鞋不好，而是鞋的出身不好，只要换成上海牌，就可以重新上柜。”

难道到此为止了？这把火，在粉碎温州鞋进军全国市场的希望的同时，却也在郑秀康心里燃起一把火炬：让温州鞋业翻身，重塑温州形象。

怀抱着梦想，郑秀康把目光瞄准意大利，希望能在世界鞋都寻找到自己想要的答案。意大利皮鞋的高端和时尚、皮鞋工艺的高机械化程度，给他留下深刻印象。回国后，他筹集120万元资金，投入技术改造，率先引进机械化生产流水线，研发出意大利高档欧版鞋的制作工艺，开创中国制鞋业机械化的先河。

1992年，郑秀康前往北京，在国家工商局商标局的支持下，注册“康奈”商标，寓意“健康发展，其奈我何”，同时设计一枚抬头挺胸的人头像为商标标识，意为“抬起头诚信做人、埋下头认真做事”。

1993年，康奈研发的欧版高档皮鞋一经面市就一炮打响。当时，上海名牌男皮鞋零售价约100元，而康奈的“大利莱”系列皮鞋零售价达到400元以上，而且是供不应求，销售商天天拿着钱排队订货，迅速打开了市场。同年，康奈获得“中国十大鞋业大王”称号。此后，康奈便在制鞋业中占据了举足轻重的地位。

1996年10月，中央电视台《经济半小时》栏目播放《世纪呼唤》献礼片，对康奈进行长达十多分钟的报道，充分肯定了温州鞋业的创业成绩；1997年，在北京举办的十四大以来辉煌成就展，康奈皮鞋被录取参展；1999年9月20日，康奈作为全国唯一一家皮鞋企业，在北京开幕的共和国50年成就展亮相。凭借标准化的制造工艺和对技术的精益求精，郑秀康用他的工匠精神，将康奈打造成中国高端皮鞋制造的标杆。

## 创新开拓创名牌

第一条机械化绷帮流水线

机械化带来的甜头让郑秀康意识到"工欲善其事，必先利其器"。他始终把创新放在首位，拓展产业动能，强化技术进步，夯实人才资本。康奈在高端制鞋的道路上也越走越扎实。

真皮面料隐性的瑕疵不易被发现，等投产绷帮后，容易出现废品。为了解决皮疤的问题，从源头减少废品率，郑秀康找来车间主任和设备部经理，"我们有很强的设备研发能力，能不能制作一台检查皮疤的机器呢？"说着，他拿起纸笔，运用机械知识，画出拉疤机的草图。经过1个多月的研制，史上第一台拉疤机在康奈诞生。拉疤机的使用，大大提高了工作效率和产品质量，因皮疤带来的废品率下降30%。

郑秀康对制鞋的钻研不仅于此。一种专门用于制作高端皮鞋的技术叫固特异工艺，是一种高难度、采用先进线缝加胶粘的技术，即使是在意大利，这一工艺也基本采用手工的方式，因此伴随产能低、成本高的问题。如何才能实现量产呢？康奈启动"量产固特异工艺高档皮鞋"项目，先后解决机器缝制沿条、缝合外底、夹包和软木粒填芯等关键技术难题，使该工艺的机械化程度达80%以上，成功实现批量化的生产。机械化的量产大大降低生产成本，这背后凝聚的是康奈几十年的制造功底，280道精细工序、13项核心技术和50项技术专利。

在不断的创新中，康奈开始研发鞋履私人定制的"秘密武器"——三维脚型测量仪。全触屏操作，360度扫描足部，约30秒就能生成与脚型相关的52

项数据，利用200万次测试积累的海量脚型大数据库，为顾客定制合脚舒适的好鞋。康奈已经在全国58个城市投放首批三维脚型测量仪。投入终端店铺后，结合康奈云店平台和大数据处理技术，将彻底改变顾客传统的购鞋体验，脚型数据将永久保存于康奈大数据中心。下次选购时，可直接使用已有的数据，在家轻松购物。

“创新是企业快速驶向品牌兴业之路的强大引擎。”郑秀康表示，“国家政策的帮助和工商部门的扶持，也为我们企业的转型升级增加不少底气。”

## “走出去”战略打响中国品牌

2001年1月，康奈在世界时尚之都法国巴黎开出第一家海外专卖店。这是中国走出国门的鞋业品牌，引起国内舆论关注。2006年，康奈在法国的旗舰店开进巴黎的时尚街区。

历经几年的探索和实践，康奈陆续在美国、法国、意大利、英国、哈萨克斯坦、越南等10多个国家开出专卖店和专卖柜，最高峰的时候达到200多家。

康奈在巴黎开出第一家品牌专卖店，迈出“走出去”第一步

康奈法国巴黎旗舰店

康奈皮鞋在海外专卖店的男鞋零售价为 80 ～ 150 欧元，女鞋为 60 ～ 100 欧元。其零售价与国外品牌基本上处于同一价格水平，这对康奈品牌价值的提升，甚至中国皮鞋形象的提升，都具有很大的意义。

在海外开设专卖店，标志着康奈向国际走出重要的一步，但实现“走出去”并打响品牌，通往国际的道路还很漫长。

2006 年，商务部提出，由企业牵头在海外组建经贸合作区，并希望有能力的企业去投标。当时，温州制鞋业遇到俄罗斯出口灰色清关的问题，康奈集团作为温州市鞋革行业的会长单位，派员远赴俄罗斯远东地区考察。通过调研，俄罗斯乌苏里斯克市具备建立合作区的条件，于是康奈将方案上报商务部，并参与投标。

后经商务部批准，康奈牵头组建俄罗斯乌苏里斯克经贸合作区，成为商务部批准的第一批 8 个合作区之一。园区重点发展轻工、木业等产业，总投资 20 亿元人民币，园区规划面积为 2.2 平方公里。目前，园区已有 30 余家入驻企业，分别从事皮鞋制造、实木地板、家具家装、服装服饰、箱盒包装、彩钢构架等产业，现已成为乌苏里斯克市第一纳税大户。2010 年 3 月 20 日，时任国家副主席的习近平专程到俄罗斯召开乌苏里斯克经贸合作区座谈会，对合作区的发展寄予厚望。

2018 年 9 月，俄罗斯远东城市符拉迪沃斯托克召开第四届东方经济论坛。期间，浙江省商务厅厅长盛秋平专程考察调研乌苏里斯克经贸合作区。他对园区发展给予高度评价，并表示将一如既往地给予园区支持。

## 品牌年轻化战略助推发展

在国家工业 4.0 时代的背景下，康奈重新定义更符合现代市场的品牌定位，从品牌形象、产品、渠道、制造等进行全方位焕新升级，打造年轻化、时尚化的新品牌主张。

近年来，康奈不断地推出新动作。在品牌创新升级路径中，2015 年，提出“NEXT”概念，构建康奈云店新模式，并延伸到鞋品规模定制新兴业务。

2016 年，提出“TIME”概念，即在时代背景下审视和把握当下，与时俱进，提前布局未来消费群体，创造未来。2017 年，康奈提出“NEW”概念，即新理念、新路径、新展望，邀请当红明星冯绍峰作为康奈舒适鞋履体验大师并倾情代言，升级发布康奈新形象、新广告语和商务舒适 2.0 系列产品，新升级的“创舒适为国人”广告语，兼具消费者对康奈的认同，以及康奈对产品、对国人的态度，既体现康奈是全国消费者心目中舒适性的代表，又体现康奈对消费者的承诺。

2018 年 3 月 22 日，康奈推出全新的“云步舒适”系列。这是在新战略引领下，以大数据和智能制造为支撑，以“时尚、健康、科技、绿色环保”为产品研发理念的又一创新举动，它将演绎康奈舒适产品的进化，构筑康奈新的舒适产品线，不断提升舒适产品内涵，引领消费升级。

顾客正在体验康奈第三代智能脚型测量仪

顺应新零售时代，2018 年，康奈成为首批与天猫达成“智慧门店”计划共识的企业。“智慧门店”通过赋能线下，借助互联网渠道和大数据分析，可以为线下店铺提供全链路数据支持，帮助店铺实现消费者资产运营和全域营销。同时，康奈全面进军“SHOPPING MALL”，拓展线下渠道，让消费者更便捷、更富体验感地购买康奈的产品。目前，已相继在东阳万达、鲅鱼圈万达、辽阳万达、四平万达、乐山万达等全国多家万达广场开设集成店。2018 年 7 月以来，还成功进驻瑞安吾悦广场和淮南吾悦广场。

在定制上，康奈依托康奈云店、200 万个脚型大数据和部署在全国 58 个城市的智能脚型测量仪，实现行业领先的全域定制。在规模定制、高端定制、个性定制上，都走在行业的最前面。同时，康奈打通从量脚到研发到制作全过程，实现 7 ～ 15 天快速交付。

在智能制造上，康奈以信息化建设为突破，现在已是全国两化融合示范企业。公司提出智慧工厂建设的目标，未来将投入1亿元用于提升智能化、科技化水平。

## 勇担责任不断提升品牌美誉

在领导康奈发展的同时，郑秀康还时刻关注着制鞋行业的持续与发展，带领同行一起谋发展、共壮大。2000年，康奈率先入驻鞋都，为创建中国鞋都贡献自己的力量。2001年，中国轻工业联合会及中国皮革协会正式发文命名温州为中国鞋都，康奈集团作为创建中国鞋都功勋企业，受到温州市委、市政府的隆重表彰。

2000年，在中国轻工业联合会第四届理事扩大会议上，原国家轻工业局局长、党组书记陈士能代表国家轻工业局，向中国皮鞋行业发出要力争在10～15年的时间，争创3～5个世界品牌的指示。参加会议后，郑秀康回到温州，立即召开中高层干部会议，主动肩负起创国际品牌的重任，把“走出去”列为康奈集团的发展战略。

2001年1月18日，康奈第一家海外专卖店在法国巴黎开业，同年5月、9月，又分别在意大利米兰、美国纽约开设第二、第三家海外专卖店。

然而，机遇总是与挑战并存。2004年9月17日，西班牙东部小城埃尔切发生火烧温州鞋事件。一辆载有温州鞋集装箱的卡车和一个温州鞋商的仓库被烧毁。郑秀康带领着温州鞋革考察团专程赴西班牙，与该国鞋业行业协会等进行沟通。2005年12月，康奈特意邀请西班牙埃尔切市鞋业主席安东尼奥参加“从康奈之路看中国鞋业国际化”论坛，并共同发表以“和谐贸易，互利共赢”为主题的《温州宣言》，推进中国与欧洲鞋业的优势互补、合作共赢。

康奈意识到，频频发生的贸易摩擦和反倾销，正在向外贸发展发出一个信号：应该尽早走出低价——反倾销——贸易摩擦的怪圈。而后，康奈提出中国鞋业应该多一些主动，少一些埋怨；多一些品牌，少一些数量；多一些融合，少一些摩擦。这“三多三少”的思路，成为鞋企和业内解决摩擦与争端、寻求和谐发展的指导思想。

而今，康奈在十多个国家开出100多家海外专卖店，所组建的俄罗斯乌苏里斯克经贸合作区也取得显著的成效。康奈通过这些举措，成功实现"走出去"的转型升级。

"依法纳税、诚信纳税，也是我们企业应尽的社会责任。企业发展的同时，也不能忘记回馈社会，服务地方经济发展。康奈已经连续8年被评为浙江省AAA级纳税信用等级企业，我也时刻督促着协会成员要牢固树立诚信纳税意识。"郑秀康感慨道，"企业的发展离不开党和国家的支持，康奈的品牌建设离不开市场监管部门的扶持，康奈正朝着致力于打造中国第一舒适鞋履品牌的目标迈进。"

康奈集团还秉承"创造需求、造福社会"的理念，积极支持公益事业，确定以"行业发展、扶贫、社区建设、文化教育、环境建设、慈善事业"等方面作为公益事业重点支持方向。多年来，康奈大力支持社会公益事业，支持地方经济和行业发展，支持文化教育、慈善事业和地方环境建设，得到社会各界的充分肯定。

在公益支持的具体行动上，康奈集团积极开展爱心助学活动，如建设康奈希望小学、设立小候鸟关爱基金、举办"精彩一夏"小候鸟夏令营、连续开展十五届"金瓯工程"捐资助学结对、助力中华儿慈会教育基金等公益活动。

2008年，四川汶川县发生8级强烈地震，造成重大人员伤亡和经济损失。知悉这一消息，康奈集团向全体员工发出"迎奥运献爱心讲文明树新风"倡议书，号召全体康奈人"紧急行动起来，捐款、捐物，心系灾区，情暖灾民，尽己所能，以实际行动支持灾区重建"。此次康奈集团为灾区捐款110万元，同时捐赠价值200万元的皮鞋、服饰、内衣等物品。2010年4月14日，青海玉树发生强烈地震，公司第一时间通过温州市救灾物资办公室、鹿城区慈善总会，向灾区人民紧急捐赠90多万元的救灾物资。公司成立以来累计向社会捐赠物资、款项达5000多万元。

现在，创二代已经走上历史舞台，在崭新的平台上传承创新，努力开拓发展新思路、新格局、新面貌。

文：林圣颖　叶雅梦　陈彤

# 用匠心打造一把好椅子

2018年3月8日，永艺家具股份有限公司年产240万套智能家具生产线项目（新基地）开工仪式在浙江安吉举行，这是企业发展壮大的又一重要举措。

永艺家具股份有限公司是一家专业研发、生产和销售健康坐具的国家高新技术企业，产品主要涉及办公椅、按摩椅、沙发及功能座椅配件，是目前国内最大的坐具提供商之一。该公司成立于2001年，坐落在中国椅业之乡——浙江省安吉县。通过十余年的快速稳健发展，该公司注册资金达3.03亿元，拥有3000余名员工和三大生产基地（占地面积近15万平方米，建筑面积22万平方米）。2013年、2014年，该公司连续两年荣获安吉县财政贡献奖一等奖。

2015年1月23日，永艺家具股份有限公司在上海证券交易所主板挂牌上市，是国内首家在A股上市的座椅企业。2017年，该公司实现产值收入近20亿元。

永艺股份自创建以来，始终坚持“永而致新，艺臻完美”的经营理念，持续为客户提供满意的产品和可信赖的服务，不断巩固和提高企业的行业领先地位，并在业内树立起“品牌永艺”的卓越形象，公司还获得“浙江省著名商标”“浙江省知名商号”“浙江省名牌产品”“浙江省出口名牌”等多种荣誉。

## 科技：品牌发展的动力

科技创新，是品牌发展的动力，也是企业发展的动力。没有科技创新，产品老化，在激烈的市场竞争中必然会被淘汰。

永艺家具股份有限公司坚持每年用销售额的3%投入到研发创新，深入研究坐具健康理论并应用开发，与美国、韩国、日本、马来西亚的设计团队合作，与德国黑森州设计学院 Prof.Deter Mankau 教授工作室合作。打破了美国、加拿大和日本领先企业的技术垄断，拥有了覆盖中高端办公椅产品的多项核心专利技术。先后与浙江大学、湖南大学等高等院校合作成立创新中心，是浙江大学研究生专业学位教育实践基地。在产品创新方面，更是通过“全球引智”，引进人才，构建更高标准的研发组织和人才队伍，建立 IPD 集成产品开发体系，重点突破前瞻性设计、产品智能化、模组化开发。

截至 2018 年 10 月，公司已申请专利近 600 项，获授权专利 352 项、软件著作权 17 项、商标注册证 153 件，居行业第一。

公司先后获得国际设计红点奖“最佳设计奖”、德国“iF 奖”产品设计奖、中国外观设计优秀奖、中国轻工业优秀设计金奖、浙江省专利优秀奖、浙江省科技进步二等奖等荣誉，并在历届国际家具展上多次荣获最佳功能奖、外观设计奖、最佳制造奖等多种奖项。

## 品质：品牌发展的基石

品质是品牌发展的基石，也是企业发展的基石。没有高品质的产品，任何品牌都只能是昙花一现的空中楼阁。

永艺家具股份有限公司产品执行美国 ANSI/BIFMA5.1，欧洲 EN1335、EN12520、EN1728、EN1022 检测标准，符合 QB/T 2280-2007 国家办公椅行业标准，并通过多个第三方全球权威机构的标准测试，同时获得美国 GREENGUARD 绿色产品认证。

公司拥有目前坐具行业规模最大、检测设备最齐全的企业检测中心，并获

机器人全自动抛光机

得国家CNAS认证的检测和校准实验室认可，同时是国际权威测试机构德国莱茵TUV集团制造商现场测试实验室。从原材料、半成品到成品，严格把控各个环节的质量，有效做到预防在先。

公司全面推行精益制造，并大力推行机器换人，提升自动化水平，提高生产效率，节约生产成本，在品质控制上采用FMEA、SOP、CTQ、FPY等手段，全面提升和保证产品品质的卓越绩效，成为安吉县“机器换人”示范单位、浙江省精细化管理示范企业，其中办公椅生产线被世界500强客户定为行业标杆生产线。

自创建以来，公司始终秉承“成就客户、诚信负责、重质量、敢创新、会改善”的企业核心价值观，坚持“永而致新，艺臻完美”的经营理念，持续为客户提供满意的产品和可信赖的服务，不断巩固和提高企业的行业领先地位，并在业内树立起“品牌永艺”的卓越形象。

## 标准：品牌发展的极致

俗话说，一流的企业制标准，三流的企业做产品。一旦成为行业标准的制定者，企业的生存和发展就赢得了极大的主动权，达到品牌发展的极致。

永艺家具股份有限公司是国家办公椅行业标准的起草单位之一，是业内首批国家高新技术企业之一，是中国家具协会副理事长单位、浙江省椅业协会会长单位，国家知识产权示范企业、中国质量诚信企业、中国家具行业科技创新先进单位、服务G20杭州峰会先进企业；公司的健康坐具研究院是行业内首家省级研究院。2005年参与国家办公椅行业标准的起草，2009年在内部发行《办公椅企业标准》。

同时，公司荣获了国家级绿色工厂、浙江省家具行业领军企业、省级院士专家工作站、省级高新技术企业研究开发中心、省级企业技术中心、省级绿色企业、湖州市政府质量奖、中国外观设计优秀奖和浙江省外观设计优秀奖等多种荣誉称号。

永艺健康坐具研究院

## 品牌：企业皇冠上的明珠

现代企业的竞争，归根到底是品牌的竞争。谁能够成为著名品牌，谁就摘取了企业皇冠上的明珠，赢得发展的主动权。

董事长张加勇认为，大多数座椅企业以做 OEM 订单为主。但是家具企业不能做成纯制造型工厂，从而沦为变相的“打工者”，要自立自强，建立自己的研发体系，拥有自主知识产权，这是品牌建设的第一步。品牌战略规划还要统率和整合企业的一切价值活动以及展现在消费者面前的营销传播活动，同时优选高效的品牌战略与品牌架构推进品牌资产的增值，并且最大限度地合理利用现有的品牌资产。这包括要时刻注意消费者的消费价值观、生活形态的变化与未来趋势的发展；确立品牌的核心价值，如品质控制和资源优势；为品牌附加独特的中国文化价值等。

十多年来，永艺家具股份有限公司获得飞速发展，先后经历了五个阶段，同时也是品牌不断提升的过程：

第一阶段（2001—2003 年）：公司依托技术优势，与传统椅业差异化发展，与单一客户 DAITO-OSIM 战略合作，进入按摩椅行业。2003 年，该公司申请“永艺”商标的注册，并开始在产品外包装上使用永艺商标。

第二阶段（2004—2006 年）：从单一客户转向多客户，从单一产品向多品种发展，成功拥有 200 多个客户，市场布及 50 多个国家和地区。2005 年，获得湖州市名牌产品称号。

第三阶段（2007—2009 年）：用年销售额的 3% 投入到产品研发，全面从制造推动发展转向研发推动发展。2008 年，“永艺”获得湖州市著名商标称号。

第四阶段（2010—2012 年）：加大研发投入，全面推进精益管理，为成为世界级座椅公司奠定基础。2010 年，公司产品获得浙江名牌产品称号，2012 年获得浙江省著名商标称号。

第五阶段（2013—2015 年）：建设国家级企业技术中心、永艺健康坐具研究院，成功上市，打造品牌企业。2013 年，企业产品再获浙江名牌产品称号，2014 年，获得浙江出口名牌称号，2015 年，再获浙江省著名商标称号。

2016年，永艺股份生产的座椅入选杭州G20峰会指定座椅，产品融合多项发明专利，是综合实力的体现，更是“成就客户，诚信负责，重质量，敢创新，会改善”核心价值观的集中体现，代表行业最高研发水平和制造工艺。

张加勇表示，在未来3～5年，该公司将让消费者更加认知健康坐具，以“融合科技与艺术，让生活更舒适更健康”为使命，以永艺健康坐具研究院为平台，不断加强研发创新，持续提升健康坐具的科技水平；继续推进精益制造，不断夯实提供优质产品的全面能力；整合各方资源，大力推行商业模式创新和管理模式创新，致力于成为全球最受欢迎的座椅企业。

## 人物
## 张加勇：用匠心打造一把好椅子

在“座椅时间”和“屏幕时间”越来越长的今天，拥有一把设计合理、功能完备和健康有效的座椅，已成为座椅使用人群的基本消费需求。座椅已然成为现代社会人们学习、办公、休闲、生活乃至生产劳动过程中必不可少的重要组成部分。

张加勇曾在接受记者采访时说：“中国办公座椅行业发展三十多年，成就有目共睹，但与西方工业发达国家相比，还有不小的差距。我一直在思考，期望通过我们这一代人的奋斗取得些许成果，为社会、为行业，为家乡能贡献点什么。”

## 走差异化道路，先从小的创新做起

20世纪90年代，告别了国有制之后，安吉的民营椅企如雨后春笋般地涌现。作为亲历中国现代办公座椅产业的发源并与之一同成长的一员，张加勇见证了中国第一张五轮转椅的诞生、产业的发展壮大和从量变到质变的整个过程。

“建立自己的研发体系，拥有自主知识产权”，在永艺被定义为一个重要的、方向性的问题。

成立初期的永艺，避开国内传统的低价办公椅市场的竞争，专攻技术含量更高、品质要求更苛刻的按摩椅项目，进入座椅行业。初入行，张加勇凭着一股子劲，抓技术、抓质量、抓销售、抓产值、抓管理。到2004年，永艺跻身椅业前列。在那个OEM是主流的大环境下，永艺把自主创新作为企业发展的灵魂。关于创新，张加勇感悟道："我们企业创办之初的原则是'不可侵犯知识产权'，别人的技术再先进，那是别人付出辛勤劳动获得的成果，我们不可不劳而获。能力不够、经验不足，那我们先从外观的小创新做起。"2006年，永艺首批自主设计拥有自主知识产权的办公椅，在新加坡国际家具展成功推出。

张加勇将自主创新作为提升企业核心竞争力最有力的武器。在企业发展的同时，永艺坚持对人体健康负责原则，承担起改变国人对健康座椅重视程度的社会责任。为了造一把让人"坐着健康、坐着舒服、坐着享受"的好座椅，永艺先后于2006年、2012年成立研发中心，筹建永艺健康坐具研究院，引进高端科研人员，确定了"以市场为导向，公司科研人员为主体，产学研为外援，成果转化为目标"的科技创新思路。在产品的自主研发和制造设计上，张加勇坚持每年将销售额的3%投入到产品研发，进行多学科、跨领域的研究。从外观的小创新做起，发展到工艺结构的创新，再发展到原理与技术的创新，永艺开启了从制造推动发展转向研发推动发展的新征程。

2015年1月23日，永艺成功上市，标志着永艺在差异化道路上又向前迈进了里程碑式的一步。2017年9月，永艺"健康坐具研究院"在传统功能座椅和工效学座椅的基础上，依托其先进的座椅底盘支撑技术、健康信息分析技术、人椅界面优化适配设计技术以及新材料、新工艺等，推出《健康座椅》，宣传健康座椅理念，打造健康坐文化，以崭新的姿态赋予座椅以巨大的价值与财富创造能力。

## 从99%到99.99%的突破

当下社会，很多企业追求"短、平、快"带来的即时利益，从而忽略了产品的品质灵魂。当其他企业热衷于"圈钱、做死某款产品、再出新品、再圈

永艺董事长张加勇

钱”的循环时，张加勇始终本着“永而致新，艺臻完美”的理念经营企业，保持着创业的初心。

目前，整个座椅行业处于高度分散阶段，未来行业的整合将加快，产业集中度和市场集中度将进一步提升，优势向资源利用效率高的企业集中。不注重品质、缺乏研发创新能力和精益化生产能力的企业，最终会被市场淘汰。面对新一轮的经济转型升级，永艺主动改革，强化企业责任意识，逐步提升精益化生产管理水平。2012 年，永艺投入 4500 万元，开始实施精益生产，在注塑、裁切、焊接、喷涂、包装等生产环节启用自动化改造和升级，人均产能提升超过 50%。2016 年，永艺加强精益化生产的广度和深度，建立 ACE 管理体系，以“中国制造 2025”标准要求布局、改造生产线，加快智能制造，保证质量和效率。

张加勇认为，自主创新是企业发展源动力，产品品质则是企业发展基石。他提出“当产品质量与成本、速度、交付，产品的可靠性与技术的先进性产生矛盾时，产品质量永远放在第一位”的核心理念，坚持打好创新牌、守好质量关、走好品牌路，在质量管理、标准制定等方面持续不断突破。在质量监控上，永艺不但追求精益求精，更开创了企业独有的产品追踪体系，每一件产品，都有自己的“身份证”。

正是在高要求的产品品质追求下，2016 年杭州 G20 峰会上，永艺座椅入驻主会场，永艺才有了在家门口向世界展示中国制造的机会，永艺才能始终走在座椅行业前列。

## 专注座椅，打造企业品牌

目前，全球制造业正从传统制造向智能制造转变，在智能化浪潮中，科技、时尚、艺术、健康成为竞争的窗口，在降低生产成本、增强品质管控的同时，同一的刚性需求改变为加倍特性化，个性化定制需求群体越来越大，大规模定制整体解决方案成为消费方向。

追求效益最大化，获得消费者青睐，实现产品价值，是每个品牌企业不懈努力的目标。张加勇认为，座椅企业不能做成纯制造型工厂，从而沦为变相的“打工者”，要自立自强，建立自己的研发体系，拥有自主知识产权；同时，也要优选高效的品牌战略与品牌架构推进品牌资产的增值，并且最大限度地合理利用现有的品牌资产。

张加勇深知，制造业位于价值链的底端，仅有5%的利润空间，但如果企业向价值链的两头拓展，每拓展一步，企业就将升级一步。永艺的发展战略就是将重点放在价值链的两头，专注核心业务，锲而不舍、不断拓展，提升企业研发实力，打造企业品牌形象。

文：王向阳　蒋婉慧

# 一颗珍珠的美丽蜕变

1967年，一个19岁的年轻人在德清雷甸河港畔，埋下一个美丽的珍珠梦。

这以后的50余年时间里，他不忘初心、砥砺前行，凭借14万元借款起家，打造中国民族轻工业的龙头企业，并带领着它一次次地面对机遇和挑战，又一次次地把握时代脉搏，勇于自我改革，完成成长的美丽蜕变。

这个当年的年轻人，就是中国淡水珍珠规模化养殖和深加工的奠基人——“珍珠大王”沈志荣。

一路走来，他所创立的欧诗漫品牌，正如一颗珍珠，历经岁月磨砺，绽放出越来越璀璨的光芒，久久闪耀于世界的东方。

沈志荣悉心研究如何解决三角帆蚌病毒性蚌瘟病

## 受命危难 力挽中国珍珠产业

1968年，社会主义渔业改造时组建的德清雷甸水产大队，是沈志荣梦想开始的地方。在这里，从一把镊子、两根铜丝和三张油印纸起步，他开始漫长的淡水珍珠养殖探索之路。

1975年，研究多年淡水珍珠的沈志荣，终于攻克三角帆蚌人工繁殖技术。令人意想不到的是，技术研发成功后，引来全国各地大范围的复制推广。

高密度的繁殖和交集后，江苏等地发生大批三角帆蚌得病并死亡的现象。随后，河蚌“瘟神”席卷全国，捧着死去的三角帆蚌，珠民们可谓伤心欲绝。一时间，整个珍珠产业陷入绝境。

面对这样的状况，怎样应对？如何突围？沈志荣也在苦苦思索。

1979年11月5日，他作为中国珍珠考察团唯一的科研人员，赴日本进行为期46天的珍珠养殖与加工考察。通过东京、神户等地的珍珠探访之旅，沈志荣亲眼看到日本的珍珠深加工技术。在东京，第一次了解市场经济下珍珠交易规则和行情的他觉得一切都是如此新鲜。

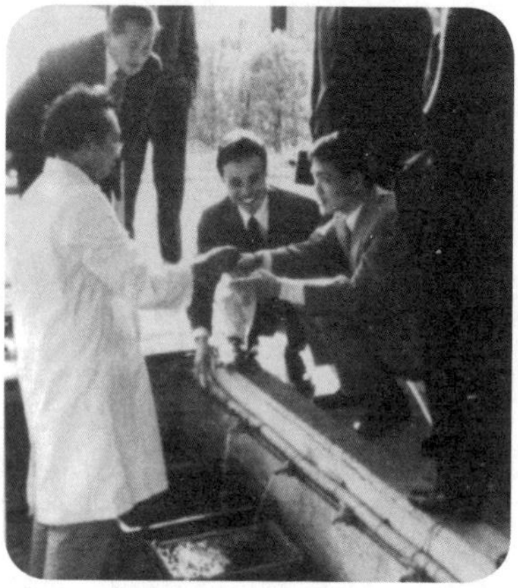

日本之行，颠覆了沈志荣对于珍珠行业的认知

这一次日本之行，让沈志荣亲眼看见了中国珍珠产业与日本珍珠产业的差距。此时，他心中的珍珠梦真正被点燃，更强烈地意识到：中国的珍珠产业亟待改变。

只是，产业要升级，技术突破是关键。对于当时的沈志荣来说，对于环境艰苦、设备简陋、没有专业技术指导的雷甸水产大队来说，是一个何等艰难的考题。

受命于危难之时，沈志荣毅然肩负起这份重任。

1983年5月，在国家农业部支持下，德清雷甸成立当时全国唯一一家珍珠综合性研究机构——德清珍珠研究所，由沈志荣担任所长。研究所第一个攻关课题，就是当时农业部下达的三角帆蚌蚌瘟病防治技术研究。

就这样，他带领研究员们，凭着死磕的专注精神，埋头做实验，记录气温、水温等各类数据，日复一日地进行钻研。终于，功夫不负有心人。1990年，沈志荣攻克三角帆蚌病毒性蚌瘟病防治技术，在中国珍珠行业的历史上，写下浓墨重彩的一笔。

此后，现代规模化人工育珠技术迅速在全国推行，中国也成为全球最大产珠国，珍珠产量占世界珍珠总产量的 90% 以上。

## 抢占市场
## 进入珍珠护肤深加工领域

20 世纪 80 年代，除了潜心研究珍珠养殖技术难题，另一个重大动作，直接影响了沈志荣与雷甸水产村未来的发展道路——1982 年，珍珠深加工企业浙江珠丽化妆品厂成立，并注册德清县第一个商标“珠丽”，率先踏入珍珠护肤的深加工领域。

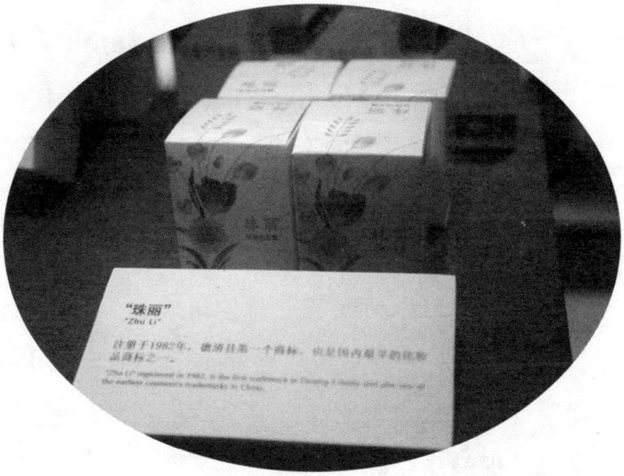

珠丽

“每一颗珍珠都是渔民的汗水养出来的，要获取最大的利润应该发展深加工技术，扩展产业链。”沈志荣说。

当时，中国珍珠行业内还没有一家养殖单位拥有自己的珍珠深加工生产线。“我们要做这个第一家。”在他看来，这就是自己创办珍珠化妆品厂的初衷。

根据古籍和现代研究资料表明，珍珠不仅含有极易为人体所吸收的大量活化游离有机珍珠钙，而且富含 18 种氨基酸、21 种微量元素，有静心安神、清肝明目、美白淡斑等功效。这些宝贵之处，让沈志荣坚定珍珠护肤深加工领域的全新探索。

从农业到工业，从珍珠养殖到珍珠护肤深加工领域，对沈志荣来说，一次次跨越，无不是一次次自我突破。

## 抓住时机
## 激发珍珠产业市场活力

开发珍珠新的价值、开辟珍珠深加工产业，是必由之路。但当时，珍珠和黄金一样，属于二类商品，是由国家统购统销的，不允许市场自由买卖。

无法在市场上自由流通，珍珠深加工产业的道路还怎么走下去？这成了困扰沈志荣和雷甸水产大队的一大难题。

于是，作为第六届、第七届、第八届全国人大代表，沈志荣连续多年提出：放开珍珠经销权，将其降为四类商品，并给市场松绑，让珠农采收的珍珠自由交易。

经过他坚持不懈的努力，1992年，国家正式取消珍珠统一经营制度和珍珠出口许可制度，市场管制的缺口终于打开了。行业市场流通和资源配置重建，激发了中国珍珠产业的市场内驱力，也促进了珍珠产业的持续繁荣。

同年，浙江欧诗漫实业总公司成立。一年后，企业成功注册“欧诗漫”商标。1994年，发展更是硕果累累：组建省级集团——浙江欧诗漫集团公司；“欧诗漫”商标被认定为浙江省著名商标；欧诗漫医药保健品荣获全国“最受消费者喜爱的保健品”称号。

短短两年时间，沈志荣作为改革浪潮的先行者，牢牢抓住时机，将“欧诗漫”这三个字与珍珠产业紧紧相连。

1995年，欧诗漫珍珠系列化妆品成为联合国第四次世界妇女大会唯一指定产品

## 大刀阔斧
## 在改革浪潮中求生存

“世界潮流，浩浩荡荡，顺之则昌，逆之则亡”，孙中山的这句名言，可谓中国历史沿革的真实写照。

当时的浙江欧诗漫集团公司是一家典型的村企联合体，面对全国上下汹涌澎湃的改革浪潮，沈志荣强烈感觉到，想在激烈的市场竞争中求生存，想让企业上规模、管理上水平、质量上等级，就必须狠下心，彻底改变“村企合一、政企不分”的局面，大刀阔斧地进行企业体制改革。

1998 年 10 月 29 日，是欧诗漫发展史上的一个里程碑。

这天下午，雷甸水产村（雷甸水产养殖公司）村民代表大会在欧诗漫集团公司二楼会议室举行。会上，沈志荣回顾了雷甸水产村的发展历程，还分析了企业面临的形势和存在的问题，阐明只有加快改革，才能使企业在激烈的市场竞争中求生存、谋发展。

当天的会议现场，经雷甸水产村（雷甸水产养殖公司）村民代表大会和集团公司职工代表大会的充分讨论，最后一致通过渔业与工业分开、企业产权制度改革的方案。

根据方案和决议，原浙江欧诗漫集团公司下属的水产养殖部分全部划归雷甸水产村（雷甸水产养殖公司）所有，集团公司下属工业企业脱离实行改制，组建浙江欧诗漫实业股份有限公司。

这一次体制改革，让欧诗漫完成一次革命与蜕变，全新的欧诗漫自此迈向新征程。

## 科技突破
## 开启历史新纪元

时光的脚步迈入 21 世纪。2000 年，对欧诗漫来说，是遭遇瓶颈的一年。当时，企业销售额连续几年停步不前。究其原因，除了珍珠化妆品这一主业外，企业还同时涉足酒店、药厂和耐火材料产业——越来越大的摊子，分散资源，也削弱主业的竞争力。

为突破瓶颈，欧诗漫痛定思痛，“砍掉”与珍珠无关的所有副业，将优势资源集中到珍珠深加工技术上，并发力研发、设计和生产制造等高附加值环节。此后，到了欧诗漫的工业发展及产业聚焦期，企业真正开始进入“欧诗漫时刻”。

2003年，欧诗漫企业技术研发中心被认定为省级企业技术研发中心，还与浙江大学、南京理工大学合作，成功开发出纳米珍珠粉制备技术。

如今，欧诗漫已拥有行业内的三大核心科技，包括全新亚微米粉体技术、亚微米粉体技术珍珠多肽提纯技术和珍珠与护肤品复配技术，企业每年投入的科研经费不少于销售产值的3%。

在强大的科研技术支撑下，欧诗漫累计拥有各项专利百余项（其中国际专利3项），主导或参与起草《化妆品用珍珠提取物》《护肤乳液》《洗面奶、洗面膏》等国家标准9项，《珍珠润肤膏霜》《珍珠粉》《淡水珍珠项链》等浙江制造团体标准3项。

2017年8月，继欧诗漫珍珠研究院被认定为首批浙江省重点农业企业研究院之后，欧诗漫院士专家工作站正式通过审批，这意味着欧诗漫在珍珠科研领域又迈上一个新台阶。

同年12月，国家级工业设计中心评审委员会副秘书长郑春蕾亲手将国家级工业设计中心牌匾递交到欧诗漫集团总经理沈伟新手中。这标志着专注珍珠研究50年的欧诗漫企业设计中心正式上升为国家级设计创新平台。

在这个工业设计中心里，有化妆品设计分中心、保健品设计分中心、珠宝设计分中心、知识产权管理办公室、市场策划中心等，不仅建立从用户研究、产品品类、生产工艺、配方设计、包装设计到营销拓展、品牌策划的全价值链创新设计体系，还聚集一流的珍珠系列产品专业设计人才，可谓全国乃至全球一流的工业设计中心。

## 聚焦珍珠
## 迎来闪亮十年

2008年，中国大地上发生太多难忘的故事。契机、危机和灾难，共同造就这个特殊的年份。对欧诗漫来说，同样是充满革命性的一年。

当时，欧诗漫在专营店渠道达到顶峰后，销售额开始下降，品牌影响力逐渐降低。

“分公司体制有问题，品牌推广也没有跟上，整个公司压力都比较大。稍有不慎，就有可能满盘皆输。”在欧诗漫集团总经理沈伟新和欧诗漫生物股份有限公司总经理沈伟良两兄弟的记忆里，转型已成为一道必答题。

“如果只注重局部和眼前利益，会造成只抓大网点、不抓中小网点的困境，所以转代势在必行。”经过再三考量，欧诗漫核心领导团队决定将分公司转为代理制，并更加专注于大珍珠产业。

这以后，欧诗漫逐渐进入迅猛发展的黄金时代。

2009年3月，欧诗漫和《同一首歌》联手举办“走进德清、相约欧诗漫”

《同一首歌》走进德清，相约欧诗漫

大型演唱会，5000 名经销商、12000 人的会议规模开创日化品牌文化营销的先河，也推动欧诗漫进入新一轮高速增长阶段——从 2000 年销售收入不足 4 亿元到 2016 年突破 50 亿元，再到 2017 年完成销售收入 57.4 亿元，欧诗漫连续多年实现销售额的高速增长。

此间，技术的创新成为欧诗漫发力的重点。

2016 年，欧诗漫珍珠生物产业园生产基地投产。其中的透明工厂总建筑面积达 3.32 万平方米，采用拥有自主知识产权的亚微米珍珠粉制备技术和珍珠多肽提纯工艺，生产车间按照 GMP 标准建成护肤品生产线 32 条、保健品生产线 9 条，所有输送到 GMP 洁净厂房内的空气都要经过高效过滤器过滤，达到药品生产要求，每天还会定时对厂房进行臭氧消毒。

尤其值得一提的是从法国引进的每条价值 1200 万元的自动化生产流水线主体设备 [KL STAR（西瑞斯）设备 ]，速度可达到 60 瓶 / 分钟，效率相当于普通生产线的 2 倍。

## 技术创新之外，还有产品创新

近年来，欧诗漫研制珍珠白净透系列、珍珠粉系列、旗下百花萃系列及小甜甜系列产品，还有广受好评的珍珠水活奇迹系列、珍珠肌源修护系列等众多产品。这一个个美的奇迹，创造美丽的珍珠梦。2013—2017 年，欧诗漫 5 次蝉联中国化妆品美白品类第一名，产品获得了广大消费者的一致青睐和认可。

2018 年 7 月，欧诗漫又重磅发布新品奢华金萃系列、面膜系列、男士保湿滋润和劲爽控油系列、珍源系列，围绕珍珠护肤的核心理念，展示其创新“黑科技”，实现品牌高度的再升级。

## 深挖珍珠文化<br>实现一二三产融合

珍珠文化，是欧诗漫品牌发展过程中不可或缺的部分。

“做精做深、做优做强珍珠产业，是欧诗漫对珍珠文化最好的传承。从珍珠化妆品、珍珠饰品发展到珍珠文化旅游，珍珠文化一直是欧诗漫的灵魂。”沈志荣说。

2018年5月，欧诗漫集团倾力打造的“世界珍珠之源”欧诗漫珍珠小镇正式对外开放。这个集珍珠养殖、文化体验、工业观光、美容养生、互动娱乐于一体的精品珍珠文化旅游景区，是欧诗漫以“珍珠+旅游”模式探索产业升级的缩影，对于提升品牌力、促进企业转型升级以及产业融合具有长远的战略意义。

小镇中，6200平方米的欧诗漫珍珠博物院是最受瞩目的核心。这个集展览与研究、宣传与娱乐、公共教育与文化交流为一体的专业珍珠博物院，容纳珍珠的“前世今生”，也展现一个五光十色的珍珠世界。

除了国内，欧诗漫还将珍珠文化传播到全球，频频为民族品牌发声：成为联合国第四次世界妇女大会唯一指定产品；与施华洛世奇跨界合作推出镶嵌天然宝石的限量版套盒；成为中国游泳队2016年度官方合作伙伴；成为2018年首届联合国世界地理信息大会官方合作伙伴，等等。

一直向全世界展现品牌文化的欧诗漫，不仅将珍珠美肤理念传递给爱美之

欧诗漫集团

人，更展现一个民族品牌的匠心精神和东方神韵。

“对珍珠研究的坚持和匠心，是支撑欧诗漫走到今天最大的力量。”回首曾经的岁月，欧诗漫集团董事长沈志荣这样说道。

却顾所来径，苍苍横翠微。51年栉风沐雨，得益于在珍珠行业技术、市场领域的改革与突破，欧诗漫这个“珍珠美肤世家”已然成为闻名遐迩的美妆民族品牌，实现了一颗珍珠的完美蜕变。

雄关漫道真如铁，而今迈步从头越。下一站，铭记打造化妆品民族品牌的使命，朝着“全球一流健康美丽产业企业”的目标，沈志荣和他的欧诗漫，正开启全新的征程。

文：夏燕　章昕彦

# 雏鹰之志

美欣达的标志是三只永远向上的雏鹰。用浙江美欣达纺织印染科技有限公司董事长单建明的话来说，“无论发展到何时，发展到何种规模，我们永远要把自己看成雏鹰，激励自己去创造新的成绩。”

浙江美欣达纺织印染科技有限公司成立于1998年7月，是一家集棉及多纤维印染面料研发、生产和销售于一体的科技型公司，是我国纺织印染产品生产基地之一。注册资本1亿元，占地467亩，建筑面积27.6万平方米。主营业务为纺织品的印染生产、销售，主导产品为棉、灯芯绒、纱卡、亚麻及其多纤维染色/印花及风格、功能性服装面料。产品规格/品种/花色达3000多种，拥有年生产能力约1亿米，产品主销国内外品牌公司。

美欣达坚持以技术为依托，以市场为动力，不断加强新产品研发和新工艺的应用，是我国纺织印染产品生产基地之一，也是中国印染行业二十强企业之一。美欣达商标及其产品已先后获得中国驰名商标、中国名牌、中国出口名牌等称号，公司也成为出口免验企业。主要产品全棉轻磨毛免烫纱卡为国家级重点新产品。公司坚持以技术为依托，以市场为动力，不断加强新产品研发和新工艺的应用，2006—2018年，获得新产品专利150余项，参与制定行业标准5项，为国家发展改革委提供“印染行业准入标准”的生产规模及节能减排标准。拥有自主开发的雕印印花技术、冷轧堆染色技术、多功能面料涂层整理技术、湿蒸染色技术等核心技术。

美欣达先后通过ISO9001质量体系认证、ISO14001环境体系认证、生态纺织品标准认证、知识产权管理体系认证、Intertek-CCFA产品碳足迹和白名单管理体系认证等。

美欣达长期坚持社会责任体系建设，坚持诚信经营，依法经营，强化质量诚信制度建设，从全面提高企业资源、人员、技术、生产、管理、营销质量和素质入手，打造企业品牌文化、诚信文化，提升企业整体素质，促进企业社会责任体系建设。

新时代，新潮流。美欣达公司主动适应经济新常态，依托自身品牌优势和产品优势，激发企业创新发展的潜力，深化转型升级，推进信息化和产业深度融合，持续优化产业生态链、环境生态链、流程生态链，提升传统特色产业的系统效率和经济效益，走技术高端化、产业精品化的发展道路，巩固并发展在全国纺织印染行业中的先进企业地位。

办公大楼

展厅一角

## 品牌定位：
## 做强国内一流企业，争创国际一席品牌

美欣达贯彻实施“做强国内一流企业，争创国际一席品牌”的品牌战略目标，并将这一目标作为现阶段品牌定位，坚持以引进消化与自主创新相结合，依靠科技创新，不断开发高附加值新品，满足国内外顾客新的需求，以优质的产品和服务为顾客创造价值。

十年磨一剑，才是好剑。美欣达经过25年坚持不懈的追求和塑造，在创建自主品牌的工作中不断地取得成绩。“美欣达”商标和公司支柱产品已先后获得中国驰名商标、中国名牌、中国出口名牌、出口商品免验四项国家级品牌称号，成为我国纺织印染行业民族品牌的佼佼者。长期坚持走创自主品牌的发展之路，坚持不懈地推进品牌工程建设，以一丝不苟的精神打造顾客满意的产品，不断地完善质量体系建设，不断地规范管理，创新技术，以新的产品和服务吸引顾客，满足顾客要求，提高顾客满意度。

美欣达确立“做强国内一流企业，争创国际一席品牌” 品牌定位，适应企业现阶段生产力发展水平和纺织印染产品市场竞争趋势，以这一品牌定位为阶段性战略目标和品牌经营理念，狠抓出口品牌生产基地——新型面料染整总厂质量保证体系建设。对形成产品质量的每一个过程进行严格把关，针对性地采取以强化源头控制、强化过程控制、强化检测环节控制等手段。以全员参与、诚信经营为基础，从提高人员素质和自主创新能力入手，提高产品技术档次，依托出口免验绿色通道不断开拓国际市场，美欣达品牌出口免验系列产品畅销全球 50 多个国家和地区，在产品畅销、经济效益持续递增的市场形势下，企业坚持以产品创新推动企业可持续发展，强化自主创新和品牌建设，以市场需求为导向优化产品结构，从产品营销向服务营销延伸，不断深化客户价值链建设，注重低碳经济与环境保护，注重资源整合，注重先进适用技术的产业化应用，不断提高产品附加值、新产品产值率和劳动生产率，实践并实现“做强国内一流企业，争创国际一席品牌” 的美欣达品牌定位。

厂区

## 品牌文化：
## 坚持诚信经营，塑造品牌文化

通过对“做强国内一流企业，争创国际一席品牌”的美欣达品牌定位的不断实践和实施，不断地建立沉淀美欣达品牌的诚信度和信誉，塑造品牌文化。

在创建美欣达品牌文化的实践中，企业长期坚持质量竞争、品牌竞争、诚信经营理念，致力于做好品牌建设基础工作，从提高人员素质和自主创新能力入手，提高产品技术档次，奠定品牌建设基础。强化质量诚信制度建设，首先从全面提高公司资源、人员、技术、生产、管理和营销质量入手，充分发挥多年来追求品牌经营所形成的质量优势和创新优势，加快开发（生产）质量优、服务好、销度快、效益高、受顾客喜欢的美欣达产品，走提升品牌与扩展规模并举的质量效益型发展路子。

致力于强化美欣达著名商标和美欣达品牌转化、传播力度。强化企业的产品包装标识、广告媒体、产品展示会、展销会等途径，打造美欣达品牌形象，努力提高品牌营销能力，以此开发和提升品牌价值，扩大在国内外市场上的知名度。

坚持全员参与推进品牌战略诚信经营。诚信是企业实施品牌战略的基础和目标，同时也是对顾客的承诺。诚信是美欣达品牌文化的基础，是生命所在。企业在品牌文化战略实践中，赋予美欣达品牌以优质的内在质量和优良的服务质量，确保兑现对客的承诺，赢得顾客的信任。企业凭借先进的管理和一流的技术，不断提升美欣达品牌质量档次，打造美欣达品牌文化；以优质的产品和诚信的经营服务开拓国际市场，开创美欣达品牌文化新时代。

## 创牌历程：
## 历经艰辛、几番坎坷

1993 年 6 月 18 日，美欣达公司董事长单建明心怀创业的激情，筹集 16 万元资金，以棉纺织印染行业为创业起步的切入点，广纳人才，创办湖州绒布厂。历经艰辛，几番坎坷。从最初的 4 台二手拉绒机，发展为灯芯绒染色、印花的批量生产的综合性企业，市场份额迅速扩大。1995 年 5 月 23 日，创建湖州市久久纺织品有限公司，标志着企业的经营领域由制造业向内外贸拓展，面向国内国际两个市场，开始进入国际进出口贸易的更大市场空间。工业与贸易的结合，坚定了单建明做大的信心。1996 年 5 月 13 日，在湖州经济开发区创建湖州灯芯绒总厂。

在这阶段，企业管理的市场理念和文化要素逐渐积淀：注重团队精神，以“诚”待伙伴，以“信”交客户，风雨同舟，同甘共苦；注重品牌意识，以雄鹰形象与伙伴共勉，鹰击长空，志存高远，开启日后美欣达品牌的文化源流；注重市场开拓，采取品种、质量、服务“三管齐下”的措施，以诚信服务理念，培育企业知名度；注重技术改造，推进产品开发，不断加快市场拓展脚步。通过探索和实践，这些宝贵经验为企业日后的发展打下坚实的基础。

1998 年 5 月 12 日，湖州灯芯绒总厂更名为浙江美欣达印染集团股份有限公司，为日后上市做好长远的组织准备。如何做大做强企业，单建明先后收购

上市敲钟

三家国有破产企业的资产，对上市企业“航天中汇”在湖州的一家企业实施整体收购，用两年时间导入市场经济理念，注入发展资本，投入技术管理力量，凝聚员工人心，进行重组，并不断开拓新的产业领域，细化内部专业分工，同时向精细化工产业方向发展探索。

通过一系列的重组兼并，实现企业经营规模的快速扩张，企业生产能力迅速从年产 700 万米印染灯芯绒上升到 1800 万米，资产规模比 1996 年增长了 140%，使企业进入专业的大规模生产阶段。

2004 年 8 月 26 日，随着上市钟声的鸣响，浙江美欣达印染集团股份有限公司 2150 万股流通股挂牌交易。这标志着浙江美欣达印染集团股份有限公司的事业迈入新的发展时代，也为整个集团今后的资本运作打下伏笔。

在中国印染行业协会和纺织规划院专家的指导下，以国家批准的重大技术进步项目和“双高一优”项目为载体，投资 5.4 亿元，在位于湖州市中心的南太湖工业园区内，兴建美欣达纺织工业城大型制造业基地，并引进欧洲技术先进的印染生产线关键设备。上市融资，恰到好处地为美欣达纺织工业城提供后续资金。单建明在强化技术硬件的同时，做强技术软件，同日本仓纺、双日两大株式会社缔结长期技术合作关系，引进日方先进的工艺和管理。在此基础上，发挥自身的技术优势和产品优势，促进关键工艺的日臻成熟。美欣达产品广受国内外客户的青睐，大部分产品远销美国、日本、欧洲、韩国、澳大利亚、土耳其、香港等 50 多个国家和地区。

为了做大产业，2007 年秋天，浙江美欣达印染集团股份有限公司控股湖北荆州最大的棉纺织企业奥达公司，产业开始向上游延伸。企业年生产能力达到棉纱 1.6 万吨、坯布 8000 万米、印染面料 1.2 亿米、服装 200 万件、丝绸 100 万米的规模，产品从单一的灯芯绒发展到六大类 70 多个品种，自营出口从零起步发展到 7500 多万美元，一跃成为中国印染行业十佳企业。具体荣誉如下：2004 年 2 月，荣获中国驰名商标称号；2005 年 1 月，荣获中国出口名牌称号；2006 年 11 月，荣获出口免验企业（棉和棉氨纶）称号；2007 年 10 月，荣获全国印染行业节能减排优秀企业称号；2008 年 12 月，荣获浙江省出口名牌称号。

美欣达公司制定“大集团战略，小核算体系，资本式运作，国际化市场”

的发展战略，坚持以技术为依托，以市场为动力，不断加强新产品研发和新工艺的应用。同时，公司坚持实施可持续发展战略，竭力创造“水清、地绿、天蓝”的自然环境，内部全面实施ISO14001国际标准，加强内部环境管理，优化产品结构，采用先进的环保技术实施节能减排，满足污染预防、清洁生产的环保要求。先后通过Oeko-Tex standard 100生态纺织品认证，Intertek-CCFA产品碳足迹和白名单管理体系认证，获得OE100/(OE)混纺GOTS三项国际有机纺织品认证。通过实施清洁生产，建设绿色文化，树立产品绿色形象，不断加大环境保护力度，增强环境绩效，实现企业的持续发展，树立产品良好的社会公众形象。先后获得浙江省高新技术企业、国家企业技术中心、中国质量诚信会员企业、国家火炬计划重点高新技术企业、中国民营企业制造业500强等荣誉。

一诺千金，信守承诺。多年来，美欣达公司上下一体，坚守质量诚信理念，贯穿于产品生产和营销服务全过程。企业初创时期，美欣达同上海某公司签订一份灯芯绒的购销合同，但在生产过程中，由于受当时技术条件的局限，坯布投料20多万元，产品质量还是达不到客户要求，继续投料面临亏本而不投料则面临违约。关键时刻，单建明下定决心，“不管要投多少钱，一定要保客户满意”。试制小组工程技术人员和一线员工集中精力技术攻关，投入60万元工本费，终于产出符合要求的产品，随后单建明又亲手将这批产品送至客户手中，赢得客户的赞赏。而这样不计盈亏、信守对客户契约的行为，在美欣达企业生产经营活动中比比皆是，大家以“60万元买信誉”的故事为榜样，将对客户的契约精神升华为美欣达讲求质量诚信的传统。

合作伙伴品牌标志牌

浙江美欣达纺织印染科技有限公司走过25年的发展历程，取得令人瞩目的优异业绩，成功实现第一次跨越。在新的历史起点上，美欣达公司继往开来，开拓进取，合力打造“品牌影响力、团队凝聚力、产品实现力”强化现代企业制度，发挥体制机制优势，加强企业管理能力建设，加大技术进步和人才兴企推进力度，激发企业文化创新活力，全面推进企业转型和产业升级进程，成为具有较强品牌竞争实力的大型企业，向着建设国际一流公司目标奋勇前进，努力实现印染产业的二次跨越，为促进公司经济平稳较快发展做出新贡献。

文：王向阳　卢春丹

# 重诺力行　物动随心

诺力智能装备股份有限公司成立于2000年，2015年在上海证券交易所主板上市。

一直以来，企业专注于从事高效节能仓储车辆和智能仓储物流设备的设计研发、生产制造、安装调试和技术服务，并通过技术创新和企业战略性并购，已成为中国首家全领域智能内部物流系统提供商。

公司下设5家全资子公司和5家控股子公司，其中包括诺力北美、诺力欧洲、诺力俄罗斯、诺力马来西亚、诺力新加坡等。2017年，全年销售收入21.2亿元，资产总额29.6亿元，利润总额2.03亿元。其中，销售轻小型搬运车辆77万台，已连续14年全球销量第一，产品出口至欧美、日本、澳大利亚等地，分别占据欧盟市场45%的份额和全球市场35%的份额；销售电动步行式工业车辆2.5万台，从2010年起已连续7年销量达到国内同行业前两位。

从2000年至今，诺力始终专注商标品牌建设和宣传，不断提升商标知名度和影响力，先后获得中国驰名商标、中国名牌产品、国家知识产权优势企业、高新技术企业等认证或国家级荣誉以及浙江名牌产品、浙江省著名商标、浙江出口名牌、浙江省知名商号、浙江省工业行业龙头骨干企业、浙江省品牌文化建设优秀企业、浙江省三名企业、品质浙货出口领军企业、2017年度“浙江制造”标准制定企业等省级荣誉称号。

诺力的负责人认为，“诺力品牌不单是一个标志或者一些口号，它包括公司的技术水平、生产水平、产品质量、管理水平、人才素质、价值观念等各种资源，是企业的无形资产”。一路走来，在品牌发展路径上，企业遵循技术集成战略、协同创新战略、全球研发战略和国际化品牌战略，以全面发展协同创新体系突破核心技术、以核心技术实力保障产品竞争力、以产品竞争力支撑自主品牌建设、以卓越品牌推动企业进军高端市场、以全面创新引领行业发展进步，从而形成诺力品牌全球效应，实现以智能物流提升生活品质的企业愿景。

如今，诺力已将形象标志和品牌理念推广到企业各个层面，并且与企业行为规范紧密结合，从而将品牌建设真正落到实处，使之具有更深层次的内涵。

## 技术创新打造品牌核心

品牌的核心是技术创新。多年来，诺力始终把加强技术创新平台建设、加快新产品的开发和提高企业核心竞争力，作为品牌建设的重点。

目前，诺力建有国家级研发平台（国家企业技术中心）1个，省级研发平台（浙江省智能物流装备工程技术研究中心、省级工程研究中心、诺力高端仓储物流机械省级重点企业研究院、省级企业技术中心、省级高新技术企业研究开发中心）5个，以及省级院士专家工作站、省级博士后科研工作站。建有5800平方米的独立研发大楼，并逐步引进行业领先的科研设备，拥有三个室内大型独立试验室：噪声测试室（工业车辆行业首个消声实验室）、工业车辆环境实验室（工业车辆行业首个高低温、湿度实验室）、振动实验室（拥有工业车辆行业最大的三轴向水冷式电动振动试验系统）。

企业还拥有FEM测试平台、ROCHS测试仪、三坐标测量仪、拉伸试验机、材料光谱分析仪、盐雾试验机、激光切割机、机器人焊接机等先进的大型智能、试验/试制设备220台（套），科研设备原值4000多万元。针对无人驾驶工业车辆研发，建有2650平方米的室内智能工业车辆试验场，可进行工业车辆的各种测试及性能演示。针对自动化立体仓库的研发，建有仿真测试系统，降低研发周期，保证研发的可靠性。

在软件方面，诺力具有300余人的研发团队，人员整体能力向专业化发展，形成以物流行业专家朱宝昌、周学军、刘杰等高级工程师为技术带头人的创新团队。同时，引进中国工程院3名院士作为企业技术发展顾问，并与各大高校建立合作关系，优先实行工程硕士、技术管理复合型人才培养，从而稳定技术创新人才队伍，持续增强创新能力。

此外，企业还注重进行研发组织创新，在外部建立研发中心，壮大企业研发力量。如与上海交通大学开展战略合作，建立“诺力——上海交大智能物流研发中心”，校企联合，重点开展无人化仓储物流关键技术研究，以及相关产品的产业化开发；在无锡，建有智能化物流系统研发平台，开展智能化物流系统集成及相关物流设备的研发设计；在杭州，成立诺力智能物流研究院，聚集高端人才，开展物流规划顶层设计；在德国、美国成立分中心，利用国际化创新资源，实施国际化战略，深度参与全球协作。海内外各研发平台逐步形成优势互补，初步形成独具特色的协同研发平台，诺力逐步构建起以快速响应为导向的协同研发体系。

诺力技术

诺力重视技术创新工作，遵循“自主创新，重点突破，支撑发展，引领未来”的方针，每年将大于3%的销售收入作为创新投入，不断推进创新计划，并在人才引培、人才激励、知识产权管理和产学研合作机制等方面建立并完善管理制度，在长期的探索和实践中建立和完善技术创新运行机制，保证企业技术创新支撑公司总体发展目标的实现。随着研究开发和试验基础条件的逐步完善，企业能够满足科技活动开展过程中的各种要求，有效推动标准化水平和自主创新能力的提高。

尤其值得一提的是，通过十多年持续高强度研发投入与积累，诺力掌握电动工业车辆高效行走驱动技术、电子助力转向技术、窄通道技术、智能液压升降控制技术、CAN总线控制技术等五大核心技术，成为行业内电动工业车辆综合技术最强的企业之一。同时，企业还紧跟制造业发展趋势，积极推进智能仓储物流技术研发积累，形成由智能化设备、整车控制系统、物流调度优化算法和路径规划导航构成的国内领先的智能仓储物流系统技术体系，成为无人驾驶工业车辆标准制定单位。

不仅如此，企业针对电动工业车辆的核心技术、新产品更新换代、客户定制化需求等不断进行创新，针对智能仓储物流装备技术和产品进行研究开发和技术积累，累计申请专利340件，其中发明专利70件，PCT专利9件；现有有效专利累积184件，发明专利27件，PCT专利5件，有效专利实施率达到90%；累计主持或参与制定并已发布的国家标准26项、行业标准3项、团体标准2项。各项成果的积累，使得企业在市场竞争中占据绝对的优势。

在创新成果的支撑下，创新项目“CS15G助力转向堆高车”获得浙江省科学技术进步奖二等奖，“基于智能控制的四向堆高车”获得浙江省科学技术进步奖三等奖、中国机械工业科学技术进步奖三等奖；“RT15M四向前移堆高车”“永磁驱动电动搬运车PTE15X”等产品被认定为浙江省装备制造业重点领域首台（套）产品。

## 良好运作夯实品牌基础

品牌是企业的无形资产，品牌的良好运作是推进企业全面发展、提升基础管理的关键所在。商标权的确定为企业树立良好的品牌形象，技术与品牌相辅相成。

目前，诺力拥有注册商标 54 件，国外注册 18 件。其中，“NOBLIFT 诺力”商标 2005 年被认定为浙江省著名商标并延续至今，2006 年被认定为中国驰名商标，2008 年被授予浙江出口名牌；“NOBLIFT 诺力牌液压搬运车”2005 年被评为浙江省名牌产品并延续至今，2007 年被授予中国名牌产品称号；“蓄电池托盘堆垛车”“蓄电池托盘搬运车”分别于 2016 年、2017 年被评为浙江省名牌产品。一系列荣誉为获取大众的信赖打下坚实基础，也为诺力品牌开拓市场树立诚信。

长期以来，企业通过狠抓商标、品牌、产品、形象、信誉等工作，让国内外客户真实地认识到产品和企业文化，赢得客户的信任，有效地开拓国内外市场，保持企业的稳健发展。

品牌要发展，质量是关键。只有在质量提升中打造出独特优势，才能让品牌走得更远。为此，诺力以加强品质建设为前提，实施“质量、环境、职业健康”三个体系，并进一步融入知识产权管理体系。通过体系建设，对企业生产经营实施有效管理，对产品质量实行有效监控，在生产管理过程中实施管理创新，推行生产现场 6S 管理、干部轮岗制、各厂区直接管控物料等措施。在生产、质量、研发各部门通力合作下，产品质量持续提高，客户投诉率持续下降，进一步提升客户满意度。

在供应商管理方面，企业对提供产品的质量、价格、供货期、服务和设计开发能力等会进行充分的调查审核评估。评为合格供方后，所有零部件必须经过样件、小批量、批量试装 3 个阶段的品质确认，有效实现产品源头把控。

此外，诺力还通过各种形式，持续加大品牌宣传，推动品牌传播。

企业一直积极利用广交会、汉诺威国际物流展览会（CeMAT）、国际物流博览会（word logistics expo）等平台，展示公司优质产品，吸引世界各地经销商咨询洽谈，拓展国内外市场。同时，通过建立自主官网进行线上销售、建立远程运维平台进行预测性售后服务等方式，提高销售服务的便捷性，提高品牌价值。

通过积极主办、承办或协办行业峰会或论坛，进一步加强手动车、电动车等不同产品在对应终端用户所在行业内的推广力度，增加企业的曝光率，提升直接业务量，培育潜在客户群，扩大品牌影响力。

近年来，诺力在品牌线上推广、线下推广的维度逐渐加大，阿里巴巴平台、行业媒体门户网站（中叉网、叉车网、慧聪网、56 搜索）、facebook 平台、户外媒体（公交车车身、高铁车厢海报）等载体，都有诺力品牌的身影。

在主动宣传推广的同时，诺力同样注重加强商标注册力度和维权认定保护。

随着市场拓展和政府政策指导，企业不断增强商标使用的法制观念，持续推进国内外商标的注册力度，确保在重点国家、重点地区的商标注册布局，以保护自身合法权益。同时，积极参与省商标品牌示范企业、省名牌产品、省知名商号、省“守合同重信用企业”等申报创建工作，注重优势品牌培育，并充

企业场景

分运用驰名商标保护手段，加强对商标品牌合法权益的保护。在企业，不仅有内部监控机制，而且联合商标代理事务所进行商标注册监控，避免商标侵权。

## 市场拓展提升品牌影响

练好内功之际，诺力还不断通过市场拓展，提升品牌影响力。

近年来，随着全球工业化水平的逐步提高及人力成本的不断上涨，工业车辆行业迎来发展黄金期。作为国内较早进入工业车辆领域的企业之一，诺力抓住机遇，在与国际知名厂商合作的过程中，持续引进先进设备，投资建立智能工厂，不断扩大生产规模，提高自动化水平，巩固行业地位。

在不断巩固和强化原有产品行业优势地位的基础上，诺力继续在工业车辆领域及细分市场上进行拓展、延伸。2003年，企业开始开发生产电动类仓储车辆。2010年，电动步行式仓储车辆销量达到国内行业第一位。如今，结合自身技术优势和产业发展趋势，企业正在逐步调整产品结构，由“轻小型车辆一枝独秀”转变为“智能制造引领，轻小型＋电动仓储车辆双核发展”，以期不断开拓、发展新产品，保障未来的利润增长点，保持企业的核心竞争优势。2015年，企业成功上市，极大地提高了品牌形象和价值。2016年，企业并购无锡中鼎集成技术有限公司后，开始构建从物流装备到智能物流系统的大格局。至此，诺力成为中国首家全领域智能内部物流系统提供商。2018年，诺力展开对法国Savoye公司的收购，极大地强化在物流系统集成技术和软件服务方面的能力，使其物流系统集成服务能够阔步进军国际市场。由此，诺力作为中国行业首家企业，与全球各著名物流集成商一道在国际舞台上展开竞技。

眼下，企业已建立包括内销部、外销部、市场部在内的强有力的营销队伍，注重面向市场的调查研究、行业市场与自身数据的积累与分析，以及品牌的建设和推广。设立专门的产品管理团队，搭建出产品管理体系，进行产品的全生命周期管理，特别是统筹新产品的开发，主导新品的市场调研与立项，协调推动从研发到量产的各环节，并建立起各部门间的内部沟通机制，定期组织研讨会，使得研发人员深入了解市场部对现有客户和潜在客户的定期调研情况，了

企业外景

解客户的当前需求和最新动态，从而建立起研发、生产、销售三大系统协调联动的机制。

在开发市场过程中，诺力长期重视品牌建设工作，通过不断提高产品技术创新水平、产品品质、客户服务质量来稳定客户、吸引客户。通过健全形象识别系统（CI）、借助各种手段来传达和灌输品牌理念，积极组织诺力工厂开放日、全球经销商大会等各类公关活动和商品展销会，大力推介诺力品牌。通过技术创新与品牌建设的相辅相成，诺力与社会各界建立良好的合作关系，“NOBLIFT 诺力”品牌在国内外市场中建立起良好的知名度和声誉。

企业一直持续不断地拓展海内外市场。在国内，全国各地有 100 多家经销商，根据客户地域分布，建立浙闽大区、华南大区、华北大区、上海大区、江苏大区、西部大区等 6 大区的大区经理负责制；对可口可乐、娃哈哈、蒙牛、沃尔玛等国内大客户采取直销模式。全球范围内，在美国、德国、俄罗斯等地建立全资子公司和自主品牌直销机构。2014 年，在马来西亚建立生产工厂，深入目标市场，布局国际市场营销网络，积极探索适合诺力的国际化拓展模式。

在长期的国际竞争过程中，诺力逐步提高实力，确立良好的企业品牌，获得客户信任和认可，还与德国凯傲、日本丰田、美国纳科等全球前 5 的工业车辆企业，以及数十家国际知名品牌经销商建立长期稳定的合作关系。

重诺力行、物动随心。未来，诺力将通过强化建设商标管理体系、强化商标创新运作能力、加强专业人才培养、增加商标注册量、增强商标品牌意识等措施，不断巩固商标品牌战略基础，维护和提升产品商标的市场形象和品牌活力，提高消费者认同度。

“诺力的产品和解决方案广泛应用于社会的各行各业，触及人们日常生活的方方面面。我们将相互协作、不惧挑战，以勇于创新和对世界的关注，助力物流行业实现智能化、数字化、为客户创造价值的同时，以实际行动不断提升生活品质，成就美好未来，实现‘以智能物流提升生活品质’的企业愿景。”朝着这个目标，全体诺力人正阔步向前。

文：夏燕　周晓静

# 以文化铸就东方时尚品牌之美

雅莹集团的美丽事业源起于江南嘉兴红庵里。1988 年，创始人张宝荣在极其艰苦的条件下承办了洛东红政服装厂，以生产销售男士衬衫和丝绸加工为主。随后，儿子张华明跟随父亲，1995 年注册了“雅莹”商标。1996 年张华明正式接任公司总经理一职，企业开始转型升级，立志打造高品质的女装时尚品牌。

近三十年来，历经两代人的创业历程，秉承对这份美丽事业的专注和宏伟愿景，以“好人好衣好生活”为使命，着力务实发展，鼓励创意创新，不断追求卓越品质，立志将雅莹打造成为专注时装为核心的现代时尚集团。目前集团旗下拥有自主时装品牌 EP 雅莹、贝爱 DOUBLOVE、恩派雅 N.Paia；精品零售集合店品牌大雅家 DA YA JIA、雅斓名店 GraceLand 及小雅童装 LITTLE SPACE。集团已在北京、上海、广州、深圳及澳门等210多个城市开设优质门店，拥有出色的线上销售网络，并将于近期陆续开启马来西亚、新加

门店形象

坡等东南亚市场。

## 创牌：好料好衣奠定市场基础，雅莹应运而生

1988年，张宝荣凭借18台家用缝纫机和34位员工，勇敢地走上了个人承包村办集体企业的经营之路，演绎了从红政服装厂到洛东制衣厂再到永利来时装有限公司三步走的发展历程。从服装制衣到时装生产再到雅莹品牌意识主导下坚持走自主生产道路。他的智慧和辛勤为雅莹发展打下了坚实的基础。更重要的是，他用实际行动教给大家“想要做好事，要先做好人”，做事先做人的道理。

1990年，张华明开始去父亲厂里上班。从一开始在厂里做杂活，到后来被派去重庆催讨20万应收款，在父亲不断地教导、磨炼下，张华明一步步成长起来，逐渐从一个家族事业的旁观者到参与者和经营者。

开拓北京市场的五年，是张华明人生难忘的五年，他和夫人仔细研究市场后，将当时用于出口的上等丝绸江南面料，设计成衬衣等女士时装，深受北京消费者喜爱，在王府井、长安、双安等15家商场迅速打开市场。在这个过程中，张华明也通过实践积累了市场营销和现代商品经营技巧。永利来时装有限公司由此应运而生。

1995年8月，张华明接到电话，因为父亲身体原因，自己需要回去管理公司。在回来的前一个月，他安安静静地思考公司的未来在哪里？方向在哪里？

基于在北京市场的摸索总结，他认为，做企业必须要有自己的商标，要走自己的品牌道路；其次，必须重视现代企业的管理制度，必须重视企业管理。带着这两个心得思考，张华明认定：要用好的材料做出好的衣服，为女性朋友带来美。这是雅莹的初心，也是雅莹商标的由来。“雅”是优雅、美丽、正气、高雅，“莹”代表上等的材质、晶莹、透气，像宝玉一样美丽。

## 用牌：根植中国文化，布局品牌输出之路

1997 年，当雅莹从原先的单季产品到四季产品经营的时候，由于缺少大衣制作的经验，大货工艺出错，造成做出来的衣服肩宽有 50 厘米，根本无法面世。面料报废、投资成本打了水漂，企业挣扎于生死一线。

2003 年，深受非典影响，雅莹也几近瘫痪。非典期间，团队经过 100 多天的学习、反思、感悟，明白了：“我们雅莹连锁总部是生产什么产品的？企业下滑或破产的根本原因是不能为目标顾客提供符合她们需求的优质产品和服务！不了解她们的真实需求！我们生产的产品包括我们服装的风格、温馨的卖场形象、卓越的服务、提供卓越服务的人和品牌价值的感受，它们都是我们产品的组成部分，其中服装产品是最核心的！”

“非典”悟道之后，雅莹通过与国际公司的合资合作，全面引入时尚前沿的国际化品牌运作理念，使得雅莹的发展与世界女装潮流同步。在信息化管理、人力资源建设、供应链建设、渠道模式创新、商业模式创新等多方面引领变革，为集团化运作打下了扎实的基础。

“这十年也让做服装从一个不被人看好的工作，变成了一份美丽的事业，一份让每一个雅莹人自豪的事业。”集团党委书记仇瑛说。

经历了 10 年的困难，雅莹从 1999 年开始走品牌之路的信心和决心愈发坚定。1999—2008 年的十年，是雅莹积极面对困难、艰苦的奋斗的十年！凭借着专注创新、不断超越的精神，公司在困难当中不断地前进、成长。

2005 年开始，雅莹连续三届在北京中国国际时装周举办专场时尚发布会，嘉兴本土企业正式迈出了走向国际舞台的步伐。

2008 年金融危机后次年，EP 雅莹采用全新的 LOGO，在零售渠道开启了雅莹时尚生活馆这样的“大店”模式，并开始在专卖店、百货店、shoppingmall 店和机场店等多渠道推广全新品牌形象。

2009—2018 年，雅莹的品牌化发展真正走上了“快车道”。这 10 年，雅莹更加认识到文化底蕴对一个品牌的重要性，主品牌 EP 雅莹开始更加注重根植中国文化。“在这 10 年，公司陆续创建了贝爱 DOUBLOVE、恩派雅 N.Paia、

门店形象

大雅家 DA YA JIA、雅斓名店 GraceLand 及小雅童装 LITTLE SPACE 等新品牌，开始走上品牌多元化发展的道路。”仇瑛说。

2010 年，EP 雅莹亦在澳门威尼斯人大运河购物中心开出第一间境外专卖店，布局品牌输出之路。

2013 年 12 月，北京华贸“EP 雅莹之家”盛装启幕，临街独栋的四层建筑，近 2000 平方米的超大空间，成为感受 EP 雅莹时尚之美、艺术之美与生活之美的体验之境。

2015年，作为意大利米兰世博会中国馆全球合作伙伴，雅莹为中国馆设计和提供了全部馆服，包括政府官员、工作人员和志愿者的服装，向世界展示了东方时尚之美。

2016年起，雅莹已连续三届为世界互联网大会提供志愿者服装。特别是2018年，在“世界互联网大会永久战略合作伙伴”的基础上，雅莹还荣膺“第五届世界互联网大会高级战略合作伙伴”。EP蓝的概念被广泛认可和熟知，时尚与科技的互动在江南水乡接连谱出优雅曲调。

## 护牌：以品质为灵魂，好人好衣好生活

“昨天，杭州余杭端掉了一连串女装制假窝点。”2017年，杭州余杭区市场监管局执法人员、淘宝平台治理部工作人员、雅莹集团人员，一同对余杭区乔司、南苑、星桥的四处涉嫌商标侵权窝点开展“打假”行动，对涉案网店进行立案调查，当场查获正品价值200余万元的假冒“雅莹”女装。

“这些货架上的衣服款式，几乎全是我们公司的款式样子，吊牌、洗唛全部是伪造的。连我们刚生产的冬装，这边都有了。”雅莹集团有限公司生产车间负责人沈有彩无奈地说道。

互联网时代，给广大消费者带去便捷的同时，也给不少无良商家钻了空子。此次事件中，雅莹在设计、工艺、宣传等一系列环节都投入了高昂的成本，而涉假网店，用着“雅莹”的牌子，打着幌子卖假货，这样的违法行为，严重损害了权利人的利益。这起案件中，一件正品的黑色碎花连衣裙标价是3299元，但假冒产品的售价却只有正品价格的十分之一。

今年，雅莹新款的销售量刚上市时在180件左右，但同款的假冒产品当时已经销售了800余件，对公司的业绩产生了严重影响。

事实上，为了维护品牌的形象，打击假冒事件几乎是雅莹的常态工作。从1997年羊绒大衣研发失败后，雅莹一直把品质视为品牌的灵魂。品质标准及内控的质量标准远高于国家标准。

在雅莹公司车间，检布机正一米一米“吞吐”着布匹。“进厂的每一米布

企业外景

都要检测。”现场工作人员说，除了检测布料外观外，他们还要抽检PH值、色差、色牢等指标，“不放过一米有质量问题的布匹进厂。”

高品质的产品离不开高效、稳定的生产模式。走进雅莹公司的缝纫车间，每个班组长面前都有一台电脑，每台缝纫机上都有一台读卡器。

“有了这套‘电子眼’，可以时时掌握每一个员工的工作进度。”仇瑛说，一件服装款式进行工序分配后，每道工序的缝纫工完成后，就将芯片在读卡器上轻轻一刷，就会记录在案。现场管理人员由此可以掌握各道工序的进度，从而进行调控，以减少半成品在线堆积，优化生产流程，从而确保生产的及时性和质量。

2018年10月18日，第五届世界互联网大会期间，雅莹30周年励志庆典在乌镇互联网国际会展中心盛大举行。雅莹集团30年对于中国的服装企业来说是不短的生命周期，而张华明却说：“我们才刚开始。”这种自信来源于品牌自信，文化自信，是对中国时尚行业未来发展的自信，更是源自对中华民族伟大复兴的自信。“此心庄严、优雅而立”是雅莹30周年庆的主题，“此心庄严”

代表雅莹人始终不忘初心，以好人好衣好生活为使命，追求平衡·爱·幸福的可持续发展；“优雅而立”，立的是志，立的是根，立的是本，本立而道生。

未来的30年，雅莹集团将持续深耕中国市场，发展亚洲时尚版图，积极推进国际市场发展进程，沿“一带一路”，描绘中国品牌在国际时尚版图的宏伟蓝图，期待与全球华人及消费者共同分享来自中国的现代时尚。

## 人物：以文化铸就东方时尚品牌之美

张华明，现任雅莹集团董事长，第十二届全国人大代表、中国服装设计师协会副主席、中国服装协会副会长等。

1971年，张华明出生于浙江嘉兴一个服装世家。

改革开放之初，张宝荣弃医从商，于1979年组建了第一家乡办集体服装企业——洛东服装一厂，并担任厂长。

1988年，父亲张宝荣创建了洛东红政服装厂，毕业后的张华明开始跟随父亲学习办厂和经商，并前往北京开拓市场，成功地打开了北京市场。

1995年，张华明注册了“雅莹”（英文商标ELEGANT PROSPER）商标，取意为高雅、晶莹、自然，高品质，寓意着美好的未来，开始了品牌化发展之路。1996年初，接任嘉兴永利来时装有限公司总经理一职。

2003年“非典”期间，张华明开展内部培训和系统提升，实现了单品到系列的突破，在产品、渠道、零售、服务等方面启动转型。

2004—2008年，张华明引入国际化运营管理理念，对企业在供应链建设、渠道拓展、信息管理、人力资源建设、商业模式等方面进行提升，同时通过与国际公司的合作，引入时尚的国际化品牌运作理念。

2009—2013年，张华明带领团队开启集团化征程，深化EP雅莹系各品牌的经营，在产品、渠道、门店与服务、品牌塑造等方面进行升级。

2014—2018年，张华明带领自己的女装品牌走上米兰世博会以及世界互联网大会的舞台，向世界展示东方之美。

张华明坚信，面对中国市场消费升级，在中国文化、艺术复兴与繁荣以及

“一带一路”建设的背景下，中国品牌的未来充满光明。

在企业发展的同时，作为第十二届全国人大代表的张华明带头履行社会责任，设立爱心资金，用于支持公益事业。尤其注重教育教学投入，包括对特殊人群艺术教育的支持，以及专注于美丽乡村、扶贫结对和社会公益餐厅的建设。

雅莹集团董事长张华明

张华明对教育事业的支持非常看重，在其带领下，截至2018年，雅莹集团已累积向各类大中小学捐赠近870万元，所捐款项用于教学创新、奖教金发放、优秀学子奖励，以及山区教育设施的支援等。

2014年3月，张华明向全国人代会提交了《关于建立“五水共治”全国联动机制的建议》，2014年4月，张华明先生亲临家乡，首期捐款50万，积极支持五水共治，建设美丽乡村，向新塍镇思古桥村捐款50万，并组织党员志愿者参与五水共治共捡垃圾共种树苗活动。

2017年3月，嘉兴市委组织部副部长、嘉兴市委两新工委书记梁晓英，团市委书记朱永领，嘉兴市青企协会长张华明一同为由市青企协牵头的素雅素食馆揭牌。

2018年4月，为积极响应浙江省消除集体经济薄弱村三年行动计划号召，张华明倡议，雅莹集团作为援建单位积极加入“千企结千村，消灭薄弱村”的帮扶行动中，与红坞村结对开展帮扶工作。

文：梅雪风

# 压缩机行业的“中国心”

加西贝拉压缩机有限公司创建于1988年，“jiaxipera”于1992年11月30日首次注册商标，其后在智利、印度、秘鲁等数十个国家、地区进行注册。中国品牌建设促进会评价其品牌强度为926分（总分1000）、品牌价值为31.12亿元；浙江省“浙江制造”品牌建设促进会评定该品牌强度为927分（总分1000）品牌价值为26.85亿元。

加西贝拉先后荣获嘉兴市首届市长质量奖、浙江省政府质量奖、全国质量奖、中国质量奖提名奖、亚洲质量卓越奖，还荣获联合国环境署“示范项目贡献奖”。在中国家电协会、中国质量协会、中国品牌建设促进会等机构推荐下，公司获得全国“质量标杆”、中国企业品牌创新成果、全国压缩机行业质量领先品牌、全国质量诚信标杆典型企业等荣誉，品牌影响力进一步提升。

公司以卓越的产品和优良的品质，享誉国内外市场，是浙江省“三名”培育试点企业、首批先进质量管理孵化基地。荣获中国驰名商标、中国名牌、浙江省著名商标、浙江省出口名牌、浙江省名牌产品等称号。

## 创牌：
## 中外合资为基因，加西贝拉横空出世

1978年12月，党的十一届三中全会作出了改革开放的重大决策，此后，

加西贝拉生产现场

中国的对外开放由点及面铺开。在此过程中，地处长江三角洲杭嘉湖平原腹地的嘉兴也紧跟时代步伐，积极推进改革，谋求发展，嘉兴从上到下、各行各业，都胸怀着要发展、要争先、要改变面貌的迫切愿望，积极寻找项目发展工业。

而在此时，嘉兴市原有的“益友”冰箱厂产品供不应求，而被称之为冰箱“心脏”的压缩机技术却靠国外进口，中国无一家企业能生产。在此背景下，国内冰箱厂在采购国外压缩机时，也要通过国家的统一调剂。这一技术“命脉”引起了浙江省政府和嘉兴市委市政府的重视。

1988年9月，嘉兴市二轻企业集团、浙江省经济建设投资公司、浙江省二轻总公司与美国CTC公司签订协议，同意中外合资、省市合作建立嘉兴电冰箱压缩机厂，设计年产冰箱压缩机100万台，项目总投资5000万美元。该项目成为当时浙江省最大的中外合资企业。根据项目可行性方案，项目选址定在嘉兴市王店镇，以嘉兴海鸥电扇总厂为基础进行筹建，海鸥电扇厂厂长任压缩机厂的厂长。

那么，一个崭新的企业取一个怎样的名字呢？经过深思熟虑，博采众长，“加西贝拉”应运而生。

据加西贝拉压缩机有限公司总经理朱金松介绍，“加西贝拉”中的“加”字代表嘉兴。由于这是一家中外合资企业，作为外方的美国CTC公司，实质是中国技术进出口公司的美国分公司。根据股东权益公平原则，取了美国CTC公司一个打头字母“C”进入新公司名称，按照吴方言的发音，英文字母“C”与汉字“西”同音。于是，“西”代指“C”，既指CTC公司，正好也表示西方，这就有了中西结合、中外合资的意思在里面。当时，意大利“阿斯贝拉”也是世界顶级的压缩机企业之一。公司将设备选型方向瞄准了意大利的阿斯贝拉（ASPERA）压缩机生产线。如果新企业名字中加上“贝拉”这个意大利语发音的后缀，不但表明了新企业与先进技术设备的结缘，还沾上了阿斯贝拉的光鲜，而且整个名字读起来朗朗上口。

于是，1988年12月28日注册登记，加西贝拉横空出世！

“具有中外合资的基因外，人才和技术是加西贝拉茁壮成长的唯一养分。于是，嘉兴市政府调动全市23个国有工厂的上百名技术骨干支援加西贝拉，同时将200多名大中专毕业生分配给加西贝拉，市委市政府还组织15个部门成立项目协调办公室，嘉兴市副市长任协调办主任，从上至下来攻坚克难。”朱金松回忆道。

人心齐，泰山移。1992年6月，公司成功联动生产，第一台压缩机胜利下线。1995年，加西贝拉实现“三年三大步”，年产量超设计能力，达到107万台压缩机的目标，利税超亿元，产品畅销扬子、澳柯玛、海尔等大型冰箱企业。

## 用牌：
## 几经涅槃选择自主创新，树立行业领先地位

然而，加西贝拉这颗“心脏”在压缩机行业的跳动，也并非一帆风顺。1996年，亚洲金融风暴来袭，加西贝拉深受“三角债”的困扰，陷入了漩涡。当时的扬子集团、香雪海、吉诺尔等冰箱企业都是加西贝拉的大客户，由于这些企业相继运转失灵，给加西贝拉造成2亿多元的呆账。

可以说，流淌着中外合资血液的加西贝拉进入了寒冬。第一个现实是，1997年的压缩机年生产量下降到68万台。在那个计划经济逐步向市场经济过

车间一角

度的特殊阶段，在公司年度董事会议上，股东方省经济建设投资公司、省二轻企业集团和美国CTC公司认为，公司没有如期完成预定的经济指标，首要责任人在总经理。

1998年10月，经过嘉兴市委市政府共同决议后，时任嘉兴钢铁厂厂长的朱金松被推荐提名，担任加西贝拉总经理。

临危受命，这是一项挑战。如何使企业突破“三角债”困扰？如何让企业走向良性健康？朱金松和大家一起，一手抓债务追讨，一手抓技术发展。

据朱金松回忆，应收账款追讨可以说是经历了千辛万苦、千方百计、千山万水。能要现金的，即使打折扣也要；能追回物资的，即使再少也要；要打官司的，哪怕再难也要……当时2亿多的账款，最后要回了近半，企业总算“活”下来了。

企业不仅要“活”下来，更要强健起来。朱金松又和大家一起，一头扎进了技术开发工作。他明白，如果技术全部靠国外引进，而没有核心技术，企业难有出路。于是他提出，加西贝拉要走自主创新之路，要努力掌握压缩机的核心技术。朱金松如同外科医生，他的“手术刀”从“压缩机变吊簧为座簧”动起。

经过不懈努力，加西贝拉果真在三个月内完成了“吊簧变座簧”的自主创新设计技术，彻底打破外国人技术碰不得的"魔咒"。从此，N系列、T系列等新产品源源不断，加西贝拉走上了一条自主创新的发展道路。

在掌握技术优势的同时，加西贝拉还探索出一条让企业保持活力的道路。公司开展意识教育，着力转变观念，强化"员工的市场风险意识""与企业共命运意识"。开创了"干部能上能下，员工能进能出，收入能高能低"的机制，彻底啃下企业在机制上的硬骨头，团队面貌焕然一新。加西贝拉也在短短三年时间里，迅速摆脱困境，产销量、利润率等指标全面提升，成为新世纪复兴路上的引领者。

## 护牌：
## 以"质量"铸品牌，用"质量"争市场

在加西贝拉人心里，"jiaxipera"品牌作为中间产品品牌，想要保持品牌的竞争力、提升品牌的美誉度，关键还是在于提升产品的质量与服务，因此，朱金松提出："谁不注重质量，就砸谁的饭碗！"这句看似"严酷无情"的话却在员工中有着极高的认同度。"质量是企业的生命""质量是员工的饭碗"的理念深入人心。

压缩机属精密机电制造，由70多个零部件组成，每个零部件的质量都直接关系着压缩机性能的好坏，所以制造压缩机的每一个步骤、每一处细节都不容忽视。这对生产压缩机的一线工人提出了极高的要求。加西贝拉新入职的每一位员工，不论是大学生还是普通操作工，都要接受企业文化和质量培训，使其懂得要像关爱生命一样关注质量，要为顾客、为社会提供环保高效可靠的产品。

以"质量"铸品牌，用"质量"争市场。2004年，加西贝拉以优异的管理和高品质的产品质量通过了德国西门子"供货商"资质的考察审核，顺利成为其全球供应商，并于2012年被其授予全球A级供应商称号。如今，加西贝拉产品出口欧洲、美洲、亚洲、澳洲和非洲五大洲的30多个国家和地区，成为"世界冰箱的心脏"。

为实现产品质量提升，加西贝拉还不断加大研发投入，每年研发经费占销

售收入比例不低于3%。“在加西贝拉什么都有预算，只有技术创新不讲预算。”朱金松的这句话在加西贝拉是耳熟能详的名言，核心技术研发和创新同样推动了加西贝拉品牌的发展。

早在20多年前，加西贝拉就意识到企业的发展不能以破坏生态为代价，1997年，公司自主成功研发出国内第一台碳氢无氟压缩机。2005年，加西贝拉便在国内同行中率先完成了无氟环保化生产，比联合国全面禁用CFCs期限提前了3年。带动了整个冰箱产业的技术升级。2008年1月，因在CFCs淘汰、保护臭氧层方面作出的极大努力和特殊贡献，加西贝拉从全球5000多个环保项目中脱颖而出，被联合国环境署授予“示范项目贡献奖”。

除了在淘汰损耗臭氧层物质方面作出的贡献外，加西贝拉在节能减排方面也倾注了心血，研制出更小型化和高效化的产品。相比二十多年前重达11公斤、体积大过篮球的压缩机，加西贝拉新研发出的4.8公斤的迷你型压缩机，个头比足球还小，节省原材料50%以上，产品性能COP值却从0.9上升到2.15，切实做到了浓缩才是精华，成为全球行业标杆。

为了在生产过程中最大限度地实现挖潜降耗、节能减排和环境保护，加西贝拉还通过智能化生产线改造，积极打造绿色工厂和清洁生产，首次在“200万台环保节能高效压缩机生产线项目”上成功采用了凸焊、曲轴箱定点高压清洗、压缩机真空干燥等新工艺，替代了原先对环境有污染的焊接、磷化、烘干等生产工艺，既节约了资源又保护了环境。其中，对压缩机电泳涂装过程中产生的废气进行工艺改进，使电泳废气排放数据比国家要求的标准值还低了5倍。

如果按照加西贝拉年产2000万台小型化节能压缩机计算，每年可减少电耗29亿度、$CO_2$排放97万吨，节约标煤36万吨，节省电费15亿元、钢材4.8万吨、铜材1.1万吨。“29亿度电相当于两个新安江水电站全年的发电量。”朱金松自豪地说。

2014年10月，加西贝拉获中国质量管理领域最高奖——全国质量奖。评审组认为，加西贝拉带动了国内行业全无氟化生产、开发高能效比系列产品，引领国内行业向环保节能高效化方向发展，为全球环保、节能事业作出了突出贡献。

## 人物：
## “外行”厂长带领企业在全球舞台引领风骚

“做企业，根本上就是做人。企业一定要坚持以人为本，尊重人，关心人，团结人，依靠人，让大家心往一处想，劲往一处使。”在加西贝拉人心里，公司能驶入国际快车道上并成为行业领军品牌，离不开“班长”朱金松。

他下过乡、插过队，做过钳工、车工，当过老师，任过国营大厂的“掌门人”。1998 年，一纸调令将已是“知天命”之年的朱金松与加西贝拉和冰箱压缩机捆绑在了一起。

在他的带领下，加西贝拉以人为本，将一个陷入“三角债泥潭”，危机四伏的困难企业，发展为掌握全球领先的压缩机研发制造技术，向全球十大品牌冰箱供应压缩机产品，并连续 17 年保持产销总量、产品性能、经济效益国内同行三个领先，出口连续 12 年位居行业首位的全球单一地区最大压缩机研发制造企业。

在朱金松的管理哲学里，企业的发展，人是决定因素。因此，加西贝拉视“员工是企业的财富，事业的靠山”，企业像军队、像学校、像家庭。对员工既严格要求，又不断提高他们的素质，更在生活上真心关爱，使企业像军队一样富有执行力，像学校一样提升技能，像家庭一样互相关爱。

“企业的价值归根结底是每个人的价值。加西贝拉不仅为员工提供一份赖以生存的工作，更提供一个自我成长的平台。”朱金松说。加西贝拉把员工当作企业的最大财富，正是 3700 多名员工的勠力同心，发扬工匠精神，才有加西贝拉“打造世界级品牌、建设世界级企业”的辉煌事业。

因为秉承“以人为本、诚信兴业、科技领先、竞争全球”的经营理念，加西贝拉在自身不断做强做优做大、实现国有资本保值增值的同时，率先提出供应商晋级招投标模式，带动了 200 多家上下游企业（其中有 100 多家嘉兴本土企业）的发展，形成了庞大的产业链，有效提高了经济运行的竞争力。

此外，作为国际压缩机行业领跑者的朱金松，不仅在浙江嘉兴将加西贝拉蜕变为全球领先的压缩机研发制造企业，而且在江西景德镇、湖北荆州、西班

加西贝拉创始人朱金松

牙巴塞罗那不断创造奇迹。

2009年开始，朱金松先后兼任华意压缩总经理、华意（荆州）公司的董事长。一年时间，华意压缩新工厂胜利搬迁并实现了历史上主营业务的首次盈利。华意（荆州）公司成功转型升级，成为压缩机行业的一匹“黑马”。2012年，华意压缩还成功地跨国收购全球第四大轻型商用压缩机的西班牙Cubigel公司，迈出了中国压缩机企业走向世界的第一步。在短短三年里，华意压缩机成长为全球行业最大企业。

“天清江月白，心静海鸥知。”掌舵加西贝拉二十年如一日，朱金松把浮躁归于平和，以“道心唯微，唯精唯一”的心境和心力，以源于大爱的责任和奋斗、源于智慧的创新和超越，带领加西贝拉朝着领跑全球行业的目标奋勇前行。

文：梅雪风

# 千亿集成吊顶行业的缔造者

“中国集成吊顶看海盐百步，海盐百步集成吊顶看友邦。”占地 200 余亩的友邦新产业园，集总部行政大楼、研发设计中心、云馆艺术中心、仓储物流中心、制造中心等于一体，由北向南伸展开来。园区以云馆艺术中心为主，配以传统聚落，分割成七块，七栋极具设计感的建筑置于其中，与江南的自然地景互动。形成独特的人文空间，诠释出友邦对于我国人居理念的探索。正是这样的友邦，引领集成吊顶行业的发展，所在的百步镇因此被誉为“中国集成吊顶第一镇”。

2004 年，浙江友邦集成吊顶股份有限公司（简称友邦）原创发明集成吊顶，创造 MSO 集成技术，开创集成吊顶行业。2005 年 1 月，友邦集成吊顶第一家专卖店在成都开张，专卖店内的展示馆让顾客们耳目一新，产品功能多，可组合，更美观，很快赢得市场口碑。

对友邦来说，2014 年 1 月 28 日是一个闪亮的日子。这一天，企业在深圳证券交易所中小板挂牌上市，既实现海盐企业境内上市的“零突破”，也成为吊顶行业首家 A 股上市企业。

作为中国集成吊顶行业缔造者和领导者，友邦担任集成吊顶国家行业标准主编单位；全国工商联家具装饰业商会天花吊顶专业委员会会长单位；中国建筑装饰装修材料协会天花吊顶材料分会会长单位；是《集成吊顶》“浙江制造”

团体标准主导制定者，行业首家通过“浙江制造”认证的企业。获得科技部2014年国家火炬计划重点高新技术企业、福布斯上市潜力企业百强等诸多殊荣。

## 创牌：5人小作坊缔造一个新产业，高山成群山

现在的友邦吊顶已经发展成整个行业的领军者，誉满海内外。但是有多少人了解，它之前只是一个5人的家庭小作坊。

1994年，刚满30岁的时沈祥带着妻子一起创业，还招了3名员工，开启了5人创业的历程。其实，他的想法非常简单，就是为了让家人生活得好一点，改善家庭的经济情况。

当时的条件，只允许时沈祥将自家吃饭的桌子当作办公桌。吃饭的时候，就将办公的用品都拿掉，等吃完饭，再将这些东西放上来。干完工作，5个人需要将货物搬上双轮车，拉到河边的小船上，辗转十几里水路，运到公路上，让货车运走。在这样艰苦的条件下创业，是因为有一种信念支撑着时沈祥，越是艰苦，就越有挑战性。

从家庭小作坊开始做起，时沈祥创办友邦电器有限公司，专门给格力等知名品牌做代加工。虽然每年都能挣点钱，但时沈祥觉得这样永远受制于人。所以借着能够与大企业合作的机会，他开始积累研发与生产能力。

2004年左右，时沈祥听到身边的朋友感叹，装修房子时，单独购买并组装浴霸、换气扇、照明灯，太麻烦了。这打开了时沈祥的思路：为什么不集成在一起呢？于是他和技术总监两人，闭关两三个月研发，最终创造性地发明了MSO集成技术和“集成吊顶”一词，并注册了“集成吊顶”商标，实现电器功能模块的扩展和优化，也给建材装修领域带来一场“颠覆式的革命”。时沈祥毋庸置疑地成为集成吊顶技术发明人和集成吊顶行业的缔造者。从此，集成吊顶行业从无到有，并且在他之后涌现了大量的模仿者和跟随者。

一枝独秀不是春，百花齐放春满园。当初时沈祥开拓集成吊顶行业，以“高山战略”大步迈进，通过各种技术专利，将企业打造成行业内的标杆。但很快

他就放弃了“占山为王”的想法，改行“山脉战略”，通过推动成立行业协会、制定行业标准等方式，促进集成吊顶行业良性发展。如今，仅中国·百步集成家居产业园就拥有吊顶企业650余家、品牌160余个、国家专利3000多项，全国集成吊顶行业更有近千亿规模、数千家企业扬帆竞逐。

高度决定视野，视野决定格局。从“高山战略”到“山脉战略”，友邦做大做强了企业，也拉大了整个行业的框架，成就了一个更好更优的集成吊顶行业。百步镇作为集成吊顶行业的源发产业基地，自第一块集成吊顶产品诞生至今，已形成以集成吊顶为中心，向集成墙面、模块化家电、智能家居等方面快速拓展的产品体系，形成龙头企业引领、大型品牌企业集聚、配套产业齐备的国内知名的集成家居产业集群，势必成为拉动县域经济发展的重要引擎。

## 用牌：
## 除了天空就是顶，成立协会沉心研发

如果每个行业都需要有一个不断跨界、不断寻求突破的领导者，那么在集成吊顶行业的“leader”就是友邦集成吊顶。十多年来，友邦集成吊顶不仅成功

友邦上市

开拓了一个新兴产品领域，更带动了一个产业的兴起，并成为地方经济的骨干力量。

友邦创造一个行业，取决于友邦始终走在“造梦、追梦、圆梦”的道路上。在创业之初，时沈祥怀有两个梦想：一是拥有自己的品牌，二是成为一个有尊严的牌子。2014 年上市之后，友邦更是怀揣着为股东、员工、供应商、经销商、合作伙伴创造更为和谐的相互利润关系的梦想，不断前进，致力于“打造千亿行业，成就百亿友邦；打造千人友邦，成就百亿梦想”。

友邦能够在一个领域中做到极致，成为行业领袖，取决于注重规范、诚信、不做假，立足实干。总经理王吴良提道：“干好一件事不容易，战略定位定天下。”在已知的领域中，干好未知的事情，就是战略性的聚焦。

如何在新产业风口中取得大的革新，创造奇迹？如何在现有基础上获得新的突破，刷新成绩？需要企业家回归企业本身，也回归企业家精神本身；回归商业本身，也回归经济学规律本身。实干兴企方能稳住根基，远见卓识才能突破革新。友邦能创造一个新兴行业，并且在这一领域做到极致，正是因为敢于创造，立足实干。

2004 年，友邦发明集成吊顶，开创中国集成吊顶行业，随后又主导推动行业协会的成立以及行业标准的建立。在成立行业协会时，时沈祥承诺放弃“集成吊顶”注册商标，大家共享集成吊顶品类名称，目的是让更多的人知道这个行业。“我不希望由于我们注册的一个商标，让所有跟随我们做吊顶的工厂叫不同的名称，这样也形成不了行业。”时沈祥说，“让这个行业有更多的人去做，更多人叫同样的名字，也倒逼友邦自己跑得比别人更快。”

友邦成立，集成吊顶诞生，而如何改变更多人的家居生活，成为友邦需要面临的第一大难题。

2005 年初，友邦集成吊顶四川成都府河路店开业，这是友邦的第一店，是友邦跨出的第一步，也是中国集成吊顶行业的第一步。开业当天，店面现场如同博览会一般热闹，吸引很多家居建材界的业内人士关注，他们都为集成吊顶的产品创意深深折服，成为全国集成吊顶行业的首批用户。

往后十余年，友邦开始深耕行业，创新研发了厨卫吊顶睿系列、第 3 代客厅吊顶等产品，静心沉浸于新技术的研发，不因成就而迷失，坚守着自己的创业初心。

2014 年 1 月 28 日，浙江友邦集成吊顶股份有限公司在深交所中小板正式挂牌上市，成为集成吊顶行业首家也是唯一的一家 A 股上市公司。2004 年到 2014 年，十年之间，从无到有，从一到多，友邦亲眼见证行业的岁月变迁，书写了属于自己的侠客传奇。

2016 年，友邦吊顶凭借由 8 位顶尖设计大师联合打造的总部园区，惊艳亮相第 15 届威尼斯建筑双年展、米兰国际三年展，成为威尼斯建筑双年展开展 30 多年来，唯一一家参展的中国吊顶企业。2017 年，友邦成为吊顶行业首家通过“浙江制造”认证的企业。2018 年，友邦推出干湿分区取暖系统，让浴室取暖技术得到革命性的突破。

如今，占地面积 200 余亩，集总部行政大楼、研发设计中心、云馆艺术中心、仓储物流中心、制造中心于一体的友邦吊顶新产业园，正在如火如荼地施工建造中，江湖有了新的故事。

## 护牌：
## “马拉松式”创新，高品质优设计获“浙江制造”称号

改革开放初，有一句诞生于深圳蛇口的口号“时间就是金钱，效率就是生命”。时沈祥至今难忘初次听说这句话时的心情：“当时我的内心充满燃烧感，要知道我在当时连一辆自行车都买不起，这一句话点燃了我的激情。”2017 年，时沈祥还去了一趟蛇口，在这句口号的标语牌下留影。

从被斗志昂扬的口号影响，到艰苦卓绝的创业坚持，再到公司成功在深交所上市，深圳成了时沈祥的福地，创新便是他掌舵友邦的核心竞争力。

时沈祥抓住机遇，在时代发展的浪潮中找到一席之地，但企业的发展壮大远远没有那么容易。“企业在发展过程中，会遇到大大小小的问题，不断发生问题、解决问题，这是我们企业的日常。”时沈祥说，十多年来，友邦集成吊顶一直坚持用“马拉松式”的创新来推动自身发展和行业进步，目前已在国家

友邦成为业内首家通过“浙江制造”认证企业

知识产权局申请专利700余项。

除了创新，高品质、优设计更是友邦的制胜秘诀。

2017年9月29日，友邦吊顶通过“浙江制造”认证暨质量比对专场发布会在海盐海利开元名都大酒店举行。会上，海盐县质监局副局长朱杨伟、万泰认证有限公司总经理汪晓东、浙江方圆检测集团所长徐建楚、友邦吊顶董事长时沈祥、友邦吊顶产品研发总监林圣全和广大媒体一起畅聊关于友邦吊顶发展、“浙江制造”指标解读等一系列问题。

海盐县质监局副局长朱杨伟表示，友邦通过“浙江制造”，不仅给整个行业树立品质标杆，让消费者选择更好、更优惠、性价比更高的产品，从而推动质量提升工作；还鼓励其余企业完善自身不足，生产优质产品，进而带动整个行业的健康发展。对于友邦自身来说，品牌宣传有了更深的力度。

友邦始终让每一个细节、每一款产品的改进，融入每个消费者的生活，用高品质产品全面提升消费者的家居生活体验，将“马拉松式”的创新理念融于血液，与其过度包装，不如让高品质产品来说话。未来，友邦将以“浙江制造”为引领，为广大消费者带去更高品质的家居产品体验。

## 一个人物：迈向新零售

时沈祥，集成吊顶行业导师级设计师，浙江友邦集成吊顶股份有限公司董事长。他是集成吊顶行业中的标杆人物，是集成吊顶行业的开创者，是“集成吊顶”这一名词的发明者，也是推动行业标准建立、组织行业协会的灵魂人物。他让集成吊顶变成家装领域的一个标准品类，推动浙江嘉兴集成吊顶产业集群的发展。

时沈祥回忆，在2004年之前，企业做的是小家电的代工生产，尽管效益并不好，但他一直有一个做大做强的梦想，想要一个响亮的企业品牌。“我们不能跟在大品牌的背后，而要另立一个山头，开辟一个新的产品领域，做我们自己领域的王者！”时沈祥说。

2004年，他带领团队原创发明集成吊顶；2005年，将产品产业化推广；2007年，倡导创立嘉兴市集成吊顶行业协会，被公推为协会会长；2012年，获评浙江省优秀企业家，中国集成吊顶行业“功勋人物”；2014年，获得集成吊顶行业“终身成就奖”；2016年，带领友邦吊顶参加米兰三年展、第15届威尼斯国际建筑双年展。十余年间，他引领行业设计潮流，推动集成吊顶行业走向繁荣，为千万家庭带来集成式的生活之美。

“60后”的时沈祥还有另一个身份：设计总监，他自谦称相当于“产品经理”。时沈祥小时候学过画画，也曾设计过电影海报，现在最大的爱好是摄影。他对产品的设计和研发情有独钟，投入很多心思和精力。

时沈祥最崇拜的偶像是乔布斯，他也是一个地地道道的苹果迷，从苹果第一代产品到苹果最新的产品，他都一个不落地买下来。他欣赏乔布斯最早提出来的手机并不单单是一个手机，而是生活的一部分，“把颠覆性的产品带给世界，改变这个世界，而并不是某一款产品跟某一个品牌的博弈”。

在时沈祥看来，制造业工厂老板的第一要素是对产品的重视，销售模式的改变、营销方法的改变，都是建立在产品本身的基础之上。传统渠道营销模式，工厂实际上与消费者是断层的，而时沈祥寄望于新零售能够破解这一断层难题。

时沈祥所构想的新零售，是消费者在线下体验店、家居卖场门店、线上的自建平台或者是第三方平台下单，工厂为订单配货，经销商提供安装和售后服务，这一过程会产生一些数据包括消费者的消费体验数据，会实时传达到代理商、配送机构以及公司总部，代理商可以实现零库存管理，而企业研发的人得以获得消费者的反馈。

“通过现代的互联网，新零售打破传统的制造企业和消费者隔离的局面。”他说，“新零售让消费者和工厂互动，经销商以提供安装、维修服务为核心，赚服务的钱，赚透明的钱。”

目前，友邦吊顶已经开设天猫旗舰店，友邦自建的 20 多个人团队在天猫上为经销商服务，同时也为消费者服务。2018 年“双 11”，不到两小时，淘宝的成交额就已经突破 1000 亿，再次刷新历史新高，而友邦集成吊顶的销售额在第二天的 12 点 54 分突破 8000 万元，最终成交额达 1.14 亿元，创下友邦吊顶的销售新高。

文：梅雪风

# “银加善”的漩涡效应

一包“银加善”雪菜卖到3美元，新丰生姜贵过猪肉，一斤本地大米十几块钱一斤，凤桥水蜜桃未上市就成抢手货……这些特色农产品的高价背后，是嘉兴培育的国家地理标志商标产生的“魔力”。

为了进一步提升嘉善农业，2009年，嘉善县、委县政府指定县供销社（农合联）向国家商标局申请注册“银加善”农产品集体商标，旨在通过“区域品牌+各农业主体品牌”共同发展“双品牌”战略，提升嘉善农产品的核心竞争力。

2011年6月，全国首个县域农产品集体商标——“银加善”农业精品集体商标经国家商标局正式核准为注册商标。目前，“银加善”集体商标共授权24个农业主体的25个子品牌许可使用。

“银加善”区域公共品牌是嘉善县县域科学发展示范点建设的一大创新和尝试，也是转变嘉善农业发展方式和建设精品农业的一大举措，精品农业“双品牌”战略曾4次写入县政府年度政府工作报告，在实践使用中得到各级领导的关心和支持。

## 鱼米之乡集精品地理标志商标成增收利器

嘉善素有“鱼米之乡”的美誉，是全省首个国家级农产品质量安全县。嘉善的大米、淡水鱼虾等银光闪闪。自古以来，人们把嘉善称为“银嘉善”。

改革开放以来，嘉善农业从单一的粮食产业，逐步发展成水产、蔬菜、花卉、粮食、食用菌等五大特色主导产业。

因“银嘉善”已被其他单位注册，为了进一步提升嘉善农业，2009年，嘉善县委、县政府指定县供销社（农合联）向国家商标局申请注册“银加善”农产品集体商标，通过“区域品牌＋各农业主体品牌”，共同发展“母子双品牌”战略，提升嘉善农产品的核心竞争力。

2011年6月，汇集嘉善农业精品，经过各部门和劳动群众的共同努力，全国首个县域农产品集体商标——“银加善”农业精品集体商标经国家商标局正式核准为注册商标。

“杨庙雪菜”是银加善农业精品集体商标冠名的产品之一。两年前，它成为宇航员餐桌上的一道美味。而这道美味就来自“银加善”品牌授权单位东麟湖蔬菜厂。该厂已连续参加13届中国国际农产品交易会，四次荣获畅销产品奖、五次获得金奖，并多次荣获浙江农业博览会金奖产品称号。东麟湖蔬菜厂还陆续到韩国、美国、马来西亚、泰国、澳大利亚、墨西哥等十多个国家展销，

银加善子品牌之一

1包雪菜在国外卖到3美元，深受华侨的青睐。

与杨庙雪菜一样，挂着“银加善”名头的还有由嘉善县丰产粮油专业合作社生产的湖墩大米。合作社的生产基地田间管理严格按照无公害农产品操作标准，用有机肥和物理防治减少化肥农药使用量，大米口感软硬适中，有弹性，米香醇厚。合作社社长富志刚说，如今，生产基地从36亩扩展到1500亩，搭乘互联网的列车，大米最高卖到十几块钱一斤。

嘉善县丰产粮油专业合作社生产的湖墩大米也借了“银加善”农产品集体商标标识的“东风”。合作社所在的大泖村，原本是经济薄弱村，如今通过互联网拓展大米的销路，网店销售额已达到20多万元。

## 多方面提升品牌价值　“商标富农”翻开新篇章

据了解，“银加善”集体商标和“嘉善杨庙雪菜”“湖墩大米”这样的证明商标已成为增收利器。据嘉善县市场监管局有关负责人介绍，“银加善”集体商标年增收2亿多元，嘉善杨庙雪菜证明商标年增收3000多万元，“送子来凤”让西塘古镇150余户经营户直接受益。

新丰生姜开发有限公司旗下的姜中煌品牌生姜，其包装盒上除了品牌标志，最显眼的就是一枚小小的“地理标志商标”标志。“今年我们的新丰生姜上市时价格在25元～30元一斤，山东姜价格则是十多元一斤，明显后者有价格优势，但客户就是认准我们的新丰生姜，认为我们的产品品质更好。现在我们的生姜每年销售量在5万～6万斤，接下来打算拓展市场，销往杭州、苏州等地。”公司负责人吴文金说。

获得地理标志商标后，新丰生姜种植面积从2900多亩增加至11030亩，增长近3倍，目前新丰每10亩地中就有2亩种植生姜。如今的新丰，地理标志产品不再是“藏在深闺人未识”，政府、企业、种植户的多方支持，让它获得新生。

2018年，新丰生姜种植收入1.7亿元，利润1.3亿元，种植户1380户，姜农每年每户增收2500元。有了地理标志商标，意味着有了质量保证，外来姜不会对本地姜带来冲击，农民在销售时也必须获得“新丰生姜自产”授权。

眼下，嘉善县又在谋划将“银加善”集体商标延伸到服务业领域。比如，在民宿方面，通过好中选优，对优质的民宿冠以“银加善优选”的名头，帮助来嘉善旅游的游客选择吃住行的品牌，打造“银加善+”模式的升级版。

与此同时，银加善领导小组利用各镇举办的民俗文化活动，融合“银加善”标识，在历年举办的“醉在西塘国际旅游小姐节”“美在姚庄十里桃花节”“忆在干窑皇家京砖节”“嘉善杜鹃花节”等大型节庆活动中，将银加善品牌推介和民俗文化活动相融合，通过文化营销，在农产品品牌中注入善文化，强化嘉善本地浓厚的人文、风土气息，从而塑造银加善品牌的个性特色。

为促进多点营销，提高品牌接受度，银加善农业精品集体商标冠名产品采取统一营销平台与自主销售渠道相结合的营销结构。县供销社专门成立嘉善农业精品展示展销中心，重点销售“银加善”冠名系列农产品。与杭州新田园、世纪联华、嘉兴天天超市、农工商等建立特约销售。同时，充分利用网络营销辐射面广、影响力大的特点，分别于2014年在1号店开设“特产中国·嘉善馆”、2016年在天猫开设“银加善旗舰店”两个电商平台，主营“银加善”农业精品。另外，每年积极组团参加各类博览会、展览会。2013年，参加中国(大连)国际商标品牌节，获得最佳展位奖，时任国家工商行政管理总局副局长刘俊臣、中华商标协会会长刘凡等领导参观“银加善”展区。

2018年，为充分发挥银加善品牌优势，进一步提升银加善品牌形象和品牌价值，领导小组实施银加善品牌提升行动。

## “品牌兴农”露软肋　“三年行动计划”来助力

在嘉善人民和各级政府的共同努力下，银加善集体商标在2013年被确认为省级、市级著名商标，还得到省政府的肯定批示。

成立专门管理机构。县政府在启动注册商标时就专门发文成立银加善集体商标使用管理领导小组，由县府办、农办、农经局、市场监管局、财政局、质监局、供销社（农合联）等7个单位组成，分管农业的副县长兼任组长，并设立办公室，日常业务由县供销社牵头开展。

落实专项工作经费。自集体商标正式投入使用后，县财政每年安排 30 万元专项资金给供销社（农合联），用于银加善精品农业品牌的工作经费。

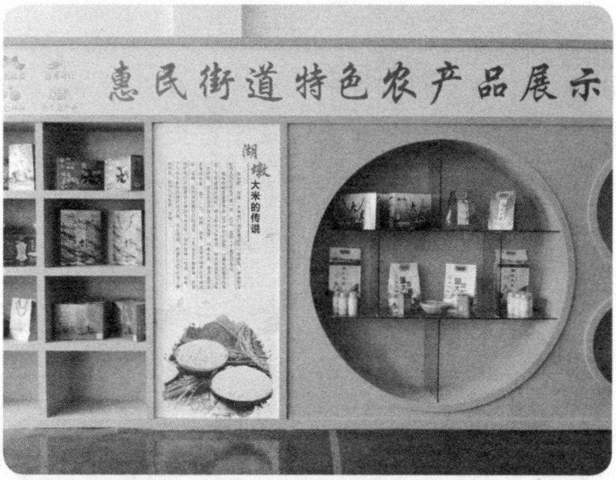

银加善兴农惠农

制定工作制度和管理办法。为形成有效管理，领导小组建立多项日常工作制度，包括包装、标识管理制度、质量检测制度、档案管理制度等。重点是颁发《“银加善”农业精品集体商标使用管理办法》，对许可使用的准入条件、申请程序、商标标识和包装使用管理、被许可人权利义务、市场主体退出机制等，作了详细规定。

部门协调、分工合作。在县农合联的平台下，领导小组各成员单位分工合作，申请许可采用联合审批制，各单位都落实专人负责本部门职责范围内的审批事项。

建立品牌指导站。在市场监管部门的大力支持下，在县农合联经济服务中心设立银加善精品农业品牌指导站，指导站建立银加善品牌数据库，以及加盟农产品的商标资料库、后备单位数据库、拟培育驰（著）名商标库、全县农业龙头企业库等，汇集大量信息，既提高企业信息处理效率，又为行业分析处理提供鲜活的一手资料，为领导小组决策提供依据。

建立云服务平台。2017年，初步建成“银加善”农业精品云服务网站和微信公众号，提供政策、品牌、质量、宣传、咨询、销售等服务，“银加善”集体商标授权用户率先享受平台提供的云服务。

“每年，我们都要制订宣传推介方案，组织开展重点地区、重点事件、重点时间节点的宣传活动，在突出银加善农业精品集体品牌的同时，展示各辖区个性品牌。几年来，通过县－镇－主体三级集合推广，品牌符号初露市场竞争力。”银加善领导小组负责人介绍。

为了壮大品牌，领导小组在2012年委托专业广告公司设计并发布“银加善”VI视觉识别系统，统一品牌宣传营销所使用的文字、色彩、图形和包装，并进行定点印刷生产。特许加盟的单位均须按要求使用品牌标识。统一、鲜明的品牌形象，为许可农产品带来鲜明的市场辨识度。同时，将特有的“银加善”VI视觉标识应用到展位、门店和宣传品中，印制一大批“银加善”品牌宣传图册、一次性水杯、品牌集邮册、餐巾纸盒等宣传品，在各类推介会、展会、活动上赠送，通过多种途径扩大品牌的知名度。

此外，以广播、电视、报刊等传统媒体为主，移动终端、户外广告等新媒体为辅，积极开展品牌传播活动，保持银加善品牌的媒体活跃度。几年来，在《农村信息报》《新民晚报》《中华合作时报》上对“银加善”进行多次报道；与嘉善报社建立专版宣传栏；2012年8月，“银加善”还积极配合国家工商总局和中央电视台联合拍摄《商标的力量》专题片，在中央台二套经济频道播出，每年在省市农博会、农展会现场设立广告牌；在嘉善城区的车站、酒店、主要街道及旅游景区，布置阅报栏广告。

地理标志商标也属于商标知识产权，地理标志可以作为证明商标或者集体商标申请注册，相比普通商标，其申请材料也复杂得多。比如需要提供地理标志商品客观存在的证明文件，要去查县志、农业志、年鉴、教科书，等等，或是正规公开出版过的书籍、国家级专业期刊、古籍等作为证明材料，申请注册的条件高、要求严。产品产量偏小、相关经济组织积极性不高、申请条件比较严苛等也是制约因素，像海盐黄沙坞的柑橘、鹰窠顶茶叶、桐乡槜李、章氏茶园、南湖的黑陶等，都是如此。

2018 年 8 月，为充分发挥地理标志商标在服务品牌强企富农和乡村振兴战略上的积极促进作用，嘉兴市市场监督管理局决定在全市实施《培育地理标志商标助力强企富农三年行动计划》，旨在借鉴"银加善""金平湖"等集体商标在注册、管理、运用与保护方面的成功经验，推广运用到嘉兴全市范围。按照"发现一个培育一个，成熟一个申报一个"的原则，相关部门对条件已经成熟的集体商标，指定专人跟踪服务协调，指导做好申报材料准备；对尚未达到申报条件的，针对其个性问题，想法补充材料。

"在 2020 年底，嘉兴要把地理标志商标培育逐步扩展到食品、工业品、手工业品等，全市新培育申报 10 件地理标志商标。"嘉兴市市场监管局有关负责人介绍，各县（市、区）至少能新增 1 件，努力实现农产品区域公用品牌"满堂红"的目标。

文：梅雪风

# 文化助力+传承创新=咸亨“新天地”

咸亨品牌的创立和发展源于咸亨酒店。

清光绪二十年（1894 年），鲁迅堂叔周仲翔等在绍兴城内的都昌坊开设一家小酒店。“咸亨”两字取自《易经・坤卦》之《彖传》“含弘光大，品物咸亨”，寓意酒店兴隆，万事亨通。然而，拥有一个好店名却时运不济，开了两三年，便关门大吉了。

1919 年，鲁迅的小说《孔乙己》发表，咸亨酒店复活了，复活在人们久远的记忆里、复活在文学作品神圣的殿堂里、复活在人类文化璀璨的星空下。1981 年 9 月，为纪念鲁迅诞辰 100 周年，在有识之士的提议下，绍兴市政府决定恢复“两祠一店”（长庆祠、土谷祠和咸亨酒店）。于是，咸亨酒店恢复开张了。

但是，老店新开的咸亨酒店并没有带来“枯木逢春犹再发”之势，接下来的近十年里，它只是作为一个应景的文化符号而存在，几乎没有什么发展，成为政府的“烫手山芋”。1991 年，政府有关部门动员从机关公务员“下海”不久的宋金才（现任绍兴咸亨集团股份有限公司董事长）接手这个摊子。

临危受命，面对只有 270 平方米，且还是向房管部门租赁的“螺蛳摊”店面，宋金才没有退却，因为他敏锐地意识到这个酒店品牌的潜在价值，很快找到咸亨酒店商业与文化的结合点，走上融合地域文化、集聚名人效应、独具经营特色的发展新路，并抓住了几个关键点。

## 注册商标，积极实施品牌发展保护战略

实施品牌创建，即企业抓住的关键点位之一。在国家第一批服务商标开始注册之际，公司就不失时机地申请“咸亨”服务商标，成为国内申请前 10 名的企业，是浙江省唯一一家。1994 年 10 月，由国家工商局商标局首批公告，“咸亨”商标核准注册。

此后，公司又相继在美国、日本、韩国、欧盟，以及中国香港、澳门、台湾等十多个国家和地区注册“咸亨”服务商标和“太雕”黄酒商标。2002 年初，咸亨服务商标被国家商标局认定为中国驰名商标。目前，公司形成咸亨服务商标和太雕系列黄酒商标两件主商标和 50 多件保护性商标，20 多件境外商标。

为了有效保护商标品牌，公司设立以董事长宋金才为组长的商标品牌战略实施工作领导小组，明确各成员工作职责，协同推进商标战略实施工作。领导小组下设办公室，负责与合作的律师事务所对接，向相关政府部门寻求帮助和支持，进行商标申请注册、商标档案管理、商标维权，监控、打击商标侵权行为等工作，时时关注、切实维护本企业商标权益。

在商标维权保护的路上，公司更是得到政府有关部门，特别是市场监管部

咸亨酒店

门的大力支持。绍兴市市场监督管理局为公司的品牌发展保驾护航。如在“咸亨”服务商标认定为中国驰名商标的过程中，市工商局相关负责人不仅为企业提供政策咨询、业务指导，还亲自带着企业工作人员前往北京进行推介，最终帮助公司摘得当时浙江省内的第一件服务类中国驰名商标。再如，当公司反映品牌被外地企业侵权的情况后，工商部门利用系统的优势，以最便捷、最低成本帮助企业妥善处理，有效地维护企业的合法权益。近年来，绍兴市场监管局建立品牌培育后备库、重点品牌企业联席会制度，为企业的品牌保护和发展创造良好的环境。

## 扩建改造，抓住文化旅游业发展的机遇

最初接手的所谓的“正宗”咸亨酒店，只有270平方米。如果当初企业以“文化”的名义，一直死守在这一小小的空间中，很难想象现在会是一个什么样子。

所幸的是，从20世纪90年代初期开始，咸亨酒店曾三次“大兴土木”，其中两次扩建，一次几乎是重建。

1991年的第一次扩建，将270多平方米的堂吃加附房，面积扩大到1000多平方米。

1995年的第二次扩容，将建筑面积从1000多平方米扩大到1.3万多平方米，并从单一的纯餐饮酒店发展为综合性酒店。

从2002年开始筹划，到2010年竣工，公司实施第三次扩建改造，也就是鲁迅故里二期咸亨新天地建设。

11年时间，共扩建三次。每一次扩建，压力都是巨大的，其中就有资金压力。1995年那次，当时企业是全额负债，资金严重短缺，再加上收购一家期货公司，企业严重亏损，困难是可想而知的。咸亨新天地的建设，更是面临多方面的压力和挑战。

90年代末开始，绍兴市政府启动鲁迅故里保护与开发项目。这是咸亨酒店总部扩建改造最重要的，也许是最后一次的机遇。公司主动提出承担鲁迅故里二期的建设任务（一期是指鲁迅故居、百草园、三味书屋、鲁迅纪念馆）。

从2002年开始筹划，并受让越城大酒店，历时8年。其中，有6年时间花费在逐块土地受让、考察和可行性研究等前期准备工作上，另有2年多时间的施工建设。到2010年竣工开业，企业建成投资10亿元、建筑面积达8万平方米的“鲁迅故里二期·咸亨新天地”。

不过，这个“革命性”的工程，当时引起社会的广泛关注、争议和质疑，一度把公司推上舆论的风口浪尖。当咸亨酒店要改造建成五星级鲁迅文化主题酒店的消息一传出，立马引起社会广泛争论。中央电视台二套、浙江卫视、上海东方卫视、新加坡联合早报、浙江日报、新浪网等相关媒体先后做了报道。新浪网还专门组织“是否赞成咸亨酒店改造”的问卷调查，结果反对票占大多数。当时和“五星咸亨”一起受到质疑的，还有“故宫能不能容忍星巴克”，一南一北两大事件，成为当年的热门话题之一。

反对者担心咸亨酒店扩建改造会丢掉文化特色。的确，丢掉传统文化，失去鲁迅笔下的风情，那必然是走向灭亡。但是，董事长宋金才认为，文化传承不是照搬，不是“克隆”，而是要导入新的元素，保持特有文化的“鲜活度”。“茴香豆、煮花生、窜筒老酒、曲尺柜、长条桌、蓝花碗、孔乙己……”这些是鲁迅笔下咸亨酒店的文化标志、文化元素，必须保留，但是咸亨酒店如果仅仅只有这一些，那一定会被时代所淘汰。公司要着眼于青年人，就要与时俱进，

咸亨“堂吃”

跟上时代发展的潮流。公司一直认为，发展是最大的保护，创新是最有效的传承，这既是企业的生存之道，也是企业发展之本。

事实证明，公司的坚持是对的。咸亨酒店的灵魂部分“堂吃”最终被原封不动地保留下来，且与重建部分融为一体，周围环境也建设得更协调，更有水乡特色。现在，在全长700米的鲁迅故里街面，以鲁迅纪念馆为核心的文物景点旅游区和以咸亨酒店为核心的文化旅游休闲区，形成“二分天下”各占一半的格局。最近，公司按照绍兴市政府提出在老城区内打造若干特色街的要求，进一步发挥鲁迅故里、咸亨酒店的品牌效应，引入中高档餐饮和特色小吃的品牌企业入驻，把咸亨新天地打造成美食一条街、美食不夜城。同时，公司正在积极争取，努力促成在“咸亨新天地”建造绍兴菜博物馆，从绍兴饮食文化的一个侧面来展示鲁迅文化、绍兴文化的丰富性和多元性。

## 坚持“文化+”，以文化助推咸亨品牌提质升级

如果此前的“动土木”是为文化主题酒店搭骨架，那么通过挖掘和创新，丰富内涵就是为文化主题酒店充实血和肉。

咸亨酒店与鲁迅文化的天然联系，使得建设鲁迅文化主题酒店具备得天独厚的先发优势，在不断做大的过程中经历一次又一次的“蜕变”。唯有文化的传承，才能够让它保持特色与个性。

而“文化+”，就是挖掘、导入包括鲁迅文化、越文化和江南文化等文化元素，与酒店经营活动相融合，成为核心竞争力，也是创新所在。

既是酒店，更是景点，这是“文化+”所首要体现的。

公司在浩瀚的越文化、鲁迅文化中提炼、概括出“水、忆、家”（水是绍兴古城主要特色，忆指记忆乡愁，家指酒店宾至如归的品质）作为酒店基本元素，并将这些元素灵活运用到酒店建设管理的方方面面。粉墙黛瓦、处处水景的建筑风貌和存古求新、守正出奇的表现手法，充分体现咸亨酒店的文化特色，成为旅游目的地，在绍文化旅游产业发展中有举足轻重的地位。

## “文化 +”，文化与经营相融合

比如，在菜肴挖掘研发中彰显绍兴传统饮食文化。咸亨酒店一直以来将提升、推广绍兴饮食文化作为己任，已成功创建浙江省级“绍兴菜烹饪技艺非物质文化遗产传承基地”，并集聚一批餐饮界大师级的领军人才，在绍兴餐饮文化研究、传统菜肴研发等方面发挥很大作用。

近年来，咸亨酒店在全国、全省各类菜肴比赛中多次获得大奖，在挖掘传统绍兴菜肴基础上改良创新的许多菜品、宴席被浙江省商业总会、浙江省餐饮行业协会评为浙江省名菜名点和名宴，其中“咸亨十景宴”被评为中华名宴。

## “文化 +”，将文化公益活动参与其中

公司始终关注绍兴文化事业和文化产业的发展，积极参与各类文化节会活动，如 20 多年坚持资助协办中国兰亭书法节；积极支持参加鲁迅文化基金会、黄酒文化研究会、绍兴旅游协会、绍兴文化产业促进会等社团活动。近年来，公司每年用于资助公益文化活动的资金有上百万元，累计已达 2000 多万元。

就公司而言，支持文化活动，本身就是一个文化的积淀过程，文化名人、文化大家在咸亨酒店的活动记录，留下的作品、墨宝，本身就是文化传承的有效载体。比如，酒店早期接待的谢晋电影回顾展活动，有 120 位文化界、影视界名流聚集在咸亨酒店，创作“群仙会”佳作。许多书画名家乘兴创作，李准的“小店名气大，老酒醉人多”，于是之的“上大人，孔乙己，高朋满座；化三千，七十士，玉壶生春”，华君武的“酒逢咸亨千杯少”，等等，都是咸亨酒店的珍贵文物和传世佳作。再比如，咸亨酒店与茅威涛合作，推出越剧《孔乙己》，并成功实现赴京汇报演出和赴港澳台巡演，还制作成电视剧在地方台演播，一方面支持越剧事业的发展，另一方面也有效地扩大咸亨酒店的影响。

## 拓展品牌外延，做强、做大企业

为了尽快把“咸亨”这块牌做大，企业在许多行业都想涉足，并形成多元化发展之路。这一模式在企业发展初期有着积极作用，但也一定程度上存在“小而散”问题，不利做强做精。如今，公司经过产业结构调整和资源集聚优化，逐渐形成“咸亨酒店”和“咸亨国际”两大板块为主的格局。

“咸亨酒店”板块，包括咸亨酒店总部五星级鲁迅文化主题酒店、咸亨新天地、全国直营和加盟连锁店、食品有限公司等多家企业。咸亨酒店先后获得中华老字号、中华餐饮名店、白金五钻酒店、中国餐饮企业百强企业等称号，这一板块属于传统生活服务业。

第二板块，则为咸亨国际板块，总部在杭州，于2004年成立。作为咸亨集团麾下的支柱产业之一，经营范围涵盖电气研发、软件开发、机械制造、内外贸易等领域，业务遍及全国。短短14年时间，公司按照打造“中国公用事业施工、检测、应急领域最佳服务商”的定位和目标，勇立潮头，创新创业，企业由小到大，发展壮大。

目前，咸亨国际已有销售型公司、生产型公司、研发型公司和服务型公司等不同属性的公司30多家，办事处30余家，服务联络点500余个，遍及全国各省市自治区，成为中国机械500强企业。其中已有两家下属公司被认定为杭州市高新技术企业。企业拥有发明专利、实用型专利、软件著作权等多项知识产权。尤其可贵的是，咸亨国际已形成应急文化服务、应急技术服务、应急装备生产及研发服务、应急对外国际合作平台等完整的应急救援产业链。

公司还建有针对公共安全、减灾防灾、社区安全风险管控的院士站，清华大学公共安全研究院院长范维澄院士主持院士站工作。因此，这个板块属于高新技术产业，发展前景非常好。作为中国地区市场网络资源的有效拥有者，咸亨国际与众多国内外厂商密切合作，并成为多家跨国公司的中国地区战略合作伙伴。

文：谢倩　谢春丽　陈彤

# 小作坊里孕育出的“中国床垫第一股”

35年，一段历史，一串故事，汇成喜临门走过的坚实足迹；35年，一些积累、一个开始，开启了用良心坚守的品牌传奇。

35年，是一个见证，一个企业用心做事的见证；35年，也是一个开始，一个品牌缔造经典的开始。

## 小作坊里孕育出的民族招牌

也许是巧合，也许是注定。1984年，喜临门创始人陈阿裕用仅有的1000元钱，办起沙发作坊。这一年也是著名的中国公司元年，今天享誉世界的联想、万科和海尔、TCL甚至曾经如日中天的健力宝，都诞生在这个散发着独特气息的年份。

正如陈阿裕所说“企业家最重要的特质就是洞察力”。20世纪80年代末，床垫进入中国的百姓家庭。他敏锐地洞察到巨大商机：床垫将彻底改变中国人的睡眠时间和生活方式。于是，他倾尽积蓄，引进床垫生产线，进军床垫市场。

梦开始的地方

1994 年，喜临门现代化厂房初具规模

这一时期，作为舶来品的床垫对中国寻常百姓而言，还是一个新鲜事物。在美国，床垫行业的发展已有 80 多年的历程，并逐渐从分散走向集中，其中技术演进和商业竞争是行业发展的主要推动力。1865 年，世界上第一张弹簧床垫横空出世。1900 年，席梦思在大洋彼岸设计出独立袋装弹簧床垫。

相比技术、市场都高度成熟的美国市场，中国床垫行业还处于启蒙阶段。当时，床垫制造商大多是手工作坊。步入创立初期的企业，品牌意识还比较懵懂。好在工商部门及时提醒，引导企业开启品牌创建之路。在当地工商部门的帮助与指导下，“喜临门”商标于 1988 年注册成功。

1994 年，在中国企业史上同样是不平凡的一年，这一年被称之为中国公司的转折年。这一年，许多诞生于 1984 年的公司进入了“青春期”。与此相伴的“青春期躁动”，使得这些企业每天都渴望改变。

随着改革的春风解除冰封的市场，许多行业呈现高速增长的态势。与此同时，包括陈阿裕在内的一些企业家却异常清醒——草创阶段行将落幕，只有建

2000 年，建成亚洲最大，年生产 200 万张床具的制造厂区

立现代企业制度，从游击队走向正规军，企业才能步入正轨。

喜临门在这一时期的战略，简单而质朴，就是踏实做好产品，赢得口碑。这一年，喜临门迎来第一个转折：被评为国家 A 类产品，第一次拥有官方的品牌背书。与此同时，公司搬到新的厂房，实现规模化生产。

从此，公司实现质的飞跃。品牌知名度不断提升，在销售半径上也以绍兴为中心，开始向整个长三角辐射。2005 年，“喜临门”被国家工商总局商标局认定为中国驰名商标，成为当时浙江省唯一一个获得中国驰名商标称号的家具类注册商标。为了加强“喜临门”驰名商标的管理，维护品牌形象，当地工商部门作为商标的监管指导机构，作出不懈的努力。如今，通过一系列商标管理和品牌推广，“喜临门”家具品牌影响力与日俱增。

## 摘得“中国床垫第一股”称号

喜临门始终坚持走科技创新之路，每年投入大量资金开展科技项目研发。2011 年，作为国家重点高新技术企业，也是国内最早加入国际睡床组织（ISPA）的企业，喜临门率先打破行业同质化瓶颈，与中国科学院生态环境研究中心合作，成功开发净眠系列床垫，并成功引进院士智力，建立院士专家工作站；喜临门与清华大学、北京大学合作成立健康睡眠研究中心，并进行技术开发；喜临门健康睡眠床垫获得中国睡眠研究会专业认证。

作为一个拥有社会责任感的民族品牌，喜临门不断通过科技创新，在产品设计、选材、生产等环节严格把关，实现每一款产品的安全、环保、低碳。生产中，喜临门始终严把质量关，在同行业中率先通过ISO9001质量管理体系、ISO14001环境管理体系、OHSAS18001健康安全管理体系认证。在经营中，喜临门始终严守“诚信、双赢”的诺言，并被国家工商总局评为国家级“守合同，重信用”单位。凭借较强的品牌知名度、完善的营销网络、优秀的产品质量，核心产品床垫已经占据市场领先地位，得到广大消费者的认可和信赖，成为中国床垫行业的代表性品牌。

2012年7月17日，喜临门家具股份有限公司在上海敲锣A股主板上市，股票代码603008。中国家具协会授予喜临门“中国床垫第一股”称号，这也是中国床垫行业第一家上市公司。资本助力市场发展，涉足文化影视产业，公司以资本驭市场，以文化塑品牌。

在布局家居产业链的同时，喜临门始终坚持“让国人睡得更好”的初心，肩负着“致力于人类的健康睡眠”的企业使命，从2012年开始，喜临门携手专业机构进行“中国睡眠指数”调查，并通过睡眠科技的升级，切实为解决国人睡眠问题提供系统的方案。

用工匠精神细琢品质，用艺术审美深蕴品位，将东方睡眠智慧和国际化设计理念相结合，呈现时尚优雅的床垫之美，从亚洲走向世界。

## 布局智能化系统再成行业引路人

凭借过硬的质量和创新科技，喜临门更是把智能设备接入床垫，颠覆传统意义上床的概念，创造全球领先的智能睡眠系统，以提升守护健康、守护生命的更高价值。

2014年9月10日，喜临门在上海新国际博览中心举办喜临门智能健康睡眠系统发布会，再一次成为行业内的引路人。从第一代睡眠系统告别硬板床开启弹簧床垫，到第二代睡眠系统开始运用排骨架等人体工程学内容，进入贴合人体结构的手动调节时代，再到不仅符合人体工程学，同时兼顾睡眠环境学，并通过智能化技术有效转化的第三代智能化健康睡眠系统，喜临门见证了时代的变革，更贴合实际地投入到变革的推动者队伍中。

为了智能床垫的研发，喜临门与德国 TBM 自动化有限公司和瑞士 DOC 公司针对医疗智能监护床领域、手腕与手机等小巧型设备的结合、家用智能监护床、睡眠检查平台和睡眠日记等功能进行研究与开发，并投入大量的精力和财力，为中国首个智能健康睡眠系统的亮相作出不懈的努力。

2015 年，喜临门率先提出全方位植物防螨海绵技术，又开启天然防螨时代。喜临门与欧洲著名海绵集团 Eurofoam、世界著名植物纤维制造、供应商 Lenzing Group 联合开发 Cellpur 特种防螨海绵，并成为大中华地区唯一的战略合作方。与中科院共同研发的“铂金净眠因子”也已广泛应用于全系列产品中，甲醛检测低于国家标准 100 倍。

在智能产品方面，企业成立专注于智能睡眠的舒眠科技公司；注资神灯科技，通过脑电监测技术和新兴智能睡眠科技开发智睡系统，帮助人们健康睡眠。

2017 年，中国移动绍兴分公司积极响应国家口号，运用物联网、5G、人工智能等先进技术，“万物互联”为绍兴发展“智能经济”提供澎湃动力。喜临门通过与绍兴移动物联网技术合作，实现睡眠远程监控、疾病及时预警、睡眠环境智慧搭建，倾力打造“智能科学睡眠系统 4.0”。该系统主要由内置于双人床垫的传感带和床头感应灯形态的控制中心组成，传感带采集心跳、呼吸等生命体征数据，控制中心负责数据处理。由中国移动自主研发的物联网 GSM 模组就放在感应灯里，通过 GSM 模组，再经物联网专网，将生命体征数据传向云端，对用户进行“悄无声息”地睡眠检测。

## 为浙江制造代言

喜临门对睡眠科技的创新从未止步，始终着眼于世界床垫科技潮流前沿，将

车间一角

科学睡眠理念以不断创新的产品呈现于世人。从成立之初，喜临门努力践行科学睡眠理念，不断设计、研发、生产、销售以床垫为核心的高品质家具，如今旗下已拥有喜临门、净眠、云眠、法诗曼、爱尔娜、奢里、可尚、布拉诺及电商品牌爱倍、城市爱情、呼噜噜、睡美人等多个品牌。公司的喜临门、法诗曼、爱倍等商标连续多年被浙江省工商局确认为浙江省著名商标。

如今，全球已有500多家五星级酒店使用喜临门产品，包括希尔顿、假日酒店、雅高等国际知名酒店集团。同时，喜临门产品在国内也获得人民大会堂、钓鱼台国宾馆、国家大剧院等国家级接待标准的认可，代表中国床垫品质，接待来自世界各地的首脑及政要。喜临门先进的生产技术和精益求精的管理在全球领先，产品远销世界各地，也是宜家全球最大的寝具供应商。

迄今，喜临门已获得有效专利384项，其中，国际发明专利6项，国内发明专利15项；获国家高新技术企业、国家示范院士工作站、国家知识产权优势企业、浙江省重点企业研究院、浙江省三名企业、浙江省企业技术标准创新基地等称号；是国家轻工行业标准《木制宾馆家具QB/T2603—2003》和《软体家具弹簧软床垫（QB1952.2—2011）》的主要起草单位。

作为首批通过“浙江制造”认证的企业之一，喜临门不断推陈出新高标准和高品质产品。“喜临门人将对自我的严苛和对品质的执着，经过百转千回的打磨和实验，只为创造出能够让品质需求不断提升的消费者满意的舒适产品。”董事长陈阿裕说，“在执行浙江制造标准后，喜临门将床垫睡眠中心区域耐久滚压次数由原来的30000次的行业标准提高到50000次，床垫边部耐久性冲击次数由原来的5000次提高到6000次，大大超越国内行业标准要求。同时，从严执行对甲醛释放量的行业标准要求，确保产品质量及环保安全。”

在脊椎疾病不断加剧的今天，喜临门响应国家“健康中国2030”战略，将保护脊椎上升到品牌战略层面，携手脊椎医学专家，用科学护脊床垫守护国人脊椎健康，为全民健康贡献喜临门的一分力量。通过创新研发保护脊椎的喜临门床垫，为消费者提供更高品质的睡眠新体验。

从聚焦睡眠到保护脊椎，喜临门2018全新护脊战略的发布标志着喜临门自身在人类健康睡眠事业上的一次重大探索。站在消费升级的大风口，喜临门发力大健康产业。新一轮门店布局中，喜临门不断扩大规模，龙头效应凸显。2018上半年，喜临门新增门店280多家，门店总数已达1750家。多层次、多维度的渠道布局以及自主品牌的迅猛发展和股权激励，让喜临门在国内高端市场快速扩张的同时，业绩也实现营收五年暴涨三倍的爆发式增长。

从1984年品牌诞生，到2018年行业领先，回顾喜临门35年的发展历程，是一部辛勤耕耘、硕果累累的荣耀史。这35年来，喜临门以“梦”为名，砥砺前行，凭借品牌的综合实力与责任担当，以家居用品行业唯一品牌身份，成功入选2018“CCTV·国家品牌计划”行业领跑者。

文：陈晓冬　谢春丽　陈彤

# 让中国黄酒香溢全球

“绍兴酒如清官廉吏，不参一毫假，而其味方真又如名士耆英，长留人间，阅尽世故而其质愈厚”，清代袁枚在《随园食单》中是这样赞美绍兴黄酒的。

明清时期，是绍兴黄酒发展史的第一高峰期，不但花色品种繁多，而且质量上乘，确立“中国黄酒”之冠的地位。

1915 年，在美国旧金山举办的巴拿马太平洋万国博览会上，云集信记酒坊的绍兴酒获得金奖；1929 年，在杭州举办的西湖博览会上，绍兴沈永和墨记酿坊的善酿酒荣获金奖；1936 年，绍兴酒在浙赣特产展览会上又获金奖。

……

如何发扬光大绍兴黄酒曾经拥有的显赫荣誉？1997 年 5 月，这样一个责任，历史性地落在新成立的中国绍兴黄酒集团有限公司的肩上。因为它是中国黄酒行业领军企业，520 户国家重点企业之一，中国酒业协会副理事长单位，中国酒业协会黄酒分会理事长单位，集团总资产 85 亿元，员工 4700 余人。

由集团公司独家发起组建的浙江古越龙山绍兴酒股份有限公司，是中国黄酒行业第一家上市公司，致力于民族产业的振兴和黄酒文化的传播，拥有国家黄酒工程技术研究中心、一流的酿酒师团队，聚集 2 名中国酿酒大师（全国为 5 名）、3 名浙江省酿酒大师（全省为 10 名）、20 余名国家级黄酒评酒师（全国为 50 多名）和众多酿酒高手，拥有中国之最的陈酒储量和中国黄酒博物馆，是国家非物质文化遗产——绍兴黄酒酿制技艺的传承基地。

黄酒集团的主业黄酒年产量达17余万千升，旗下拥有古越龙山、沈永和、女儿红、状元红、鉴湖等众多黄酒知名品牌。

目前，品牌群中拥有2个中国驰名商标、4个中华老字号。其中古越龙山是中国黄酒第一品牌，中国黄酒行业标志性品牌，国宴专用黄酒，是亚洲品牌500强中唯一入选的黄酒品牌；始创于1664年的沈永和酒厂，是绍兴黄酒行业中历史最悠久的著名酒厂；女儿红和状元红是文化酒的代表；鉴湖是绍兴酒中第一个注册商标。整体品牌实力跃居中国酒业第一高地。

2017年，中国绍兴黄酒集团共开发67款新品、2项授权发明专利、12只实用专利、7项外观发明专利，这些丰硕的科技成果，全部都用于生产实践中。优质的原料加上工匠精神和科技创新，使得中国绍兴黄酒集团酿出受到国内外市场广泛赞誉的醇美佳酿。

黄酒集团参与的《黄酒绿色酿造关键技术与智能化装备的创制及应用》项目，荣获2017年国家技术发明奖二等奖。

2018年以来，作为产业龙头的黄酒集团，通过产能、资本、品牌、产品、市场、传播等一系列举措，全面提升黄酒价值，重塑黄酒高端地位。“未来我们的发展路径是：走高端，重塑黄酒高端地位；重创新，做大黄酒产业；高标准，打造黄酒产业园二期项目和黄酒小镇建设，努力推进黄酒产业新时期高质量发展。”中国绍兴黄酒集团有限公司董事长钱肖华这样描绘企业前景。

2018年初，科技部、国家自然科学基金委员会公布2018年度国家自然科学基金项目评审立项结果，“黄酒与抗动脉硬化”课题获国家自然科学基金资助。

2018年1月，黄酒集团实现营业收入5.26亿元，与上年同比增长14%；实现利润4723万元，同比增长17%；实缴税金2920万元，同比增长28%，实现“开门红”。

中国黄酒文化源远流长，如何创新、如何切入市场、如何融入这个时代，是中国黄酒业必须思考的宏大课题，也是黄酒业创新发展的必由之路。从最初的作坊式运作，到向现代产业化迈进，再到全产业链发展，伴随着中国改革开放40年风雨征程，绍兴黄酒业正一步步走向涅槃重生。

## 自我革新　产业复兴

黄酒彰显文化力量的背后，是产业的加速发展。

乡镇小酒厂遍地开花，各种品牌充斥市场，黄酒质量参差不齐……早年，伴随着黄酒产业发展，这些短板如影随形。"破除行业低小散的状态，产业集聚是突破口。"绍兴黄酒行业协会会长孟建刚说。2002年以后，绍兴黄酒集团通过兼并、收购、资产重组等途径，产能快速提升。

2004年2月，绍兴市政府印发《振兴绍兴黄酒业纲要》，成立振兴绍兴黄酒业领导小组。完成三年振兴计划后，绍兴黄酒从区域品牌逐步提升为全国品牌，从地域消费成功地走向全国市场。

1997年5月，中国黄酒第一股古越龙山上市，随后会稽山登陆A股。近年来，古越龙山凭借上市公司的资本优势，通过多次资本运作，先后兼并"沈永和"、"女儿红""状元红""鉴湖"等众多黄酒知名品牌。会稽山也不甘落后，凭借260多年的秘方，雄踞浙江市场，收购嘉善酒厂，让公司产能翻了一番，还在外省黄酒市场分得一杯羹；塔牌则以浙江省粮油进出口公司作后盾，拓展全国各地市场，并顺势收购周边的两家酒厂。

"资本市场促使我们由传统企业向现代企业转变，'黄酒文化'由此植入诚信、规范、有序、透明等市场经济必不可少的基因。"中国绍兴黄酒集团原董事长傅建伟说，从保守传统的作坊式运作，到广受瞩目的上市公司，资本市场带来的并不仅仅是发展资金。

绍兴黄酒的"思变"，在于对品质的标准化把控。为保证绍兴黄酒原料质量，黄酒集团建立质量追溯制度，在安徽、湖北等全国粮食主产区建立17万余亩有机糯米种植基地，从源头上确保品质健康、安全、优质以及可追溯。

这种"思变"思维，还在于打开年轻消费者市场。2016年夏天，黄酒棒冰风靡大街小巷，瞬间成为杭州、宁波、南京等江浙沪地区的"网红"。黄酒有了更青春的演绎方式。

移动互联时代，黄酒企业相继实施"黄酒 + 互联网"战略，线上线下齐头并进。推出黄酒“私人定制”业务，为消费者实施个性化定制，进一步打开黄酒消费市场。

截至目前，绍兴现有QS、SC认证的黄酒酿造企业75家，总资产109.1亿元，从业人员8503人。2017年，全市规上黄酒企业产量44.56万吨，销售34.5亿元，增长近10%。

## 千年积淀　文化使者

2017年，酒乡绍兴描绘今后五年的发展蓝图：打造黄酒千亿级产业！这是一个历史的召唤，更是时代发展的需要。

名酒出自名邦，黄酒以绍兴名闻遐迩，绍兴因黄酒风望倍增。春秋时期，越王勾践投醪于河，与士兵迎流而饮，振奋三军士气雪耻复国；永和九年，书圣羲之修禊兰亭，与友人曲水流觞，乘着酒兴写下千古珍品。

这些都在绍兴黄酒史上留下熠熠生辉的篇章。而今鉴湖岸，溢酒香，绍兴佳酿，佐蟹黄。越人的黄酒情怀，生活中处处可见。湖塘，东浦，以酒为生，因酒而兴，融入当地的山山水水，一草一木……

近年来，绍兴黄酒一系列与时俱进的举动，为这古老的行业带来新时代的气息。

2008年3月，古越龙山第一次把原酒交易推向市场，首场68坛新世纪原酒拍卖成交额为94万元，超过起卖价7倍之多。

随后，古越龙山先后开赴上海、杭州两地，接连举行两场“2008奥运特制原酒”展卖会，都相当成功。2008年3—12月，10个月时间里销售达到1.2亿元，让业界内外为之一震。

近两年，名声大噪的黄酒音乐节的举办，无数年轻人从四面八方蜂拥而至，古城变年轻了，黄酒变年轻了。黄酒奶茶、黄酒棒冰等黄酒衍生产品，在年轻人中间颇为受宠，争相品味……黄酒文化万里行，让黄酒走进北京、上海、广州等城市，同时把绍兴的城市形象进一步传播出去。

作为文化使者，绍兴黄酒在诸多重要场合崭露头角。1959年，钓鱼台国宾馆建馆，绍兴古越龙山黄酒就被列入国宾馆国宴专用黄酒。2012年，习近平总书记访问美国时，将绍兴黄酒作为礼品送给美国朋友。2015年，古越龙山20年佳酿荣登美国总统奥巴马宴请国家主席习近平的白宫国宴，中美两国元首共饮绍兴黄酒。

2016年9月，杭州G20峰会期间，古越龙山8款佳酿入选G20峰会保障用酒，与会嘉宾品尝东方佳酿的同时，也领略到浓浓的中国情意。古越龙山成为第二届、第三届世界互联网大会接待指定用酒……越来越多重量级场合，绍兴黄酒频频现身，其友谊使者、文化使者的身份得到国内外的进一步公认。

## 传承创新　焕发生机

要使传统产业焕发生机，创新就是源头活水，包括新技术的应用、新标准的实施、新业态的拓展等。

2018年1月，黄酒集团参与的“黄酒绿色酿造关键技术与智能化装备的创制及应用”项目荣获2017年国家技术发明奖二等奖，成为黄酒行业获得的首个国家科技奖。借助科技力量推动产业转型升级，“机器换人”也出现在绍兴黄酒行业中。目前，会稽山拥有国内最先进的黄酒智能化酿酒生产线。

2017年12月，黄酒行业首个团体标准《绍兴酒（绍兴黄酒）生产技术和管理规范》正式实施。“这是绍兴市传统产业推进‘标准+’建设的又一新成果。”绍兴市经信委有关负责人表示，绍兴黄酒产业将以团体标准的实施为契机，进一步打响黄酒区域品牌，助力绍兴黄酒迈向千亿级产业。

在品牌建设方面，绍兴黄酒也不遗余力。继2005年，古越龙山投入6000万元在央视进行广告宣传后，2017年，由其投资拍摄的电视剧《女儿红》，在央视一套黄金档首播，为观众解码一段美丽又震撼人心的励志传奇，让绍兴黄酒再次香飘全国。

在全域旅游背景下，绍兴黄酒不断探索产业与旅游的深度融合，整合中国黄酒博物馆、古越龙山中央酒库、中国黄酒行业首个工业遗址鉴湖酿坊、全国单体产量最大的手工绍兴酒生产基地黄酒产业园区酿酒一厂等资源，结合绍兴城市旅游，打造“绍兴黄酒微醺之旅”。黄酒小镇则是黄酒发展的创新之举，融产城于一体，融合文化、旅游和产业及生态，走出一条新的黄酒发展之路。

此外，黄酒集团还与浙江大学、江南大学、绍兴文理学院、浙江工业职业技术学院等高等院校开展科研合作、技术交流、人才培养，为黄酒发展注入活力与后劲，并成立全国惟一的国家级黄酒产品质量监督检测中心、国家级黄酒工程技术研究中心。

随着时代的发展，“互联网+”正在深刻地改变着人们的生活及商业模式。“古越龙山”一直坚持“全国化网络”的战略，用“互联网+”加出无限商机。早在2014年9月，古越龙山就与用友软件合作，全力推进信息化建设，使古越龙山内部管理全面信息化，成为中国黄酒行业信息化的标杆。在此之前，古越龙山与“酒仙网”战略合作，为消费者提供移动互联的新型消费服务。

古越龙山还以贴近消费者的理念，一边创新产品，一边做强优势，一边淘汰一批包装和产品。

2015年4月，古越龙山推出创新小Q气泡酒，这种时尚而又有味的新型黄酒，受到年轻的人追捧，首批上市，被抢购一空，并很快被人引进酒吧。

每到夏天，古越龙山的清醇系列酒备受消费者欢迎，夏天冰着喝，让越来越多的消费者喝出绍兴黄酒的新味。数据统计，清醇系列、中央库藏金五年、东方原酿等产品，在夏季会销量大增。

黄酒的柔刚之道、水火相融之理，也揭示越酒行天下的几分妙理。古越龙山十分讲究融合之道，在大众消费时代，跨界合作，不断下出精彩棋局。

古越龙山与东阿阿胶跨界合作，进军高端养生市场；与上海谷品酒业有限公司合作，联合营运“金状元”品牌系列，把“我的品牌”变成“我和他”的品牌，攻打上海这一中国黄酒主战场；与昱源投资发展有限公司合作，组建上海女儿红喜庆酒有限公司，跨界喜庆婚嫁市场，联手打造中国喜庆酒市场；女儿红与北京同仁堂合作，跨界发展保健酒，开发绍兴黄酒保健附加值，并让黄酒保健酒进入同仁堂庞大销售网络。而在此之前，古越龙山与卡慕国际、华泽集团联手，推进古越龙山高档酒销售。

与此同时，古越龙山为推动黄酒价值回归，聚焦大单品和中高端，砍掉

绍兴黄酒

399个条码近200只品种，产品从原来的近千只减少到400余只，未来，将形成每只品牌若干只大单品的格局。公司将重新定位古越龙山、沈永和、女儿红、状元红、鉴湖五大品牌，形成“一高一低一新一特一精”品牌新格局。两款高端酒——国酿1959和古越龙山“2018女子FIVB排球世界俱乐部锦标赛”纪念酒即将推出。

目前，绍兴黄酒产业正按照全产业链提升、全生态保护、全市域旅游发展思路，以产业整合、品牌联合、跨业融合为突破口，打造享誉全球的世界黄酒之都，使绍兴成为全国黄酒产业经典传承和创新发展的引领区。

当下，绍兴黄酒产业正进入高质量发展新时期，在迎来新机遇的同时，也被寄予深切的厚望，未来要实现千亿级产业目标，打造成一个世界黄酒之都。

让中国黄酒香溢全球，注定不会只是一个梦！

文：吴可蒙　诸丹萍　龚坚华

# 构筑“百年龙盛”打响国际品牌

浙江绍兴，有一家在染料行业内具有相当话语权的跨国企业集团，它就是浙江龙盛集团股份有限公司，而它还仅仅只是一家未到“知天命之年”的中年企业。

让我们把镜头倒回到那个艰苦创业的年代。

1970 年 6 月 13 日，龙盛公司的前身上虞县浬海公社微生物农药厂成立，主要生产农药产品。

1979 年，企业调整产品结构，成立上虞县纺织印染助剂厂，开始生产纺织助剂，实现企业转型，生产的第一只产品是 920 植物生长刺激素；生产的第一只助剂产品是 CPU。

伴随着中国改革开放的时代大潮，这家企业可谓是激流勇进。

1993 年 2 月，企业更名为浙江染料助剂总厂，产品也逐渐由助剂转向染料、化学中间体等产品。1993 年 9 月 15 日，产值首次突破 1 亿元大关。

1998 年 3 月 23 日，企业整体改组并更名为浙江龙盛集团股份有限公司。

1996 年，浙江龙盛集团股份有限公司被国家外经贸部授予自营进出口权。

1998 年 10 月，浙江龙盛集团股份有限公司通过 ISO9002 国际质量管理体系认证。

2003 年 8 月 1 日，浙江龙盛集团股份有限公司在上海证券交易所上市。浙江龙盛成为第一家染料上市公司。

与此同时，浙江龙盛集团股份有限公司的国际化步伐也走得越来越快。

与日本伊藤忠商事株式会社合作开发“年产 30 万吨硫黄制酸项目”是龙盛集团第一个与世界 500 强企业合作项目。

2007 年 10 月，龙盛集团成功入股印度 KIRI 公司。

2010 年 1 月 5 日，国际化工协会联合会发布公告，浙江龙盛集团有限公司收购染料巨头德司达被列为 2010 年度世界化工十大新闻。

如今在全球主要染料市场上，龙盛集团拥有超过 30 个销售实体，服务于 7000 多家客户，约占全球近 21% 的市场份额，在所有的关键市场上，都有着销售和技术的支持，在 50 个国家设有代理机构，在 12 个国家拥有 18 家工厂。

## 践行“百年龙盛”发展规划

2018 年 1 月 31 日，浙江龙盛集团股份有限公司董事长阮伟祥获年度十大“风云浙商”

2003 年 2 月 15 日，时任浙江省委书记习近平第一次来绍兴上虞调研视察工作，并重点调研先进制造业基地建设和企业技术创新情况。习近平在龙盛集团调研时指出，要围绕建设先进制造业基地，抓住国际产业转移的机遇，大力推进工业结构战略性调整，提高制造业整体发展水平，在骨干行业和区域形成一批全国性的制造中心，使生产能力、创新能力和市场份额、出口规模居全国前列。上虞根据自身实际，对打造先进制造业基地作出的建设定位，是切实可行的。相信通过坚持不懈的努力，一定能取得实实在在的效果。

如今已年过八旬的龙盛集团创始人阮水龙，回忆起当年那段往事，印象依然还是那么清晰，仿佛就像是在昨天一样。他说：“习总书记当时专门对我谈了两个方面的问题。第一，浙江龙盛已经是全球分散染料的‘单打冠军’，条件成熟的话，可以大胆实施‘走出去’战略，努力做成有国际影响力的品牌；

第二，化工企业必须坚定不移地走生态环保之路，坚决杜绝污染，否则前面的路会越走越窄！”

而此前，龙盛集团的发展轨迹，也应验了习总书记指明的前进方向，1993年，正是龙盛集团从助剂向染料转型的关键时期，阮水龙清醒地意识到，要打造“百年龙盛”，一定要有一个有胆有识的企业带头人，而儿子阮伟祥就是一个合适的人选。

而此时的阮伟祥还是复旦大学的一名教师。1982年，阮伟祥以上虞县高考理科第四名的成绩考入复旦大学化学系。7年以后，他从高分子材料专业研究生毕业后留校任教。

在父亲的召唤和强烈的创业心驱使下，阮伟祥辞去讲师职位，并放弃赴美深造机会，义无反顾地回到家乡，担任龙盛集团的总工程师，并负责担当挂帅科研前沿的重任。

从阮伟祥主持科技开发工作的那一天起，便把科研基地从大学的实验室搬到工厂现场，全身心投入到分散剂MF的技术攻关中去，仅仅用了半年多时间，就解决钙镁离子含量等一系列技术难题，产品获得国家星火科技二等奖、浙江省星火科技一等奖。不久，他又独立研制成功国际尖端科技项目——染料中间体“MA”，有效地缩短产品生产周期，降低成本10%，减少污水36%以上。

由此，阮伟祥迅速成长为行业内著名的“染料专家”。经他独立主持研究、开发具有国际先进或领先水平的环保型、高强度、速染型高新技术产品有86只，完成重大技改项目26项。他还为浙江龙盛主持设计4条世界最先进的染料生产线，设计4只全球最高的喷雾干燥塔。

多项关键技术的独家占用，使龙盛集团的生产技术水准跃居国际领先水平。短短五年时间，龙盛染料从无到有、从零起步，在1998年成为全球分散染料的“单打冠军”。2003年8月1日，“浙江龙盛”股票在上海证券交易所成功上市，龙盛集团成为国内首家上市的染料生产企业。

此后，阮伟祥带领着280多名科技人员围绕化工行业的连续硝化、加氢还原、连续磺化等关键性尖端技术，对染料和相关中间体进行一连串的技术创新和开发，解决困扰行业可持续发展的废水、废渣治理的瓶颈问题，并在上虞生产基地成功构建“染料–中间体–硫酸–减水剂”循环经济“一体化”产业生态园，成为国内精细化工行业循环经济的典范。

至此，阮水龙深情地说：“回顾龙盛集团这十多年来的发展历程，习总书记的这段讲话对于我们企业来说，无疑是一个具有战略眼光的重大决策。龙盛集团这十多年按照习近平的指示精神，一步一个脚印地建设先进制造业基地，积极实施‘走出去’的战略，确立绿色发展理念，加快产业的转型升级步伐，交出一份比较圆满的答卷。”

## 实施“走出去”战略　打响国际化品牌

龙盛集团化工产业的发展规模和产品档次，让许多外商眼红，不断有外资企业向龙盛集团伸出橄榄枝。

2005 年春节后的上班第一天，浙江龙盛控股有限公司与全球 500 强企业日本伊藤忠株式商事会社签订合作协议，投资 1800 万美元的年产 30 万吨硫黄制酸项目是双方首个合作项目。

2007 年，阮伟祥接替父亲阮水龙担任龙盛集团股份公司董事长，角色转换，让他将目光转向企业发展大局。中国的纺织染料和助剂行业，一直以来靠量价取胜，国内企业该如何走出国门，参与全球市场竞争？经过几次跨国合作的实践，他深刻地领悟到：国际并购是条捷径！对于国内企业来说，去海外开拓市场需要投入大量成本，而通过海外并购可以在短时间内实现资本、业务、研发的国际化布局，同时能有效运用海外企业的全球化销售和服务网络，为企业的国际市场拓展带来极大的便利。

在那个春天里，他以一个战略家的胆识和实干家的精明，带领企业开启“百年龙盛”的新时代。短短几年时间，龙盛集团四面出击，加速扩张，在国际市场上风生水起，取得十分骄人的业绩。

2007 年下半年，龙盛集团出资 128668900 卢比（4778735 美元）参股印度染料企业 KIRI 公司部分股份，并出资 600 万美元与 KIRI 公司在印度合资设立从事活性染料生产的龙盛 KIR 公司。中国染料巨头第一次走出国门，在全球染料行业引发一场“地震”。

2008年，由美国次贷危机引起的金融危机蔓延全球，对整个世界经济影响深远。一场突如其来的全球金融危机，让阮伟祥又一次看到一个绝好机会。

2009年，全球最大的染料公司——德国德司达公司因资金链断裂，进入破产申请程序。当时，龙盛集团在印度的合作伙伴KIRI公司积极参与德司达破产重组，却由于美国投资者中途改变主意而宣告失败。

作为KIRI的商业合作伙伴，阮伟祥在获取这一信息后，基于对德司达一直以来的了解，敏锐地意识到这对公司发展来说是难得的机遇，随即在新加坡与KIRI公司谈判，愿取代对方负责德司达重组，双方很快达成一致。龙盛集团就以2200万欧元认购可转换债券的方式，取得对德司达的控制地位。值得一提的是，龙盛集团从获取信息到做出决策到完成认购，前后仅用一周时间，令人不得不感叹阮伟祥的魄力和手下团体的执行力。该项收购被列为2010年度世界化工十大新闻事件。

这是真正的“双赢”。通过收购德司达，龙盛集团实现名下超过30个生产和销售实体，7000家客户，全球近21%市场份额的共享，拿下对方1800多项行业专利，同时在生态环保、专利技术、供应链管理、国际化运作上也再上一个新台阶，成为全球最大的纺织用化学品生产和服务商。而德司达集团也在2012年彻底摆脱破产清算的阴霾，销售额超过国际竞争对手克莱恩和亨斯曼的纺织部门，市场份额位居第一，进入稳定发展的全新阶段。2014—2017年，连续四年净利润都在1亿美元左右。

阮伟祥认为，现在看来，龙盛集团的国际化步子走得较早是非常成功的。通过产业国际化拓展，开阔视野，积累资源，聚集人才，不仅在生产体系的全球性布局方面迈上新台阶，更开启全新盈利模式的探索，从强制造向强服务、强市场方面发展，通过自主创新能力的提升，品牌和服务价值的提升，增加产品附加值，改变染料作为传统制造业的微利状态。

## 实现清洁生产　发展循环经济

“染料化工行业曾有过环保上的历史欠账，我们从不回避。这十多年来，通过实现清洁生产、发展循环经济，已经找到一条可持续发展的道路。”阮伟祥坦率地说。

几十年来，龙盛集团始终坚定不移地走生态环保、绿色经济之路，已经得到联合国环境规划基金会、中国环境保护协会等权威机构的高度肯定。2014年，龙盛集团获得“绿色中国：杰出可持续发展企业奖”。

这些年来，龙盛集团在经济总量大幅上涨的同时，通过源头减排和末端治理双管齐下，“三废”排放量大幅下降。尤其在染料、中间体领域取得的清洁化、循环性生产技术的突破，彻底改变原有的生产制造模式，将“三废”变成资源。

为了加大废水治理，提高资源综合利用率，龙盛集团陆续投入10亿元以上资金，对设备装置进行改造，每年光运行费用就在1.5亿元以上。由龙盛集团自主研发的分散染料清洁生产集成技术，将原来每吨染料产生90～120吨酸性废水的工艺，改造成接近“零排放”，三废减排量达到95%以上，被列入国家工信部清洁生产示范项目。龙盛集团的还原物清洁生产项目，不仅消除铁泥污染，每年还可减排20万吨废水和5万吨废酸，年创经济效益在4000万元以上。间苯二胺清洁生产工艺的生产效率是传统间歇装置的7～10倍，硫酸用量减少25%，污染物排放较传统工艺降低95%以上，产品质量达到国际先进水平。

对于坚定地实施清洁生产，阮伟祥有其独特见解：企业不应该认为这只是资金投入，而是一种发展的机遇。在发展循环经济、清洁生产过程中，企业的竞争优势得到充分体现，资源、能源得到优化配置和高效利用，龙盛仅每年对二胺、硫酸铵、稀硫酸等副产物回收及资源综合利用，就创造直接经济效益1亿元以上，通过低温工艺余热利用，年节能2万吨标煤以上。

## 共生共享　传播爱和希望

对于财富，阮伟祥是这样说的：“企业家既要做创造财富的创业英雄，也要做传播财富的良心使者。”

龙盛集团十分注重人才激励，支持文化事业。目前，集团分别在上海华东理工大学设立浙江龙盛优秀研究生奖学金；在复旦大学设立“龙盛-于同隐人

2014 年，浙江龙盛集团股份有限公司出资 500 万元，在复旦大学设立教育基金

才激励基金”“复旦大学龙盛教育基金”；在四川大学设立龙盛化学奖、助学金。2008 年，向上虞文化事业捐资 300 万元；自 2009—2017 年，共计出资 1810 万元，用于上虞人才购房补助项目；2011 年，成立龙盛助学基金，每年向困难学子发放捐助 120 万元，七年间累计帮扶 2206 名寒门学子。

同时，龙盛集团的慈善事业也向精神文明、军民共建、城建、济贫、水利等方面倾斜。为此，龙盛集团设立了见义勇为基金、上虞妇女基金等；2008 年，汶川大地震发生后，龙盛集团第一时间向四川灾区捐赠 200 余万元，后又捐资 100 万元，援建青川中学；2010 年，在上虞市慈善总会第二轮扶贫帮困慈善冠名基金认捐 5000 万元；2014 年，集团认捐 1200 万元，助力浙江“五水共治”；2016 年，成立 3500 万元青瓷文化发展基金，用于支持上虞现代国际陶艺中心建设，推动现代陶艺创新发展和社会推广；自 2006 年杭州湾上虞经济技术开发区和谐基金成立以来，龙盛一次次高举捐赠的牌子，已累计捐赠 1120 万元。

2018 年 9 月 4 日，由龙盛集团控股（上海）有限公司出资 2000 万元设立的“龙盛专项慈善基金”在上海成立。该基金将聚焦养老、文化环境保护、对口扶贫等公益项目，进行专项扶持。

文：陈胜龙　龚坚华

# 善业恒久远　产业尽报国

2018 年，是中国改革开放 40 周年，也是海亮集团战略转型的关键之年。

诚信、正道、善业、助天下。在过去的 40 年里，海亮集团从诸暨起步，顺应时势，产业报国，留下一个浓墨重彩的产业印记：铜加工、基础教育、房地产、生态农业、金融、环保、健康产业……它用 29 年，发展成为拥有 3 家上市公司、1.9 万余名员工、700 多亿元资产的大型现代化企业集团。

2017 年，海亮集团实现营业收入 1641 亿元，利润总额 32.31 亿元。年末总资产达到 696.75 亿元，净资产 267.19 亿元。其中营业收入增长 9.25%、利润总额增长 49.30%、净资产增长 12.32%。

今天，面临着高质量发展的机遇，海亮集团勇敢地做起了“减法”：把曾经的六大产业板块聚焦至教育事业、有色材料智造、健康产业三大领域。与党的十九大报告中所提出的必须把教育事业放在优先位置、实施健康中国战略的国家大势不谋而合。

“企业的发展只有与国家命运紧密相连，才能不断做大做强；只有真正造福于人类社会，才能赢得人们尊敬。海亮的发展壮大，归功于改革开放以来的天时地利人和，而海亮的未来不仅局限于做事业，而是把事业当作善业来做。”2018 光荣浙商、海亮集团董事长兼总裁曹建国如是说。

居高声自远，善业恒久远。在 2 月 9 日召开的 2018 年度海亮集团大会上，董事局主席冯海良认为:“阳明心学当中,‘良知’就是心之本体。心是一切的开始,心以启智,也是身之主宰。我们每一个海亮人都要从本心出发,用心做好自己,用心做好事情,用心做好企业。”最后,他以“海亮六心——功德之心、感恩之心、谦和之心、坦诚之心、纯粹之心、大善之心”与全体海亮人共勉。

达则兼济天下。2017年,海亮集团董事局明确“既讲企业效益,更求社会功德”的发展理念,致力于教育事业、有色材料智造、健康产业的做大做精做强。2016年,海亮集团将管理总部迁至杭州,从诸暨店口小镇走出来的企业,从此有了看世界的新高度。

对企业来说,高度决定视野,视野决定格局。无论是大刀阔斧的战略调整,还是立志做“善业”的胸襟情怀,抑或从店口到杭州的历史跨越,海亮始终遵循着自身的发展逻辑,以温暖者的智慧和爱,为美好生活提供“海亮方案”。

## 走与不走　选择中见视野

作家林清玄先生写过一首禅诗《晓秋》:白鹭立雪,愚人看鹭,聪者观雪,智者见白。位置确定立场,立场限定角度,角度决定看到的景色。

站在钱塘江畔海亮大厦29层的办公大楼俯瞰,钱塘江水浩浩荡荡,奔流不息,两岸的钱江新城和杭州高新区(滨江)创业创新,风起云涌……

从落成之日起,这座可以俯瞰钱塘江江面与跨江大桥的办公大楼就成了一个符号,一头凝结着海亮的历史,一头通向海亮的未来。2016年8月10日,海亮集团将管理总部和部分子公司搬迁至此,从此一个崭新的时代初露端倪。

走出去并不容易,对浙江许多民营企业来说,尤为如此。

从诸暨店口镇起家的海亮集团,无论在店口乃至绍兴,都处于毫无疑问的领先地位。海亮创始人更有着深刻的故土情谊。“从企业话语权、企业分量而言,选择店口或者绍兴都是没问题的。”曹建国说,彼时他刚任海亮集团董事长不久,就面临总部搬迁员工的动员。

要说服他们做这一“伤筋动骨”的选择,曹建国必须先说服自己。他摆出很现实的问题:“海亮在店口可以过得很舒服,但是要走向世界、融入世界的话，这在店口怎么走？这是一个很现实的问题。”

在他看来，人要善于克服自己的惰性，走出舒适区，企业也是如此。

如果从成本控制的角度来看，很多事情或许并不急于做，这也是海亮集团在店口深耕多年的原因；但从长远发展而言，尤其是对人才引进和年轻人培训来讲，海亮集团或许在很多事上已经晚了一步。

“海亮的未来绝不能只停留在店口，不能满足于‘中国企业100强’的位置。”曹建国如是说。而“走出去”并不仅仅是物理空间的挪移，更需要认同这一理念与方向，能够面向更高平台与层次的团队挑起担当。

走出店口，海亮集团新一轮的董事局改组也随之而来。经由此次改组，集团董事局的年龄结构开始趋向年轻化，最年轻的董事局成员出生于1986年。

“缩小理念所带来的差距，远比时间、空间上的差距难得多。我们一定要以新理念、新定位，去迎接新时代，迈向新征途。”曹建国兴奋于这样的变化，一边吸收来自年轻团队的前沿理念，一边化解沉淀数十年的固有思维，而两者之间的碰撞与交汇，时刻闪烁着创新的火花，这成海亮未来的动力之源。

历史，常常凝练成一次次选择；选择，又常常开启一段段崭新历史。

如果说，海亮创建之初，仅仅是不甘平庸的冯亚丽、冯海良姐弟为了理想、为改变生存境况而种下的一粒种子，那么今天，这粒种子已经在时光打磨下生根，在开拓进取中发芽，在创新发展中壮大。

杭州不是海亮集团的最后一步，而只是海亮集团面向全球、走向世界的先声。

## 为与不为　取舍中见格局

过去28年的海亮，是一个不断做大的过程：铜加工、基础教育、房地产、生态农业、金融、环保、健康产业，构成海亮多元化的产业版图。集团总部迁到杭州后，即将三十而立的海亮开始思考：到底要做什么？

对各大领域都有涉猎并且成就斐然的海亮集团来说，值得做的事情有很多，但有些海亮不愿意做，更有一些海亮不适合做。曹建国认为，是该做“减法”的时候了。

这就涉及两个问题，一个是减什么？另一个是怎么减？

如果把海亮集团比喻成为一棵枝繁叶茂的大树，那么它已经拥有了若干枝条，砍掉谁都必定要经历阵痛。就好像一个人，当决定自己要有所为，相对会比较容易，跟着别人坚持做就行；可当大家都在做一件有利可图之事而你偏偏不做时，那就不仅需要智慧，还需要极大的魄力和勇气。

顺应时代发展起来的海亮集团，再一次从新时代汲取营养。

当前，消费已经成为拉动中国经济增长最重要的马车，而消费结构的悄然转变更是显示对优质教育、医疗、养老等美好生活更强劲的需求……海亮的为与不为，有了更明确的方向。

2017 年 8 月 11 日，海亮集团在舟山嵊泗召开董事局会议，明确“既讲企业效益，更求社会功德”的发展理念，并明确“有所为有所不为”的具体范畴。

其具体战略目标被归纳为：教育事业优先发展，大有作为；有色材料智造跨越发展，再有作为；健康产业稳健发展，有所作为。

2018 年 4 月 10 日，海亮集团有限公司与杭州海康威视数字技术股份有限公司签署战略合作协议

在教育板块，海亮集团通过自建、并购、托管等一系列大动作，加速对外拓展，成为拥有 27 所学校、在校中外师生 6 万余名、并于 2015 年在美国纳斯达克上市的国内最大的民办教育集团之一。曹建国说，“要举全集团之力，做大做强做快海亮教育”，至 2025 年，海亮教育事业在校学生力争达到 100 万人。

“有色材料是海亮集团的固有优势，也是海亮实业报国的初心所在。接下来，海亮将顺应传统产业转型升级的需求，以更低的能耗，更高的效益，拉高行业标准，争取在 2025 年成为全球最大的有色材料制造企业。”曹建国这样解释有色材料的“再有作为”。

至于健康板块，海亮则走稳扎稳打、稳步发展的道路。明康汇作为杭州

G20峰会主要生鲜供应商，不断优化全产业链，其自然、健康的食品已走进千家万户；海亮集团与湖州吴兴区妙西镇的养生养老项目合作协议已经签署，一个宜养、宜居、宜业、宜教、宜游的原生态康养小镇呼之欲出；海亮100%出资25亿元，与浙江大学、浙医二院、杭州市临安区人民政府合作启动的浙江大学肿瘤医院项目业已奠基，在医疗产业跨出第一步。

在“有所不为”领域，资本也陆续作出表率。2017年2月，海亮集团全面退出四川金顶；同年7月，海亮集团旗下宁波海亮房地产投资有限公司和安徽海亮房地产有限公司分别将各自的55%股权出让给融信中国控股有限公司。

“与做‘加法’相比，更难的是做‘减法’，因为这些产业板块，不是说不要就不要了，海亮还要思考怎么实现平稳过渡，怎么让团队安心。”曹建国举了个海亮地产的例子，在出让控股权以后，依然保持团队的稳定，2017年已有项目的利润得到提升，库存结构得到优化，全年回款超额增长，降低资产负债率，创造良好的经营业绩。

“大学之道，在明明德，在亲民，在止于至善。知止而后有定，定而后能静，静而后能安，安而后能虑，虑而后能得。”人生最重要的决定不是你做什么，而是你不做什么，对企业来说亦是如此。而当你有了明确的目的地，沿途的风景再绚烂，也无法干扰你的脚步。

就像苹果创始人史蒂夫·乔布斯所说：“当你决定了什么事情对你来说最为优先时，你必须有勇气愉悦地、带着微笑地、不需辩解地，去对其他事情说‘不’。”

## 贤与不贤　重构中见聚变

战略确定之后，人才就是决定因素。

2018年2月1日，海亮集团“星青年”人才战略在杭州正式启动。集团董事长兼总裁曹建国宣布：集团将于2018年和2019年在全球范围内引进5000多名青年人才。具体招募计划包括5名青年管理天才、100名年轻中高层管理人才、100名优秀年轻校长/副校长、150名健康产业专业人才、300名优秀青年幼儿园园长、1000名教育研究人才、1500名留学归来青年人才、2000名国内优秀青年教师。

其中，“500万元年薪起招募5名极高情商智商和领导力潜质的青年管理天才”，更被有心人怀疑是“噱头”。对此，曹建国淡笑驳斥道：“是噱头还是诚意，关键在于肯不肯付诸行动。别说500万元年薪，更多的海亮也给得起，海亮对人才的重视是没有上限的。”

曹建国介绍，这5人入选以后，将会作为主席特别助理，直接进入集团管理层，由集团创始人、董事局主席冯海良任职业导师，从第二年起进入各核心领域一线管理层历练，通过5年以上全方位培养，成为海亮集团及其核心领域的未来领袖。

美国著名经济学家舒尔茨曾表示，人类的未来并不完全取决于空间、能源和耕地，而是取决于人类智慧的开发。如果细观近年来许多一二线城市的发展战略，会发现，一场针对人才的争夺战已经悄然打响。

空穴来风，未必无因。在海亮集团，“人才是海亮发展最可靠的保证”，是冯海良经常强调的一句话，也是海亮关注人才、培养人才，视人才为“第一资源”理念的源头。

2017年，在杭二中担任17年校长的叶翠微加盟海亮教育，被视为海亮集团人才引进的点睛之笔。

在接受访问时，叶翠微表示，海亮最打动他的是冯海良主席的家国情怀。作为一个民营企业家，海亮当舍则舍，毅然退出地产板块的业务，把更多的财力集中于教育：“海亮办教育不是作为一个产业，不是以赚钱为目的，而是作为终身事业来做的。这样的实业家我敬佩。”

被这种情怀所打动的，叶翠微不是第一个，也绝不是最后一个。

自古以来，善业总会召唤更多有志者同行。

“推动海亮集团高质量发展的战略落地，最紧迫的就是需要一支知识结构、能力素质、管理水平与我们的战略发展目标高度匹配的人才队伍。”曹建国表示，“星青年”人才战略，无疑是海亮提前进行人才布局的准备，是海亮集团未来的“最强大脑”。

铸百年卓越海亮，创国际经典品牌。目前，海亮集团正把这个战略当作“一号工程”来落实，当作百年大计来实施。“我们不仅要英才，我们还要天才，海亮不仅要做出最强的产品，还要做到价值输出，做到反哺社会。”在接受访问时，冯海良如是强调。

聚才兴业，德惠万家，海亮在人才战略上已先人一步。人们可以坚信：致力于成为一家值得信赖、受人尊敬和拥有持续创新能力的国际化百年企业的海亮，定然能找到中意的后备管理层，用一贤人则群贤毕至，见贤思齐就蔚然成风，不拒众流，终成江海。

## 义与不义　真心中见责任

海亮集团党委书记冯亚丽说过：义行天下是海亮人在时代发展中应尽的责任和义务。

在海亮集团展示厅进门的显著位置有这样一段话："人生的价值只能与他对社会的贡献画等号，而不能以他所拥有的财富来衡量。海亮努力把对社会贡献的最大化，作为永恒的追求！"这既是海亮集团董事局主席冯海良个人的座右铭，也是海亮集团办企业的宗旨。

海亮集团党委书记冯亚丽在生产车间与工人们交流生产情况

多年来，海亮集团始终秉承"既要企业效益，更求社会功德"的发展理念，积极履行社会责任。截至目前，企业已累计为社会各类慈善公益事业捐资达6亿元。那一年汶川大地震，海亮把地震后家庭比较困难、上学难的孩子带回海亮集团来读书。回家之后，每个集团高层人员都要带一个孩子，放假了，周末就住他们家里，现在幸福园里有200个孤儿。海亮集团还设立一个慈善基金，对家庭有困难的孩子给予资助。因为海亮人认为，企业并不是自己的企业，而是国家的企业，做一点好事很有意义和价值。

面向未来，海亮人是这样表示，将继续克己寸心、积极履责，在更广更大的范围上帮困扶贫，助力经济社会发展，为早日实现"两个一百年"的奋斗目标和中华民族伟大复兴作出新的更大贡献！

文：黄丽丽　金长青　龚坚华

# 以工匠精神打造门业“国民品牌”

永康，被誉为“中国门都”。在这里，聚集着专业门产品生产企业280多家，年产各类门产品2500万樘，每天都有成千上万的门销往全国乃至全世界。王力安防也诞生于此。

自1996年组建以来，王力安防在改革的大潮中乘风破浪，在市场竞争中凤凰涅槃浴火重生，成长为“门王”。央视纪录片《大国崛起》中曾说，“大国的崛起，是一个时代的开始，同时也宣告了一个时代的结束”，这句话也为王力安防近年来的发展做了一个很好的注解。

循着王力安防走过的脚步不难发现，他的成功源自对品牌的追求。

王跃斌在接受媒体采访时表示，以王力人的匠心，换天下人的安心。王力安防一切荣誉的背后，是21年来对技术的追求和品质的坚守，是精益求精的工匠精神。作为全球安全门领导者，王力产品已远销许多个国家和地区，能为全球几千万家庭提供安全方便的家居防护，这是无比幸福的事！

## 要赢在起跑线上

走进永康的王力安防，你会看到，安防总部6万多平方米厂区四周用钢筋制作的围墙上，每隔10厘米就安置了一个绿色的王力商标，一共将近5万个，

董事长王跃斌

整齐美观，落落大方。再往里走，就会发现，厂区花园的假山上高高矗立着一个巨大的王力商标，制作精巧，壮丽雄美。

早在1992年，王力安防董事长王跃斌在办挖沙机厂的时候，就知道到了重庆有一个美心公司，专业生产防盗门。辽宁有个韩召善，办了个盼盼公司，也生产防盗门。此后一直关注他们攻城略地，占领全国。

1994年7月，国务院下发了《关于深化城镇住房制度改革的决定》，确定房改的根本目标是：建立与社会主义市场经济体制相适应的新的城镇住房制度，实现住房商品化、社会化；加快住房建设，改善居住条件，满足城镇居民不断增长的住房需求。王跃斌三兄弟凭借其长远的商业眼光，非常敏锐地意识到住房改革兴起，商品房市场的崛起，将使中国门业市场成为含金量极高的富矿。

“虽然当时已有辽宁‘盼盼’等几家企业在此领域捷足先登，但这块大蛋糕绝不能让他们独自享用，我一定要从中切出一大块来。”王跃斌明白选择比努力更加重要。

在分析形势、权衡利弊后，终于决定进入防盗门行业。王跃斌自信依靠王力在五金机械方面积累的经验，“只要自己的产品再有撒手锏，高起点、高质量，追赶还来得及”。

王力展示厅

1997年4月20日，这一天，对于王力，对于王跃斌，都是一个历史性的日子。这一天，王力公司停止了挖沙机的生产，正式开始生产防盗门；这一天，王力三兄弟下定决心进军防盗门行业。

“王力”公司就这样悄悄地在永康诞生了。当时谁也没有在意，因为大家都不会想到，十年之后“王力”这个名称在全国竟然会家喻户晓、妇孺皆知。

第二年10月，王跃斌向国家商标局申请注册了“王力”的商标。这个商标是由“王”和“力”组合形成的一棵迎客松。商标上部分是一个“王”字，犹如青松傲骨，屹立于高峰之巅，也象征王力立于科技之巅，创新未来。下部分是一个“力”字，犹如巍巍青山，雄伟厚重，宝藏之源，象征王者之实力。商标颜色为绿色，代表绿色环保，象征人性与和谐，整个商标寓意王力基业万古常青，以及王力人志存高远，铮铮铁骨的精神风貌和不懈追求。

王力商标的问世与“王力”这个名称一样，当时也没有引起人们的注意，因为人们更加不会想到，十多年后的 2013 年这个商标居然成为中国“驰名商标”，荣登中国 500 最具价值品牌榜第 237 位，品牌价值达 76.15 亿元！ 2018 年达到 271.62 亿元，晋升 109 位，连续 7 年门业第一，并获中国防盗门十大品牌第一、中国门业电商十大品牌第一、中国门业领导品牌第一、中国门业领军品牌第一。

## 两个“不放松”铸就品牌实力

王力安防对品质的管理与德国知名的工业企业博世安防有异曲同工之处。

生产场景

博世创始人罗伯特·博世先生作为著名德国企业家、工业时代的先驱者曾说："我最不能忍受的是在我的产品中发现任何瑕疵，所以我总是努力制造出在各方面都经得起最严格检验的最出色的产品。"

打造卓越的"中国制造"精品，首先要打造卓越品质。作为防盗门行业的领军企业，从创立之初，王力安防就展开了暴风骤雨式地质量体系建设工程。王力安防先后通过 ISO9001 ：2008 质量管理体系认证、ISO14001 ：2004 环境体系认证、中国公共安全产品认证和康居产品认证等国家级认证，成为防盗门国家标准起草单位。

早在多年前，王力安防就采用更严格的 TS16949 汽车管理体系生产，即运用其中的"APQP、PPAP、FMEA、MSA、SPC"五大核心工具进行生产，确保产品与众不同，不仅让顾客满意，更让顾客感动。

所谓 TS16949，是国际汽车行业的技术规范，是基于 ISO9001 的基础，加进了汽车行业的技术规范。此规范完全和 ISO9000 ：2000 保持一致，但更着重于缺陷防范、减少零部件供应链中容易产生的质量波动和浪费。

公司建立严格的品质管理制度，增强员工质量意识，对供应商原材料实施严格检验和把关，确保合格品入库。对把关不严的员工，按制度严惩。

在生产过程中，公司推行防盗门身份证钢印号管理制度。公司从接到订单开始，就编好了每樘门的号码，生产车间员工在每樘门的门扇和门框的固定位置上都打上防伪钢印号。就像人的身份证一样，每樘门的防伪钢号都是唯一的，随时可以查到每樘门的各生产工序责任人及品质管控责任人，谁出错谁买单，背回去放置宿舍，以作警示，变"要他做"为"他要做"，员工想不做好都难。

员工牢固树立"质量在我心中，产品在我手中"的理念，通过首检、自检、互检、巡检、终检等"五检"，加强品质把关。并严格执行"五不放过"原则（原因不查清不放过；责任不清楚不放过；纠正不彻底不放过；教育不到位不放过；措施不落实不放过），从而使产品一次合格率达到了 99% 以上，顾客满意率达到 99.8% 以上。

为增强全员质量意识，营造人人重视质量的氛围，公司制作了系列质量宣传展示板，把平时发生的质量问题，用照片的形式展示出来，摆放在每位总经理和总监的办公室，以及生产、品质、技术等相关部门的办公室和过道上，时刻提醒大家，质量是企业生命，客户是衣食父母，不能忽视任何一个小问题，让员工明白“千里之堤，毁于蚁穴”的道理。

同时，公司着力推进企业的售后服务体系建设，开通了“4008558579”全国免费服务热线，接受用户反馈问题，及时做出处理，实现快捷周到地为用户提供全方位的服务，使得总体满意度达到100%，公司的售后服务取得了卓越的成效，并于去年初取得了“售后服务五星级认证”。

## 稳步前行的科技力量

从高品质防盗门加工生产、门与锁具一体化研发，到成为智能家居第一人，王力安防用10多年沉淀积累，达到了自有科技创新产品风云际会的时期。

精美的产品

从自主研发锁具起步，王力安防与采购锁具组装防盗门的传统门企产生了跨代际的区别。

王力人深知，锁之于防盗门，就像心脏之于人，对防盗门性能和质量起着至关重要的作用。对核心技术的追求和对质量的严格把关，使得王力掌握了行业话语权。

早在2005年，王力安防就推出了王力特能锁，可随时升级为遥控、密码、IC卡和指纹开启功能，而不需要更换防盗门扇。只需轻轻一带门扇，就能自动上锁，特别方便老人小孩使用。这一功能，为忙碌的现代人节约了大量的时间，让你省心、安心、贴心、放心、畅心。此外，王力门上还配置了独特的间隙补偿系统，可根据门扇门框的间隙进行自我调节，使门扇和门框无缝隙密合，起到最佳的隔音、保温功能、增加私密感。在2005年国际安防大会上，来自美国、法国和澳大利亚的多位国际锁具专家高度评价：“王力特能锁不仅在中国，甚至对整个世界锁具来说，都是一次重大的技术突破。”

王力拥有一支强大的科研队伍，每年都有很多专利问世。王力智能锁拥有50多项国家发明专利，全球首创三防功能，拥有3大超高耐用标准、7大核心便捷技术和9大核心安全技术，防小偷开、技术开和暴力开启时间远超国家A级锁标准360倍，极大地提升家中老人、小孩和孕妇的安全感，选择王力智能锁等于为家选择了一位超级守护神。

2003年4月，王力“挑战开锁王”活动启动，重金悬赏。至今已15年过去了，无人能打开，领走保险柜里的100万元悬赏金。

王力安防还是提出门业智能家居概念的第一人。王力全自动智能门，当人走到门口时，主控识别系统能在瞬间运行数百道自动识别运算程序，自动识别来人身份，是主人家庭成员还是非家庭人员，如果是主人：门会自动开门 并语音“欢迎主人回家”，主人进屋后，门会自动关上，全程不需主人任何操作，门都不需接触到。如果不是家庭成员会发出语音警告，同时启动主人远程监控功能，主人远程通过手机等智能化产品判断是报警还是亲友访客，并远程控制门的操作。家庭成员的数十道识别元素需提前采集总控系统。此系统为王力集数百位国内外研发工程师多年研发，独家核心技术，具军工加密保障系统安全，搭载全球防盗级别最强的王力超C级锁芯，智能防夹系统等独有功能。

目前，王力已经拥有先进的智能门技术，通过遥控、指纹、脸谱、虹膜、手机APP和3D识别等手段，都可轻松地开门关门。

以功能提升为目标，以永不止步的技术创新，让人性化的科技为消费者带去愉悦的体验，是王力保持品牌核心竞争力的秘诀。

## 与时俱进的互联网因子

要做，就做第一，对王力人似乎已经成了习惯。所以，王力电商也是以领先优势居于行业冠军位置。

2016年年初，王力安防以天猫家装节等活动为契机，实现了电商业绩的迅猛增长，仅3月份一个月就相当于2017年的全年业绩，同比增长幅度高达15倍。

“王力电商迅猛发展并非偶然。”王力安防电商负责人表示，王力之所以连续四年蝉联行业年度纳税第一，不仅因为全国有近10000个网点销售和服务，更核心的是王力门锁的安全性。普通防盗门防盗性能差，非常容易被小偷打开，而王力专利特能锁的安全级别已达到专业技术小偷无法开启的程度。

王跃斌提出，王力电商要以“要素决定成败”的理论，把产品做到极致，让产品给消费者带去更大的价值、更好的体验；同时还要把服务做到极致，以一流的产品和服务来引领需求，提高人们的生活品质。

事实上，从2015年起，王力安防不断改进电商业务机制、重新梳理和平衡经销商及各方的业务利益、规范全国网点服务标准及收费标准，并组织人员深入一线考察各地执行情况，真正实现了制度落地，为电商发展奠定了良好的基础。

此前，门业电商没有一家能实现“全国一站式购物”，多数品牌的网购订单只能服务到本地区，消费者不能体验产品，也得不到专业送货安装及售后服务。

王力安防看到了这一痛点，也在其中找到了商机。2015年下半年，王力安防在业内率先推行线上线下全渠道同步发展的策略，实现全国“一站式购物+服务+体验”的销售模式。王力的消费者可以选择网上下单并由门店免费上门服务，也可以到附近门店体验产品后购买，并由就近门店直接测量、供货、送货、安装及售后服务，极大地缩短了供货周期，又能给消费者提供优良的就近服务保障。

通过天猫O2O平台，王力全渠道发展得到进一步提升。消费者上网可快速找到王力门店和服务网点的位置，还可通过网购特权到店享受到折上折的优惠，每个消费者的购物体验都能由总部监控，时时保障全国的服务进度及质量。

对于王力来说，对互联网的拥抱并不仅仅局限于做一个电商。

在王跃斌的蓝图中，谷歌用无人驾驶消灭了司机，阿里巴巴用支付宝消灭了钱包，王力安防将用自动开关安全门彻底解放双手，消灭钥匙。

近年来，王力安防已全身心地投入到智能家居的研发与推广上，并已取得了阶段性的成果，在王力安防所承担的高端项目中，智能家居已初现规模。在全球工业4.0时代，用科技力量走出了稳健的步伐。

王力集团

在今年的永康门博会上，王力为消费者设置了整套智能家居解决方案，比如：回家、访客、离家、娱乐、睡眠、起夜、起床、阅读等八套模式，你根据以上需要，只要按一下智能键，整个房间就能全部实现智能化，不管你在家里，还是出差在外，都能在你的手机 APP 上自行操作，非常便捷。

新时代，王力安防以“让每个家庭享受智能安全生活”为使命，以“引领世界门锁业潮流”为愿景，坚持“用诚信感恩待人，用工匠精神做事”的价值观，以持续提供差异化产品的路线，以科技为主力，以产品为载体传递企业良知与利民思想，持续提供满足潜在需求的超越安全、方便、基本诉求的超值产品，在满足生活品位的同时持续解决一体化整体家居安防理念，持续深化产品差异化功能，以民族道义和使命感实现产业报国梦。

文：何颖　黄田

# 让“春天”走进千家万户

从小型锁具生产企业起步，到防盗门继而木门投产，并逐渐渗透到其他领域……转瞬十余载，经过一次又一次华丽蜕变，春天集团从一个设备陈旧、工艺落后、效率低下的小工厂，成功转型为一家集研发、生产、销售、服务于一体的现代化专业型建筑材料企业，在浙江永康和武义拥有占地面积约 28 万平方米的两大生产基地，企业员工数达到 1800 多人，其中专业技术人员 300 多人。集团旗下拥有春天牌防盗安全门、钢木质装甲门、工艺铜门、木门（全屋定制）、木地板等多个品类，具备年产各种门 150 万樘，木地板 1500 万平方米的产能，产值突破 1.6 亿。集团公司在全国各地铺设网点 3000 多个，拥有品牌专卖店 6000 多家。中国驰名商标、高新技术企业、浙江著名商标、浙江名牌等荣誉纷至沓来，“春天”走进了千家万户“春天”真正迎来了春天。

## 用商标来引领品牌

春天集团创始人吕新印

位于浙江中部的“永武缙”门业集群，是整个门业产业链最完备、最健全的区域。在这里，永康被誉为中国门都。在这里，聚集着专业门产品生产企业500多家，年产各类门产品3700万樘，每天都有成千上万的门销往全国，乃至全世界。春天集团也诞生于此。

20世纪90年代末，吕新印放弃公家铁饭碗，接过父辈的小铸造厂，加工锁具等小五金产品。

彼时的永康，正涌动着防盗门发展的浪潮，并且涌现出一批行业内的知名企业。吕新印十分看好永康门业的发展前景，开始着手铸造厂的转型升级。

相比较于其他匆匆上马的低端产品，吕新印认定这个市场很快会饱和。于是，他带着团队去全国各地调研门业需求，决定把产品定位于中高端，避开打价格战的低端市场。

2001年，吕新印在武义购入一块土地，自建一间两万多平方米的厂房，引进当时最先进的防盗门生产设备，成立武义春天门业有限公司。

2017年浙江省商标品牌示范企业

公司成立的同时，吕新印还提交“春天”商标的申请注册。在当时，国内的企业品牌意识还相对薄弱，吕新印却用敏锐的眼光发现品牌的潜在力量。对此，吕新印解释说，在企业的发展过程中，有一个重要的、方向性的问题，就是企业不能成为纯制造型工厂，要自立自强。而要自立自强的前提，就是要有自己的商标和自主知识产权。

准确的市场定位，过硬的产品质量，让武义春天在第一年就实现盈利。

然而，吕新印并没有沉浸在成功的喜悦之中。2002年，吕新印又成立永康春天门业有限公司，也就是春天集团有限公司的前身，专注防盗安全门设计、生产、销售、售后等一条龙服务。

也就是这一年，“春天”商标注册成功。有了商标的加持，春天在品牌化的道路上一发不可收拾。同期，“把春天带回家”的广告语在央视轮番播出，这也让消费者和经销商深刻体会到春天品牌的力量。

吕新印认为，宣传不仅仅是为了提高企业的知名度，更重要的是让更多的消费者认识品牌产品，增强识别能力。因为无论多好的产品，最终评定它的是

品牌的关键是品质

消费者，品牌的知名度和美誉度，说到底是消费者给予的。

在发展过程中，春天始终以“品牌是企业的核心竞争力，是企业基业长青的根基”为品牌战略理念，建立一整套品牌商标创建、维护、使用的管理制度。

尤其是2010年以后，为适应品牌发展和市场需求的变化，吕新印又进一步加强品牌建设，对品牌建设工作做出完整的规划。

春天还与国内知名的营销策划公司奇正沐古合作，对品牌和产品形象进行全面升级。统一VIS视觉识别系统，对门头和店面形象统一升级。如今，春天的品牌Logo是由两篇绿色的叶子图形演化而成。灵动的叶子、活泼生动的绿色渐变，每一个细节都透析着春天集团的无限生机与美好前景。同时，也与春天集团活力、幸福及绿色的品牌文化理念相互呼应。

春天集团现拥有各种注册商标30个，其中中国驰名商标1个、浙江省著名商标1个。

## 用质量来点金品牌

用低价换规模的时代已经结束，制造业真正进入用品牌、用研发换取效益的时代，春天集团深谙其中道理。

2002年，春天集团成立以来，因其生产的春天牌防盗安全门用料考究，质量上乘而享誉全国乃至全球。

在品牌创立初期，集团公司就十分重视质量管理，将产品创新与流程创新结合，从而取得高速发展的巨大成就。

2008年开始，春天开拓室内门中高端产品，研发生产钢木室内门、防火门、木门、德式T型门、装甲门等门种。木门是高度同质化的产品，但是吕新印带领着“春天”，从雷同中走出一条不寻常的路。他舍弃传统木门的平口设计，采用德国严谨的T型槽口，具备彻底的密闭性，具备防透光、防透风、防透音的三防静音效果。这种门对设备要求特别高，为此，他专门从国外引进德国HOMAG、威力、日本平安、丹麦MORSO等世界最新型自动化生产线及技术，委派专人接受培训，并引进一大批尖端的研发设计人才。

随着时代的发展，人们对生活质量的要求越来越高，静音门已经成为家装新宠。以往普通木门为了保持进氧量，木门与地面的缝隙都比较大，而春天集团的木质T型静音门采用特殊的静音条和三叉静音合页，只需要一道门，就能“隔”出两个世界。即使在家中，你只要关上门，家庭环境噪音可即刻降至睡眠状态。目前，这款静音门已陆续投入国内市场。

在吕新印看来，门业本质上是一个“产品+服务”的行业，市场竞争促使企业研发出更多更好的产品，然后企业再把这种好的产品带到消费者的面前，去引导和改变消费者对于产品的需求，这就好比春天在业内较早地推出静音门，当消费者开始接触到静音门以后，静音功能就变成之后消费者在选购木门产品时的一个新需求。

市场竞争中企业需要发展，而企业发展的关键就是推出能够让消费者尖叫的产品。在同质化现象严峻的木门市场，为打破“同一”现状，差异化战略将成为春天的必然之选。

在质量管理方面，春天也是不遗余力。从材料检测，到在线检测、成品检测，吕新印一直把质量控制落实到生产的每一个环节，每一件产品都严格把关，坚持不懈地贯彻质量战略。春天牌防盗安全门，不仅在同行业中率先建立起符合 IS09001 标准有效运行的质量管理体系，始终坚持不断改进和提升整体质量水平，从根本上保障企业经营效益的高水平提升，而且建立一个质量溯源平台，通过在产品外观上打印二维码，与企业微信对接，经综合质量溯源、问题导向、责任追溯、质量共治等要素，实现责任追溯。在发生产品质量问题时可以明确生产、销售和使用环节的责任，是对产品质量的有力监管。

凭借追求卓越的生产工艺品质、研发生产技术及设备硬件、服务管理体系等软件，春天集团将品牌与品质结合，不断创新营销模式，春天品牌深受消费者喜爱。

随着科技的不断发展，春天集团也意识到人才的重要性。春天集团非常重视人才和技术对品牌建设的推动作用，制定人才引进、培育和选拔工作制度，积极为高校应届毕业生及专业技术人才提供就业岗位，经常开设员工培训课堂，对包括基层员工在内的所有人，展开业务技能、管理技能、品牌知识、安全生产等各方面的培训。制定完善的考核机制和人员升迁机制，调动员工积极性，提高企业员工的职业素养。通过对员工进行目标教育，使他们把个人目标同企业发展目标紧密结合在一起，自觉参与到企业的各项工作中。

与此同时，春天集团还增强企业创新意识，增加对技术开发和新设备引进投入的资金，鼓励企业员工对老产品更新换代，对老工艺、老设备技术革新，鼓励技术人员深入了解市场需求，研发创新，加大科研成果的转化率。创新可以为品牌建设注入活力，提升品牌建设水平。

## 用文化来赋能品牌

在吕新印看来，文化在企业发展和市场竞争中的作用越来越突出。在企业管理中，文化与制度像铁路上的两条轨道，共同助推企业快速发展。如果说，管理制度是“硬”手段，可以规范员工的行为；那么，企业文化则是引导员工价值取向及行为方式的“软”手段，能够使企业员工自发地凝聚在一起，从而使企业保持强劲的创新动力。

为此，春天建立员工行为准则，保证企业文化建设有效开展。通过制度的约束力，使员工逐步养成良好的工作行为习惯，使员工有严格的行为规范和标准，树立良好的企业品牌形象。企业文化与企业制度之间是相互支撑、相互辅助的关系，制度文化是企业文化的重要组成部分。在制度文化建设中，要突出创新、严于落实，建立科学的企业决策机制和人力资源开发机制，制定完善的企业运行规则和经营管理制度，构建精干高效的组织架构，使各项工作衔接紧密，保证企业目标顺利实现。员工参与民主管理的程度越高，越有利于调动他们的积极性。企业建立开放的沟通制度，可以及时了解员工的思想动态。同时，要强化监督，规范管理行为，营造和谐的文化氛围，促进企业管理水平的提高。

而春天也深知榜样的力量，他们以优秀员工为榜样推动企业文化建设，打造高素质员工队伍。企业文化建设的落脚点是建立一支高素质的员工队伍，不断提升企业的核心竞争力。多年来，集团公司涌现出一批批“好师傅”典型模范，他们是企业精神的人格化表现，有效地带动全体员工，激发他们的积极性和有效性，通过自律、自省、自我提高的过程，将企业文化融合在每一位企业员工的血液中，逐步实现由内到外的蜕变，最终在客户、行业中树立起诚实可信、积极向上的品牌形象。

开展丰富多彩的文体活动是春天企业文化建设的一个重要组成部分。集团公司经常开展各种类型的文体娱乐活动，使员工在丰富多彩的文体活动中受到教育和启发，陶冶情操，增强企业的凝聚力。在生产班组中开展各种职工技能、文化知识培训等活动。坚持“以人为本”的原则，以提高整体素质为目标，努力在企业营造和谐、融洽的人际关系，推动企业的可持续发展。

集团公司想方设法为员工解决子女上学、住宿就医等问题，制定一系列爱职工的企业制度，在企业内部营造尊重人、塑造人的文化氛围，增强员工的归属感，激发员工的积极性和创造性。

春天还将思想政治工作和企业文化相融合，紧紧把握品牌建设工作的方向盘。在企业文化的制定、宣传和推行中，党员起到至关重要的作用。通过党的思想政治工作和企业文化相融合，增强了企业员工奉献、奋斗的团队凝聚力，也增强企业的核心竞争力。

文：何颖

# 从行业标杆到健康产业硅谷缔造者

从1997年创办民营铁皮石斛（干品称铁皮枫斗）研究所——义乌市铁皮石斛研究所算起，森宇迄今为止已经走过20多年。

20多年，森宇走过一条励精图治、拼搏奋斗的品牌之路。20年专注铁皮枫斗，它将自己打造成行业标杆的同时，也带领铁皮枫斗发展成为百亿级的大产业；20年责任担当，它让铁皮枫斗这株“仙草”为600万人健康服务，并带领5万农民脱贫致富；20年的沉淀和蜕变，它终于有底气打造“健康产业硅谷”，并开启新一轮大健康战略。

## 攻克“药学界哥德巴赫猜想”<br>“森山”破茧而出

20世纪80年代，伴着改革开放带来的春风，人民生活水平日益提高，加上受几千年来药食同源的中国传统中医药养生文化和食疗文化影响，保健品行业蹒跚起步，并快速成长。到了80年代中后期，中国保健品市场迎来首次繁荣。

进入90年代，保健品渐渐形成品牌化发展趋势，且队伍快速壮大，太阳神口服液、东阿阿胶、巨人脑黄金、三株口服液、太太口服液、红桃K、康富来、汇仁肾宝、金日洋参……通过媒体不断的轰炸和强劲的营销攻势，这些保健品逐步进入到中国人的生活，并深深扎根于老百姓的心中。送礼送保健品，成了社会的一大时尚。

而森宇集团创始人俞巧仙当时就通过代理这些品牌，赚得盆满钵满。

1996 年之后，随着国家相继出台一系列有关保健食品行业的制度规定，加上人们对健康的认知越来越理性，保健品行业进入一个低谷期，市场一度变得停滞。此时，几乎与中国保健品行业一同成长起来的俞巧仙，从这一起一落之间，敏锐地意识到：健康产业，大有可为！但需要正确的方向引领。于是，她毅然决然走出代理的泥淖，转而另辟他径。

于是，便有了这一棵草的故事。

铁皮石斛，尤其野生铁皮石斛是濒临灭绝的国家珍稀名贵中药材，素有“中华仙草”之称，享有“植物黄金”的美誉，每公斤售价高达三万元。唐朝道家经典“道藏”将铁皮石斛列为“九大仙草”之首，《中国药典》《神农本草》《本草纲目》等古代医学典籍都对铁皮石斛有研究并倍加推崇。尤其被金元四大名医之首——朱丹溪奉为滋阴圣品，造福无数苍生。

但野生铁皮石斛多生长在连鸟兽也难以涉足的深山悬崖陡壁间，其生活习性神秘莫测，对温度、湿度、光照等小气候的要求近乎苛刻，每年植株只分枝一次，每年生长一寸左右，一丛铁皮石斛寿命 6 ～ 10 年，自身繁殖力极低，分布极其稀少。

仿原生态栽培铁皮石斛，在当时是个世界性的难题，投入巨大、生长周期长、成活率低，且三五年内不可能有产出，被称为“药学界哥德巴赫猜想”，但森宇集团在俞巧仙的带领下，毅然向其发起攻关。

1997 年，俞巧仙带领她的森宇团队，联合浙江农林大学等单位，在国家科技支撑计划等资助下，开始进行铁皮石斛人工栽培的攻关——铁皮石斛良种选育与高效栽培技术研究项目，先后突破种苗繁育、品种选育、栽培模式、产品精深加工等关键技术问题，经过几年的不懈努力，终于取得成功。

在这期间，她创办浙江森宇实业有限公司。森宇继续加大铁皮石斛的科技研发力度，成为国内最早专业从事铁皮石斛开发与产业链建设的公司之一。2003 年，旗下“森山”铁皮枫斗系列产品正式面市。

铁皮石斛科学栽培

“森山”致力于为大众健康服务，旨在生产出让老百姓吃得起的好的铁皮石斛。

此时，国内的保健品市场因为突然到来的非典，让人们重新开始认识到健康的重要性，人们的自我防护、自我保健意识迅速增强，从而使得整个行业开始回暖。在这个大环境下，俞巧仙与她的“森山”适逢其会。

也正因为通过非典，俞巧仙认识到，现阶段人们的健康观念以及生活方式都将会发生根本转变，增强免疫力已成为人们普遍的保健需求。保健品行业要做大做强，必须讲究科学，依靠科学。尤其是传统中医药养生保健，尽管具有广泛的民间影响力，但如果没有强硬的科技力量支撑，也很难形成产业化发展，更遑论进入国际领域。而随着她对铁皮石斛的深入研究，越发感觉到这株仙草的神奇魅力与深不可测的未来。

因此，“森山”借市场契机，持续增强科研力量，进一步带动产业发展。

## 遭遇行业风波
## “森山”挺身而出

自2000年以来，据不完全统计，短短数年间，仅仅浙江市场，铁皮枫斗产品就在高端保健品领域异军突起，整个产业规模达30亿元之巨。然而，就在以“森山铁皮枫斗”为代表的铁皮石斛产业蒸蒸日上之际，一场声势浩大的

种植基地

产业危机突然降临。

铁皮石斛产业巨大的利益诱惑让很多人心动。但由于技术难度极高，投资巨大，生长周期漫长，所以真正形成一定规模，成活率、品质达到一定要求的铁皮石斛种植基地在全国都屈指可数。一些急功近利的投机者打起以假乱真的主意，以药用价值不高、成本极其低廉的其他各类石斛加工的枫斗冒充铁皮枫斗。两三年间，仅浙江省就一下子冒出近 20 家铁皮枫斗生产企业和让人眼花缭乱的一大堆所谓的铁皮枫斗产品。

2006 年 2 月 26 日，中央电视台每周质量报道栏目对浙江铁皮枫斗行业进行专题披露。这些报道在社会上引起强烈反响，这个新兴产业陷入诞生以来最严重的一次信任危机，整个铁皮石斛产业陷入风雨飘摇、举步维艰的境地。

森宇集团没有坐以待毙。很快，由森宇主导，牵头云南、贵州、广西、安徽、浙江同行，共同举办全国首届铁皮枫斗研究与开发学术研讨会。会上，集团董事局主席俞巧仙向所有的铁皮石斛产业从业者郑重宣读《铁皮石斛产业从业者规范自律倡议书》，以推动铁皮石斛产业走上规范、有序、健康的发展轨道。

此外，森宇集团又精心组织“感恩鉴真”大型活动，邀请全国各地两万余名消费者与专家、媒体到森山基地探秘鉴真，真实见证“森山”铁皮枫斗产品品质。

刘大姐就是在那一年去了森山，见证森山铁皮枫斗从一粒种子到产品出厂的整个过程。“耳听为虚眼见为实，看过以后，才明白森山为什么一直卖得这么好。”此后，刘大姐几乎每年都要到森山去走一走、看一看，不但自己去，还把身边的亲朋好友都叫上了。而森山也将邀请消费者参观生产基地作为一个固定项目保留下来，每年5、6月份铁皮石斛开花季，都会邀请消费者前来参观，全程费用由森山来承担。至今，已经有近30万人次前往，见证森山品质。

俞巧仙表示，一个产品的品质好不好，最终还是消费者说了算，森山的“品质之旅”，就是要让消费者对森山的品质看得到、摸得着，让消费者在愉悦的体验中，充分感受到森山“温暖的、亲和的、有责任感”的企业人格，进一步拉近企业与消费者之间的距离。

在产品品质的把控上，森宇更是不遗余力，用20多年时间，建立和完善一个完整的、全链条的、可追溯的产品质量管理机制。从药材的育种、栽培、采收，到铁皮枫斗产品的生产、销售和售后服务，森宇在每一个环节都实行严格的质量管理，确保每一件森山产品都是安全、优质的。基于这条完善的产业链，2014年，森山在铁皮枫斗行业内率先运行“生产管理及追溯监管平台”，确保产品源头质量安全。2015年，森山正式入驻中国保健品质量追溯平台，在保健品行业率先实行产品质量可追溯。该平台能够连接生产、检验、监管和消费各个环节。消费者买到森山铁皮枫斗产品（目前仅限于部分产品）后，只要拿出手机扫一扫包装上的二维码，就能清楚地了解它的“身世”，包括它的“出生”流程、原材料来源、质量经过哪些部门认证等信息。

“这样做的目的，就是要让每一件森山产品都可查、可控，让消费者吃得明白、吃得放心。”俞巧仙说。

## 赋能科技创新 “森山”脱颖而出

2008年，随着“森山”成功获取中国驰名商标，“森山铁皮枫斗”系列产品被列入中国保健品50强公信力产品，成为2008中国武术队指定赞助商、中国国家武术队指定专用产品……森宇集团并未止步于此，而是持续投入科研力度，与国内多家科研院所建立长期合作关系，围绕铁皮石斛进行深度开发和探索。

受国家林业局委托，森宇集团和浙江农林大学共同制定铁皮石斛栽培国家行业标准——《铁皮石斛栽培技术规程》，于2014年11月1日正式发布，为全国15个省、区的70余家企业提供技术支撑。2017年1月，森宇被国家林业局和国家标准化管理委员会评为国家林业标准化示范企业。

2015年6月，国家林业局铁皮石斛工程技术研发中心在森宇成立。2015年11月，由森宇集团主导的《铁皮石斛良种选育与高效栽培技术研究》项目获得林业界最高奖项——梁希林业科学技术一等奖。2017年，该项目获得浙江省科技进步一等奖。项目基于铁皮石斛的生物学特性，以产业化为导向，突破种苗高效繁育、品种选育、栽培模式、产品精深加工等关键科学和技术问题，形成系列原创性成果。在项目实施过程中，先后建立多项产学研平台，为浙江、云南、贵州等15个省区的70余家企业直接提供技术支撑，实现铁皮石斛产业技术创新引领，使得铁皮石斛产业从零起步，短短十几年间发展成为百亿级的大产业，为发展林下经济、服务大健康产业中做出巨大贡献。

在森宇集团的带领下，原本濒危药用植物铁皮石斛通过人工栽培的方式得以普及，成为我国第三代保健品的典型代表。

2016年6月6日，由中国保健协会和国内著名调查机构零点调查共同发布的《2016中国铁皮枫斗产业现状与发展白皮书》显示，截至2015年，全国铁皮枫斗产业规模约50亿元，其中森宇旗下的“森山铁皮枫斗”在产品质量、生产量、销售量、信誉度和市场占有率指标，历年均居全国同行业第一名，且品牌认识度远远领先于其他品牌。同类产品的市场占有率为35.3%，产值超过

12亿元，约占浙江总规模的30%，全国总规模的20%，领跑铁皮枫斗行业发展。

森山品牌被国家工商总局商标局授予中国驰名商标，已连续多届被认定为浙江省著名商标、浙江省名牌、浙江省知名商号、浙江省消费者信得过单位（铁皮枫斗行业唯一）、浙江省省级骨干农业龙头企业、浙江省农业科技型企业、连续七届被评为中国保健品公信力产品和中国保健品十大公信力品牌（铁皮石斛类唯一的），连续多年被授予银行AAA级信用资信单位等诸多荣誉。2017年初，经权威性评估机构评估，森山品牌凭借知名度、美誉度、行业地位、产品品质、经营业绩、发展潜力等综合因素，商标价值达到15.25亿元，品牌价值达到103.32亿元。

截至目前，森宇集团共承担近百项科研项目，平均每2.5个月完成一项。其中有7项国家级重大科研项目，20余项省级科研项目，完成22篇专业论文，13项授权发明专利，1项行业标准，9项企业标准。先后获得国家科学技术进步二等奖、浙江省科技兴林一等奖、浙江省十佳科技新浙商、浙江省科技进步一等奖等荣誉，以及林业最高奖——梁希林业科学技术进步一等奖。2017年，由森宇集团牵头的铁皮石斛大健康产品入选国家“十三五”重点研发计划“中医药现代化研究”重点专项项目。

## 布局大健康产业<br>“森山”踏步而行

2016年3月7日，酝酿多时的森山健康小镇破土动工。小镇位于义乌市义亭镇，是一座集大健康、生态农业、文化旅游、养生养老、国际康复等功能产业为一体的新型化健康特色小镇，规划用地面积3.77平方千米，总投资51.8亿元，建设周期4年。

森山健康小镇以“一轴三带五区”为规划理念，依托当地得天独厚的地理环境、自然资源以及产业基础，并充分考虑广大百姓的健康、养生、养老的需求，“一轴”就是始终围绕“一切为大众健康服务”这一轴心；“三带”是指健康产业带、健康养生带、健康文旅带；“五区”是指旅游文化区、养生养

企业场景

老功能区、智慧工厂产业区、特色农业休闲体验区和智慧服务平台区。

未来的森山健康小镇将运用大数据、云计算、物联网等新技术，推动互联网与健康的跨界融合，建立“生态旅游 + 健康”“互联网 + 健康”相互支撑的产业融合发展体系。小镇建成后，将成为集智慧健康产业高地、生态休闲养生基地为一体，乡村田园风光与现代化城镇景观相得益彰的新型现代化健康产业特色小镇和山水田园综合体。

这也意味着，4 年后，一座以大健康、大数据、大平台为坚实基座的健康产业硅谷将矗立在国际小商品城边上。

森宇之所以有底气打造这座健康产业硅谷，是因为它经过 20 年的沉淀后，已经具备厚重的中医药养生文化基础和领先的现代化农业优势。

俞巧仙表示，未来森宇将以健康小镇作为平台，成立“一带一路”国际农业技术转移孵化示范中心，做全球农业和中医药产业交流合作的促进者和践行者。

就在森山小镇建设如火如荼的同时，森宇在铁皮石斛产业的布局上继续发力，并悄悄启动新一轮大健康产业战略。

2017年国庆节前夕，由森宇牵头，浙江农林大学、浙江中医药大学、沈阳药科大学等12家院校和企业共同申报的国家重点研发计划之中医药现代化研究专项——铁皮石斛大健康产品开发项目，已上报国家有关部门。该项目建设期6年，总经费8000万元。

同时，在科技成果的转化方面，森宇也加快步伐，在文成、云和等地建立规模化林下经济种植基地。除了当家的铁皮石斛，森宇又加强白及、黄精、重楼等名贵药用植物的栽培和研究。

由草而始，因草而兴。俞巧仙称森宇是“草本”企业，虽然经过20年发展已成为行业领军企业，但回过头去看，她发现还远远没有发掘到“草”的价值，还有许多领域亟待突破。以庆祝20周年为新的起点，森宇继续深挖铁皮石斛的价值，比如智能化、现代化的铁皮石斛透明工厂已于最近落成。森宇从配方到口味到包装设计整整准备10年的铁皮石斛饮品——“国草”也将于近期推出。

森宇创始人俞巧仙

经过20多年的发展和布局，森宇已经成功打造出一个覆盖上中下游的大健康产品全产业链，而其新一轮大健康战略，就是建立在整合全产业链资源的基础上，形成覆盖上游原料资源、中间生产加工、下游流通渠道的大格局，朝着大健康产业的方向大踏步前行。

文：何颖

# 风华正茂一甲子 百年尖峰再起航

1958年，第一批尖峰人白手起家，在尖峰山麓开始创建金华第一家水泥厂，60年后的今天，当年的小水泥厂已经发展成为跨行业、跨区域的上市公司。

作为中国水泥行业的第一家上市公司，也是目前仍在A股上市的浙江最早上市公司，60年的发展史见证了其成长与繁荣，也擦亮了“尖峰”这块金字招牌。

## 没有规矩不成方圆<br>筑起品牌高起点

集团董事长蒋晓萌在60周年庆典上讲话

四周群山环绕，中间一片稻田。一张60年前的老照片，铭记着尖峰的历史，许多老金华人一眼就能看出来，这里就是金华城北智者寺的原址。地方不大，也很荒凉，尖峰第一批拓荒者凭着一双手和一腔热血，在这里建起金华第一座水泥厂。“那是用榔头敲石灰石，用手搓生料球的年代，真可谓白手起家，土法上马。”

历经创业的各种艰辛，金华水泥厂以顽强的生命力迎来改革开放的大好时光。

尖峰可以说是金华最早萌生品牌意识的企业之一。早在 1980 年就注册了第一个商标“尖峰”，寓意着尖峰人“立志冒尖、勇攀高峰”的志向和决心。

拥有了自主品牌，尖峰发展的道路也越来越顺畅。20 世纪 80 年代初期，通过与乡镇企业联合办厂使企业更有活力，赚得了第一桶金，企业也进一步得到发展壮大。1988 年，尖峰又在全国建材行业率先搞起了股份制改革。

1993 年 7 月 28 日，对尖峰集团来说非同寻常。这一天，尖峰股票在上海证券交易所开锣交易，成为全国首家水泥行业上市公司，这也为尖峰品牌发展提高了更大的舞台。

为了进一步提升品牌知名度，就在股票上市的同一年，尖峰还面向全国公开征集商标图案和广告语，这在当时引起了极大的轰动。

尖峰药业

尖峰集团董事长蒋晓萌说，在同质化的产品市场竞争中，品牌的竞争尤为重要，大家都知道拥有市场比拥有工厂更重要，拥有市场的唯一办法 ，就是拥有占市场主导地位的品牌。为此，尖峰始终以“品牌是企业的核心竞争力，是企业基业长青的根基”为品牌战略理念，建立了一整套品牌商标创建、维护、使用的管理制度，建立商标档案，由专人负责管理。

据介绍，在集团层面，由集团公司办公室执行商标管理、维权等活动，并对下属企业专职管理人员进行指导；下属企业则由知识产权部或专职人员负责，严格按照《商标法》的规定开展商标使用工作。对授权使用尖峰商标的企业，无论是全资的、控股的还是参股的，均需先制定先进的产品质量标准和服务标准，签订商标使用责任书或合同， 明确相关义务和责任后方可使用，并对商标的实际使用情况进行定期开展检查监督，严防使用企业违反《商标法》或相关使用规定的情况发生。同时，对侵犯本公司商标专用权的现象积极维权。

通过这一系列行之有效的管理制度，在尖峰，从领导到普通员工，对商标的使用有了认识，品牌保护意识得到增强，品牌发展战略上升为集团发展的主要战略。

目前，尖峰共拥有包括1个中国驰名商标、3个省级著名商标、5个金华市级著名商标在内的注册商标223个，其中尖峰商标从1992年至今连续被认定为“浙江省著名商标”；子公司浙江尖峰药业的尖峰图形标、尖峰文字标在2013年1月被认定为浙江省著名商标，2016年9月尖峰商标被国家工商总局认定为“中国驰名商标”同年，尖峰集团被列入浙江省第二批“三名”工程试点培育企业，还被国家知识产权局评为国家知识产权示范企业。

## 咬定实业不放松

上市25周年，多少上市公司已经灰飞烟灭，而尖峰集团依然焕发勃勃生机。董事长蒋晓萌说，尖峰集团的持续稳健得益于长期聚焦实业的战略定位，这是尖峰的价值取向所在，也是企业的责任所在。“尖峰做实业60年，未来也不会离开实业。”

“尖峰集团上市后为了克服水泥行业的周期性特点，也进行了一些多元化探索。当时赚钱的机会很多，我们也进行了很多新领域的尝试，由于市场、技术、人才等因素影响，我们都及时退出了，整体上还是围绕水泥和医药两大主业进行的。”尖峰集团董事长蒋晓萌告诉记者。

什么项目赚钱就搞什么项目，这是不少企业上市后的通病，尤其一些上市公司经常跟热点蹭概念，导致股价暴涨暴跌，最后落得一地鸡毛。

1994年11月，尖峰集团以1400万元成功买下国有企业金华市味精厂，开始生产酱油、米醋。同年，尖峰通信电缆有限公司建成投产。“当时进入的领域很多，还有陶瓷、电子仪器、矿泉水、收费公路，等等。”蒋晓萌回忆说，“但我们最后发现这些都不是尖峰真正需要的，很快就退出了。”尖峰集团最终将突破方向定在了医药产业。

1998年8月，尖峰集团购买了当时的金华生物化学制药厂，并以此为基础成立了尖峰药业有限公司。目前尖峰药业板块的营业收入占比已经超过了四成，成为尖峰集团的主业之一。“目前我们的水泥和医药两大主业的收入占比达90%，另外还有大健康和贸易物流两块业务，都是与主业有关联的。”蒋晓萌总结说，尖峰的发展关键在于不追热点、不抢快钱、坚守实业。这些年上市公司脱实向虚的例子不少，尖峰集团这几年也进行了一系列投资并购，但始终围绕两大主业，这也使得公司业绩平稳提升，从而避免公司效益出现大起大落。

到了2006—2007年，水泥市场竞争异常激烈，加上国家对机立窑的关停政策限制，很多水泥厂都因此失去竞争力。尖峰也同样面临着严酷的现实，效益直线下滑。在这个关键节点，尖峰及时与央企合作，把浙江省境内的水泥企业65%的股权转让出去，成立南方水泥，成为南方水泥发起人之一，把有限的资金投入到市场前景、资源、供给更有优势的中西部地区。

在经历了2006—2007年最艰难的时期后，尖峰及时确立了“合作创新强主业，规范科学求发展”的发展方针，成为以水泥与医药为两大主业，以保税物流为辅，以同心相关行业多元投资为补充的产业格局，进一步明确了集团的产业定位，做水泥市场的利基者，做医药行业细分市场的领导者，做健康产品创新引领者。

## 深挖产品　竞争护城河

都说质量是品牌的基础，一个企业能占领多少市场份额，归根到底还是要看其产品的品质。而强化质量管理也是尖峰生产经营管理的核心要素。

尖峰下属的所有企业，在严格按照国家和行业相关规范和标准组织生产的同时，都制订了高于国家、行业标准的内部质量控制标准和一整套的操作流程和制度，确保出厂产品质量合格率100%。

多年来，尽管尖峰涉及产业多，产品品种多，但均未发生过重大质量事故。尖峰药业生产的药品已成为众多医院用户心目中的“放心品牌”，尖峰水泥因性能优、质量稳让用户觉得“贵得有道理”。2015年，尖峰药业、大冶尖峰分别获得金华市、大冶市政府质量奖。尖峰牌水泥继连续17年被评为浙江省名牌产品之后，在2014年、2016年又先后被湖北、云南评为名牌产品，使“尖峰”商标走出浙江，在华中、西南地区产生广泛影响。

尖峰产品在推向市场的过程中，一直注重产品的宣传和推广；注重市场渠道的拓展和渗透；注重用户对产品的认知度、美誉度和忠诚度的培育，从而有效地提高了尖峰产品在用户中的品牌地位，提升了产品的市场占有率。同时，十分注重搜集用户的信息，并以满足用户显性需求、挖掘用户隐性需求作为

云南尖峰

安徽尖峰北卡药业小分子靶向药物研究院揭牌

进一步改进产品性能、确定产品研发方向的主要依据，确保尖峰产品的品牌地位持续提升。如在湖北、云南水泥市场，尖峰作为新进的“外来户”，迅速成为当地的一线品牌，还成功打入缅甸、越南、老挝等邻近国家市场，确立了市场竞争优势。据中康资讯统计数据显示，2017 年尖峰药业多个重点产品全国市场占有率名列前茅。其中，注射用盐酸头孢甲肟 37.6%，排名第一；醋氯芬酸缓释片 35.7%，排名第一；盐酸帕罗西汀片 9.6%，排名第三。

## 推动产品创新驱动力

另一项推动尖峰不断前进的动力是注重创新。“企业的发展不会一直是平坦大道，难免会遇到瓶颈，而突破瓶颈的关键就是不断自我创新，这其中包括技术的创新、管理模式的创新、制造方式的创新，等等。”蒋晓萌说。

尖峰每年都投入数千万元，用于管理升级、产品研发、技术改造和科技人才队伍的建设。

在大冶尖峰、云南尖峰两条线上进行多项技术改造，通过设备升级和“小改小革”，提升产品质量，降低能源、原料消耗和生产成本，减少污染物排放。大冶尖峰是在湖北省第一个实施脱硝、脱硫技术改造的水泥企业，各项经济技术指标处于国内水泥行业前列；云南尖峰是国内第一个使用当地低热褐煤用于水泥规模化大生产的企业。

通过技术创新，尖峰医药并后发崛起，向专科用药、肿瘤制剂、小分子靶向药物、生物制剂方向发展，并逐步走向大健康产业。蒋晓萌说，尖峰药业以创新取胜、以独占取胜、以模式取胜，正在努力成为专科领域的“领导者”。

为此，尖峰药业投入大量资金，2015 年投资 5.3 亿元引进国内外先进的技术和设备，在金华金西开发区建设新型医药生产基地项目，与国内外知名科研院所、专业高校和专家合作，进行包括抗肿瘤药在内的国家一类、二类新药研发，取得了阶段性成果。2016 年，尖峰又抓住婴幼儿用药市场的契机，与德国专业研究机构合作，成立了金得尔儿婴用药品有限公司，引进德国技术开发婴幼儿用药。

与此同时，尖峰药业为了提高企业产品的创新和研发能力，先后成立了国家级博士后科研工作站和省级院士专家工作站，在上海、天津分别设立了产品研发基地，并与多家知名科研院所建立了长期的合作关系。如聘请中国工程院院士王广基教授担任首席科学家，以他领衔的科研团队正在研发的国家一类抗肿瘤新药，今年已被列入国家重大创新计划；与尖峰有多年合作关系的四川抗生素研究所目前正打算在金华建立分所，与尖峰药业更进一步进行产品、业务和技术交流等方面的合作……这些都将为尖峰药业产品升级、产业壮大奠定良好的基础。

近五年来，公司在产品研发方面投入资金 2 亿多元，在技术升级与改造方面投入资金 1.5 亿多元，获得专利 20 余项，新产品投放 9 只，在研产品十余只。通过对质量、工艺、装备和产品研发的持续创新，改善了公司一系列产品的性能、功效，提高了产品质量，丰富了产品品种，为企业的品牌建设提供了有力的保障。

而在蒋晓萌看来，在既定企业战略前提下，为了保证战略的有效实施，必然需要相适应的强有力的执行能力进行支撑，保证资源的有效集中配置。而这就是管理创新的命题了。无论是企业生产管理，还是市场营销、技术创新、财务等方面，尖峰战略能成功推进，离不开管理过程能力的锤炼提升。

尖峰集团积极推进企业信息化建设，通过建设覆盖全集团公司各企业的OA管理系统、财务管理系统、人力资源管理系统、视频会议系统等，在提高日常工作效率的同时，实现跨地域发展的便捷管理。另外，持续开展精细化管理，通过6S现场管理、精益生产、对标管理、全面预算管理，使之制度化、程序化，成为员工的日常管理规程和工作习惯。建立各级经营管理者考核评价体系，用评价体系激励管理者的动机、约束管理者的行为，保证了公司持续不断地推动企业的管理向更高水平、更高效率方向发展。为促进企业组织机构优化和岗位优化，尖峰集团于2016年引进“阿米巴”管理理念，并学习国内外同行先进经验，促进管理模式和生产方式的转型提升。

在建立信息化平台的基础上，尖峰也是不遗余力。尖峰所有的生产基地通过加大设备信息化，以“互联网+智能制造”为导向，不断加大投入力度，尖峰各生产企业也在制造方式创新方面不断进行探索，努力提高工作效率，降低企业运营成本，实现向智能制造方向转型。

“产品的口碑和消费者的信任是企业生存发展的基本要素，而商标和品牌就像人的一张脸，我们要像爱护眼睛一样爱护我们的尖峰品牌，使自己的品牌价值不断得以提升。我们将不遗余力的在产品创新、质量服务、品牌传播上花费更多的精力和投入，在不断满足消费者的需求的前提下，促进企业 的发展，最终实现百年尖峰的梦想。”蒋晓萌说。

文：何颖

## 浙江不老神食品有限公司

# 东方有个“不老神”

在浙江的钱塘江源头一带，素有以中草药炖土鸡食而疗疾健身的秘方。浙江不老神食品有限公司的主导产品——“不老神鸡”，就是根据祖国医学“食药一体”理论，按照“脾气须健旺，胃气宜和降”的中医施治原则，在传统“药鸡”的基础上研制而成，其不油不腻、酥嫩爽滑、味在骨中、甘润留香的独特风味，赢得了3000万家庭的信赖。

“像做自己吃的那样做给顾客吃”“良心饭，万万年”，这份信赖背后，是不老神“诚信为先、品质至上”品牌基因的生根发芽、开花结果。这份信赖的结果，不老神也从当初名不见经传的小作坊，裂变为一家全国性的连锁经营

不老神公司厂房

企业：在全国25个省份的160多个城市，开设专卖店860多家，年加工、销售禽类1200多万羽。随着店数的增加，不老神不仅带动地方就业，也带动当地养殖业的发展。

25年创新，25年变革，25年不变的追求，金字招牌上的“不老神”故事值得更多企业品鉴。

## 品牌“创世纪”
## 20万买商标，曾被说“冤大头”

郑樟雄大学毕业以后，被分配到湖南当了一名教师。父亲希望儿子好好工作，今后谋个一官半职光耀祖宗。谁知郑樟雄并不安分，也不在乎教师这一铁饭碗，硬是要搞什么致富经。

1992年，郑樟雄下海经商，期间经历养甲鱼、做胆红素、生产肠衣肝素、种刺梨等副业，那颗不安分的心怀揣着多少激动。经历一番创业，他再也无法满足过那安闲的生活了。特别是他的刺梨发展计划受挫之后，他们夫妻俩天天在讨论如何走出山门，去创另一番天地。

1993年，郑樟雄夫妻从大山里走出来，在衢州靠做副食品批发零售赚钱养家。夫妻俩辛苦一年，最后一盘点，除了仓库里一堆存货，外面的欠款都还不清。郑樟雄心头郁闷，就回小湖南镇的老家散心，顺便帮老父亲照料药鸡店。

说起这个药鸡，还是有点传奇色彩的，配方据说来自郑家祖传的《草药妙方》，郑樟雄的父亲郑无法开的药鸡店，在当地算是小有名气。

那天入夜，老父照例关好店门，开始数当天的营业款。郑樟雄歪着脑袋看父亲数钱，脑子突然一片豁亮：“哎呀，药鸡店多好啊，没存货没欠账，早上一筐鸡，晚上一盒钱。”当晚，郑樟雄就跟父亲合计，要把药鸡店开到衢州去。

就这样，1994年春天，郑樟雄让他的妹妹和妹夫和他一起出山，去衢州开药鸡店。妹妹和妹夫卖了家里的两头猪，凑上4000块钱，挑着几根装修店面的杉木条上路了。

在老乡的帮助下，郑樟雄很快在衢州市的南区找到了一家店面，就是现在

气调保鲜流水线

“NO.0001 衢州 01”的南区店。他和妹夫一起，买来三合板，加上从白岩运来的木条，自己动手，很快就搭起柜台。他们把门面分隔成四个部分，西南转角钉成封闭式药鸡销售柜，柜台的上方用木档加固用来睡觉，西向中间部分做成副食品销售货架，西北角隔成加工间，这就是最初的药鸡店。

从一天只卖半只鸡到每天营业额 800 元以上，第一家不老鸡店花了近一年时间。到 1995 年 12 月份，药鸡店开出第三家分店。不久，郑樟雄又授权一位老朋友，在永康开出一家店。

永康人的嗅觉很敏锐，永康店一火爆，到衢州来拜师求艺的人络绎不绝，郑樟雄有些不知所措，索性叫店里的人告诉来人，郑樟雄不在家。

学不到真技术，就做仿冒的！一时之间，永康、金华的不老鸡店如雨后春笋般冒了出来，不但店面装潢一样，服务员服装一样，连使用的食品袋也一模一样。许多假的不老鸡店拉客都拉到真店门口！

在衢州工商的宣传下，郑樟雄意识到必须给不老鸡注册商标。当年，他到工商局注册“不老”和“不老鸡”商标，都被驳了回来，原因是山东的一家酒厂已经注册了“不老神”，而“不老”与它相近似。

不老鸡已经名声远播，改名肯定不行。于是，一根筋的郑樟雄跑到了山东，找到酒厂老板，经过几次讨价还价，最后花 20 万买回不老神商标。

这20万几乎花完郑樟雄的全部积蓄。回到家，所有人都不理解郑樟雄，"用哪个名字不是一样赚钱，花20万去当个冤大头"。

事实很快证明郑樟雄的眼光，不老神商标转让手续顺利办妥后，不老鸡改名为不老神鸡，与此同时，不老神鸡加盟店迅速超过40家。而永康街头的假不老鸡店，也很快销声匿迹。

## 名牌的奥秘
## 品质让神鸡飞四方

不老神鸡的发展超出郑樟雄的心理预期，本来心里挺美的，但是当他租了一辆车子，跑遍几乎全部加盟店后却发现很多问题：有的加盟商加工技术不过关，产品口味不行；有的不舍得用药料，产品达不到要求；有的对原料把关不严，活鸡宰杀毛没除尽，内脏也没洗干净……

品质参差不齐，不老神鸡靠什么去获得消费者的认可？不老神处在十字路口。"为什么西方能诞生肯德基和麦当劳这样的企业，而中国不能？"1996年，

郑樟雄给不老神新员工上企业文化课

郑樟雄脑子总是在思考这个问题。

1997年，抓住不老神开拓金华市场的契机，郑樟雄终于决定实施不老神产品集中加工。随着第一个不老神鸡加工厂在金华建立，不老神产业从此结束前店后厂的小作坊模式，开始走上"一城一厂、集中加工、统一配送"的新模式。

不老神真空包装产品

此后，郑樟雄又为不老神引入CIS视觉识别系统。1997年下半年，企业到杭州专门请知名设计师设计企业的CIS视觉识别系统。"这在食品行业里属于很早的了，当时与我们一起设计视觉识别系统的还有杭州的'娃哈哈'。"最后设计出来的"不老神鸡"卡通图案可谓另辟蹊径，独树一帜：没有用传统的鸡做标志，而是以寓意深远的千年食客黄鼠狼作为卡通图案。

"因为黄鼠狼最爱吃鸡，所以对做最好吃的鸡，它最有发言权。"这个图案深受大家的喜爱，也让大家牢牢记住"不老神鸡"。

新模式的建立运行和CIS系统的引入，为不老神产业插上有力的翅膀。此后短短五年，不老神鸡专卖店迅速覆盖全国25个省份160多个城市。

之后，不老神又马不停蹄再建新加工厂，引进现代加工设备，率先迈进现代食品加工业的行列；实行"区域建厂、统一加工、包装配送"，实现"标准化生产，规范化管理"，创造行业中多项第一：卤味第一个鸡类绿色食品、行业第一份标准规范、卤汤第一次科学测定……2006年，在衢州市工商局的鼎力帮助下，不老神获得卤味全国第一个中国驰名商标，也是衢州地区第一个中国驰名商标。

熟食卤味的流程包括原材料采购、加工、配送、销售，每一个环节都有可能影响食品的卫生和质量。根据卫生部门近些年来对散装食品的卫生抽查结果，卤味行业的合格率基本在60%～70%之间，散装熟食的卫生有待提高。同时，

郑樟雄深入加工车间

散装熟食有一特点就是保质期短，如何解决销售环节卤味保鲜技术，一直都是行业困惑。

熟食卤味市场重整势在必行。在政府整改熟食卤味市场的机遇下，2014年，不老神创造性地将国际先进的“空气置换”保鲜技术引入卤味行业，无防腐空气置换保鲜装——神鲜装全新面世。

投资扩建的浙东（绍兴）生产基地正式投入使用。该基地生产楼层约11900平方米，一期年产值可达6亿，是一座由国际先进食品PC设计企业日本大商工业株式会社设计的“智慧工厂”，拥有十万级净化包装车间，生产时速5000多盒，可高效实现生产、包装、测试等一体化无缝链接，产品下流水线即进入冷链运输、销售系统，全程实现数字化管理，跻身亚洲一流自动化智能化生产基地。

同时，为了杜绝二次污染，不老神鸡专卖店进行升级改造，添置冷链销售设备，一改卤味专卖店封闭购物模式，敞开式的门店让消费者的购物体验舒适、便利，形象全面升级。

## 诚信天下
## 对消费者敞开心扉，不谋利处尽生财

曾经有人拿衢州兔头和不老神鸡做过研究。同样作为衢州的特色，衢州兔头兴起于20世纪90年代初，畅销近20年，却依然只是盘踞在街头小摊。而不老神鸡在1994年只是一家销售卤味鸡的小店，短短十几年时间，已经“飞遍神州”。一位研究衢州特色产品的专家曾用对联形容两者的状况：兔头守小摊，神鸡飞四方。

除了响亮的招牌、过硬的品质，让“神鸡飞四方”还离不开不老神“诚信天下”“不谋利处尽生财”的品牌思维。

不老神是最在乎消费者评价的，因为一位老大爷买到疑似死鸡，郑樟雄立即到宰杀场调查缘由，得知是在匆忙宰杀过程中放血不彻底引起的误会，但他却打定主意开始打造不老神的养殖基地。

为从原料到餐桌安全生产标准化，出台第一份《不老神食品卫生管理制度》。这份制度虽只有短短的六条规定，但不老神的质量制度建设却因此有了一个良好的开端。至今，企业的质量监管制度已扩展到鸡的养殖、宰杀、加工、销售到客服的128道工序和507个质量控制点。之后，不老神继续再接再厉，成立ISO9001质量管理认证和ISO14001环境质量管理推进办公室。如今，两个国际认证早已内化为不老神的内在精神。

有效的质量控制，使不老神真正做到从原料到餐桌的安全，不老神成了消费者心中的放心品牌。

近几年来，面对外界食品安全事故的屡屡发生，原辅料价格的狂涨攀升，遭受雪灾、地震、金融危机、禽流感等不利因素的不断冲击，不老神却仍在稳步扩大销售规模，拓展包装产品销售，提高品牌增值力，持续带动当地农业产业化进程，整个销售稳中有升。

在注重产品质量的同时，不老神人坚持以顾客满意与否作为衡量服务质量优劣的唯一标准，加强服务员的培训，在顾客心中树立良好的形象。

“做商人就是做人：做人以诚，行事以信”，在以郑樟雄为首的不老神品

农业部原副部长陈晓华莅临公司考察

牌精髓影响之下，就连不老神的服务员也能将外界对于“不老神从一只鸡中能赚多少？为什么不老神鸡卖得比别人要贵？”这些问题解释得一清二楚。“赚取阳光下的利润，让老百姓共享健康与美味，不老神做的已不是单纯的买卖，而是以人格与消费者的应和共鸣。”

1998年，不老神在全国食品行业中率先推出“无因退货”的销售原则，引起媒介的争相报道，树立了行业的楷模。无因退货制度，也是不老神的一种自我考验。只要产品有一点点的小毛病，就会通不过这个考验。

无因退货制度实施7年后，在中央电视台的演播室里，当不老神董事长郑樟雄向在场的嘉宾提到无因退货时，遇到的仍然是一双双不可思议的眼光。就连在场的中国连锁经营协会的会长也觉得很不理解：“熟食行业怎么能实行退货制度？”因为他知道，熟食一旦退回，就只能报废。

然而，不老神就是在别人觉得不可思议的地方走出一条成功的道路。

## 2.0轻餐连锁模式<br>让10000个家庭从小康到富裕

不老神的崛起带动了全国各地经营户的创业致富。义乌的贝旭弟、曹慧琳夫妻在1998年花30万开出义乌首家不老神店，2006年店铺增加到9家，后来他们投资新建属于自己的不老神综合办公楼、标准化的加工厂房，实现不老神产品的标准化生产和规范化管理；1997年，内蒙古的段明原慕名从千里迢迢的大草原而来，2000年，他的明远食品有限公司在内蒙古自治区开设专卖店106家，后来他购置土地，创立多地分公司，引进国际先进生产流水线，开创崭新的未来……这样的例子很多很多。

但是不老神从不满足现有成绩。近几年，随着智能媒体的兴起和“互联网+”概念的普及，社交媒体与生活已紧密联系在一起，经历20多年的积累，不老神厚积薄发，通过网购平台、微信营销以及2.0轻餐连锁模式继续辉煌之路。

在天猫、京东等网购平台，不老神已经形成成熟的客户群，比如，天猫旗舰店聚集近6万名粉丝，月销售订单上万单。在此基础之上，紧密衔接当下流行的微信营销，2016年9月，公司又开设不老神微商城项目，以二级分销的模式，通过微商线上聚集粉丝顾客，刺激更多消费。

微商城的产品以休闲包装系列为主，迎合互联网消费群体审美爱好，以原创人物卡通插画形象，通过活泼鲜艳的色彩搭配，多角度展现年轻消费人群在不同场合下的生活，引发共鸣。不老神微信公众平台每年向用户推送图文近千条，累计阅读量超100万次。目前，注册分销商12000多家，微商城平台年销售达500多万元。

线上支付已成为人们日常消费习惯，它也迅速成为不老神布局O2O的重要入口，运用大数据作为营销的重要工具。2017年，不老神全年线上支付占比总销售额超20%。不老神支付宝现有总会员近60万，在大数据时代，支付远不止是“给钱收货”这么简单。

作为打造O2O闭环的关键环节，不老神通过对用户信息、习惯等数据的收集和分析，让传统企业实现有效的用户管理，对门店销售进行引流，完善整个业务体系，推动门店销售。

随着消费结构的升级，新零售、新技术等新事物的发展推动着新餐饮的产生，尤其受西方文化的影响，现代人的餐饮观念选择更趋向于绿色、健康、自然，而轻餐也逐渐成为未来餐饮的新潮流。未来相当长的时间里餐饮是朝阳产业，而百姓过日子的简餐的发展趋势会更加强劲。

2017年，不老神鸡加工技术获重大突破，实现“传统技术标准化，标准技术傻瓜化”。以卤鸡为基础，用鸡汤整合粉、面、饭，结合不老神鸡八大系列产品，如熟食系列、川派和粉系列、神鲜装系列、小吃系列，等等，“不老神鸡＋简餐”的轻餐模式横空出世，满足食客的多元化需求。

“不老神可以加盟吗？”在过去的10年间，不老神公司客服部接听最多的电话就是询问加盟。早在2006年，不老神商标获得中国驰名商标后，为了提高品质，公司就当机立断，停止原有的加盟模式，继续探索新的运营模式。

2.0轻餐模式的成功推出，让不老神在停止全国加盟10年后，终于重新启动连锁加盟模式，即“不老神卤味＋粉、面、饭”轻餐模式。

如今，近百家加盟店已陆续落户上海、深圳、浙江宁波、浙江杭州、福建浦城、江西上饶、山西长治、河南南阳等城市，围绕“让10000个家庭从小康到富裕”的目标，不老神的连锁版图正在迅速扩张。

现在在国内，几乎人人都知道东方有个不老神，因为以郑樟雄为首的不老神人的品牌化经营取得了了不起的成就，近年来，不老神荣誉累累，不老神被国家工商总局商标局认定为中国驰名商标，企业曾先后被评为国家级重点农业龙头企业、国家高新技术企业、全国农产品加工业示范企业、全国主食加工示范企业、中国餐饮优秀企业、浙江省商贸百强企业、浙江省院士专家工作站建站单位，等等，还因贡献突出被评为G20杭州峰会食材总仓供应企业。郑樟雄则被聘为浙江省民营经济研究中心研究员，被评为浙江省经营管理大师、中国餐饮优秀企业家等荣誉称号。

文：于倩　毛金兰

# 蓝海碧波中闪耀的“明珠”

这是一片美丽富饶的海洋。东海渔仓、中国渔都，鱼虾蟹贝物华天宝；港湾星罗、岸线逶迤，深水良港造化垂青。

这是一片活力四射的热土。伴随着中国的改革开放，远洋渔业成了舟山“走出去”的先行者、开拓者。

作为我国海洋渔业“走出去”的实践者之一，创立于1962年的中国水产舟山海洋渔业有限公司（以下简称舟渔公司），见证了我国海洋渔业的发展。

30多年，舟渔人从近海走向远洋，足迹踏遍了西非沿岸多个国家和印度洋公海、鄂霍次克海、西北太平洋公海、新西兰专属经济区、秘鲁、阿根廷、福克兰专属经济区等海域，将舟渔人勇于探索、吃苦耐劳和特别能打鱼的“斗海”精神发挥到极致。

今天，在“再造一个新舟渔”的旗帜下，舟渔人继续探索远洋渔业科学发展的新路，向着“打造明珠知名品牌、铸就舟渔百年基业”的目标坚实迈进。

## 璀璨“明珠”：一艘明珠轮，揭开中国远洋渔业历史第一页

1985年，福建马尾港，13艘渔船扬帆启航，驰骋万里海域远赴西非，拉

派遣船队参与我国远征西非开拓过洋性渔业

开了中国远洋渔业走向世界的帷幕。

这其中，包括舟渔公司派出的 4 艘船只。舟山市档案局的馆藏档案里，记录着这一珍贵的历史瞬间。

舟渔公司前党委书记陈利恩对此记忆犹新：“1985 年 2 月 27 日，舟渔公司派出 4 艘渔轮，在王希楷、施浙海带队下，载着 40 名船员驶离平阳浦港，在福建马尾港与烟台、湛江、福建三公司的渔船会师，13 艘渔船组成我国第一支远洋渔业船队，历时两个月到达西非，完成了国产渔轮自航大西洋的创举。”

这是我国海洋渔业史上的第一次，揭开了西非远洋渔业史的第一页。

到达西非渔场后，船员们立即投入渔场生产，看着手掌宽的大带鱼，船员乐开了花。然而，这些鱼类在当地不受欢迎，低价出售也无人问津。舟渔人憋着一股劲，认真分析研究，改革网具和生产作业方式，再次起航到经过遴选的渔场，第一网上来，甲板上满是亮晶晶的鱼儿，而且多数是当地市场的畅销货。

从此，中国渔船在塞内加尔的南北渔场上所向披靡，捕获量让外国同行羡慕不已，中国的渔船被誉为达喀尔的“冠军船”。1987 年 7 月 8 日，塞内加尔总统迪乌夫亲自接见了中非渔业有限公司中方代表吕洪涛，对中塞渔业合作表示满意。

20 世纪 90 年代，一批专业化远洋渔船投入生产，舟渔公司的综合实力显著提升。

据陈利恩回忆，1991 年 6 月 17 日，明珠轮在船长董良岳的带领下启程远航，

赴白令海生产的明珠轮

经过10天4000多海里航程，顺利到达作业渔场，当日在白令海撒下了舟渔人具有里程碑意义的第一网。

明珠轮作为全省第一艘远洋拖网加工船，第一次远征北太平洋白令海渔场，对全省远洋渔业的发展产生了极其重大的影响。1992年2月24日，明珠轮第一航次生产结束，8个多月累计捕鳕鱼7128吨，创利91万元人民币，创造了不俗业绩。

董良岳虽然只有小学学历，但他依靠顽强的意志和聪明才智，学习航海知识、天文、气象等，并克服语言关，取得远洋一等船船长职务证书，创造了舟山远洋渔业发展历史上的奇迹。

20世纪90年代初，在成功开发西北太平洋远洋鱿钓作业的同时，舟渔公司积极探索开发远洋鱿钓新渔场，打造了明旺轮等5艘大型专业远洋鱿钓船。

至1997年，舟渔公司鱿钓作业规模达到87艘，创造了令国内外同行瞩目的“鱿鱼时代”，被业内人士尊称为“鱿鱼大王”。

同年，由中国水产总公司、舟山海洋渔业公司、烟台海洋渔业公司共同发起、募集设立的中水集团远洋股份有限公司成功上市。作为优质资产，明珠轮、明昌轮和5艘大型鱿鱼钓船及其渔业生产辅助船等11艘船评估作价入股“中水渔业”，舟渔公司成为中水渔业上市公司三大股东之一。

舟渔公司至此迎来辉煌年代。

## 恒久“明珠”：<br>战略调整让品牌家喻户晓

无疑，如今的舟渔公司已成为中国渔业产业中的标杆企业，开创了中国近海经济渔业和远洋鱿钓渔业两个海洋渔业经济的辉煌时代。回顾60年来的每一次涅槃发展，都离不开创新和进步。

众所周知，舟渔公司起步时产业比较单一，只有捕捞业和冷藏加工，20世纪70年代初期筹建了船舶修理厂，装备技术水平和各项经济技术指标均高于全国同行业先进水平。

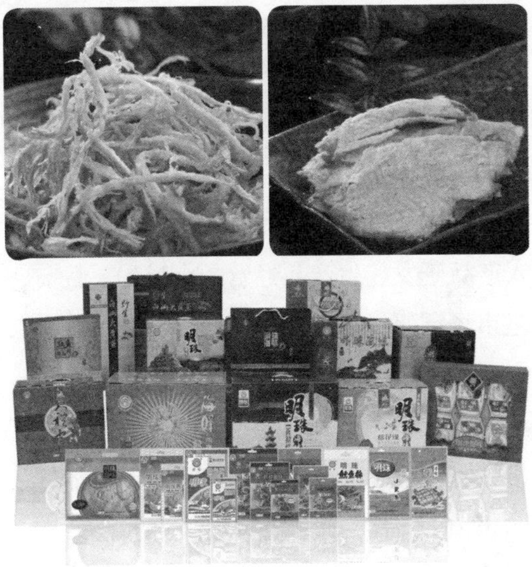

水产品精深加工

20世纪70年代后期，舟渔人转向马面鱼和鱿鱼资源规模开发后，为解决鱼货大量积压，无法保存和无处堆放的局面，开始引进马面鱼和鱿鱼等先进加工技术、设备，建立了具有国际先进水平的水产品加工车间，把昔日的低值鱼和加工废弃物精心加工成高档休闲食品和海洋生物制品，变废为宝，开辟了我国水产品精深加工的先河。

此举不仅提高了原料的综合利用率和产品附加值，还带动了海洋捕捞业的健康发展。其中从日本引进的鱼片、鱿鱼精深加工技术设备处于当时世界最领先水平，也是我国第一条鱼片、鱿鱼精深加工生产线。

从马面鱼捕捞到开发鱼片系列产品，从大洋性鱿鱼钓到开发鱿鱼丝系列产品，舟渔人凭自己的创新实践，为我国渔捞企业和广大渔民找到了一条新的出路。

走在保护我国近海渔业资源和抢占国际公共海域资源的探索之路中，舟渔人又创立了自主品牌“明珠”。也是自那时起，他们便着手进行新品研发和产品质量保障工作。

在产品质量方面，舟渔人始终坚持“质量第一”的宗旨，在国内同行业内最先推行全国质量管理，最先引入并通过ISO9001、ISO22000、ISO14001和OHSMS18000等管理体系和出口欧美的美国FDA食品卫生检测及欧盟HACCP食品安全体系认证。

在新品研发方面，舟渔人成立了专业的研发中心，建立了自主研发队伍，研发出四大类共百余种新产品，形成了休闲类、膳食类、冷冻调理类、营养食品类、礼包礼品类五大组合，建立了覆盖京、津、沪等大都市，辐射全国，直通东南亚和欧美各国终端消费市场的销售网，产品在“长三角”等地享有较高的区域知名度。其中，明珠牌的休闲类海洋食品深受国内外市场青睐。

在新品种研究开发、生产、市场营销实施一体化科技创新战略中，舟渔公司坚持“以科技创品牌，以品牌拓市场”的理念，让客户在创新过程中出谋献策，提高产品质量，扩大市场占有率，提升企业竞争力。同时建立完善了知识产权管理制度，将知识产权保护工作纳入产品研发、生产与经营的全过程。目前，舟渔公司已获各项专利28项，并通过市场调研、关键技术公关、成果转化应用，开发出倍受市场欢迎的系列产品。

在浙江及周边地区，很多人提起“明珠”产品，都会说是吃着“明珠”产品长大的。经过舟渔人的精心打造，“明珠”品牌成为国内同行业历史最悠久的浙江省著名商标和名牌产品，也是中国驰名商标，曾被列入“中国的脊梁”——国有企业500强、获全国五一劳动奖状和国家级企业技术进步奖，企业2009年获舟山市首届市长质量奖，2010年成为上海世博会舟山地区唯一特许生产商，现为中国农业产业化龙头企业协会会员单位和浙江省农业产业化龙头企业。2013年公司明珠牌海洋食品被授予“浙江省最佳城市礼品”和“浙江省农业金名片”荣誉称号。

2017年，舟渔公司提出“再造一个新舟渔”的战略目标，形成以“远洋捕捞为基础、水产加工贸易为核心、渔港物流为重点、渔业产业服务为补充”的经营新格局，打造远洋鱿钓行业的龙头企业，做水产加工行业的排头兵，成为安全食品产业的引领者。

## 科技“明珠”：技术和人才为品牌发展赋能

得益于大自然的馈赠，舟渔人完成了从传统劳作到现代化的捕捞方式、从简单的餐桌饮食到精深加工的华丽转型。60年来，舟渔公司不忘初心，砥砺前行，靠海吃海之余，更有几代人为打造恒久璀璨“明珠”付出了辛勤努力。

20世纪90年代，在建成了当时亚洲最大规模的水产品加工基地后，舟渔公司又相继投入近亿元资金新建万吨冷库，改造生产车间环境，使公司水产品出口加工卫生环境条件全面达到国际卫生规范要求。同时通过引进国外先进技术和自主研发，如热风干燥技术、渗透压技术原理、美拉德反应原理、高温杀菌技术、酶解技术应用等，为企业自主创新提供了良好平台，为品牌持续做大做强提供了保障。

2017 年，舟渔公司投入资金 1000 多万元，对生产厂房、机器设备进行改造更新。

借助国家发展 “一带一路”倡议和长江经济带等战略实施的有利契机，围绕“稳增长、盘存量、去库存、降成本、树标杆、补短板、防风险”的工作主线，积极推进远洋渔业船舶更新与升级换代、水产品精深加工基地假设、现代渔港物流体系建设等，坚持不懈地走上规模化经营、集约化发展之路；利用公司厂区整体迁建的有利时机，推进明珠工业园建设和渔业产业服务升级改造等项目实施，适时引进战略合作者，共同打造中国（舟山）海洋渔业科创园和中国农发明珠工业园，使舟渔公司持续迈进健康发展的轨道。

为更好地调动企业创造性，舟渔公司每年会派员工至相关的业务单位交流学习。同时聘请这些大学的教授专家成为公司的专业技术人才，以他们的基础理论为指导，通过科技成果工程化、实用化的工业性实验，将成果转化为工业技术和产品。可以说，如今的舟渔公司不仅是我国远洋渔业事业发展的标杆企业，也是培养新型专业人才的“黄埔军校”。

这些年，舟渔公司又建立完善了知识产权管理制度，将知识产权保护工作纳入产品研发、生产与经营的全过程，目前已获各项专利 28 项。

舟渔公司在产品生产上始终坚守龙头企业的责任与担当，也体现出其作为国内第一家生产烤鱼片、鱿鱼丝企业的质量意识和生产技术水平。

1995 年，舟渔公司采用日本实物样品标准，经国家水产品加工分技委确认已达到国际先进水平，通过浙江省采用国际标准考核验证，并于 2001 年负责起草了 SC/T 3304—2001《鱿鱼丝》行业标准，2009 年作为唯一一家企业，起草制定了 GB/T 23497—2009《鱿鱼丝》国家标准。

凭借自身过硬的技术实力和业内龙头地位，舟渔公司又参与制定了 SC/T

3302—2010《烤鱼片》、SC/T 3203—2015《调味生鱼干》、SC/T3205—2016《虾皮》等行业标准。在彰显企业实力的同时，对规范水产品质量市场、促进市场健康发展和提高我国水产品质量水平，发挥了巨大作用。

与无数在市场竞争中脱颖而出的大企业一样，舟渔公司也曾面临仿冒、职业打假等事件。从标签标识到品牌，从山梨醇、山梨酸钾到甲醛、淀粉，舟渔人积极参与沟通，查找文献资料，开展各种比对等实验课题，主动承担着龙头企业的行业发展责任，也为品牌的持续发展赋能。

## 闪亮“明珠”：以人为本提升品牌美誉

伴随着共和国的成长，舟渔公司将一间间厂房盖起来，一台台机器也运转起来。渐渐地，舟渔人还有了自己的医院、幼儿园、学校、文化宫、家属楼等生活配套设施。提起舟渔的发展壮大，离不开的是舟渔人的创新和不畏艰险的胆魄。他们始终坚持以人为本，形成了独特的企业文化。在为顾客提供安全、健康、绿色海洋食品的同时，也积极履行社会责任，将公益事业回报社会、奉献社会作为企业价值观的内涵延伸。

职工代表大会是舟渔人参与公司管理、发挥监督职责的重要途径。这些年，舟渔公司不断充实职工代表大会内容，并坚持每年召开会议。在事关企业改革发展和职工切身利益等重大问题决策前，进行充分调查研究，征求意见，对员工存有疑惑的问题进行解释说明，从而使全体舟渔人理解改革、支持改革。

丰收

员工安心工作才能为企业创造更大价值。舟渔公司始终把解决职工困难放在首位，常年坚持开展困难职工帮困助医、困难职工子女帮困助学、大病职工医疗救助、日常定期补助等形式的帮扶送温暖活动。据悉，2016—2017年，公司共使用慰问金90余万元，员工们也深深感受到了舟渔大家庭的温暖。

远洋捕捞是高风险行业，且工作十分辛苦，同时生活单调、活动范围狭小，船员容易情绪不稳，极易因为小事发生冲突。为丰富船员生活，舟渔公司积极开展了一系列寓教于乐的群众性文化体育活动。在船上建立流动书屋、棋牌室，成立党支部，满足了职工日益增强的精神文化需要和对美好生活的向往。

海上作业极易发生安全生产事故，舟渔公司为让船员及家属放心，在每艘船上都配备了卫生员。当船员出现小疾病或小事故时，卫生员会进行紧急处理。若情况较为严重，船队指挥船上有专职船医进行救治，还可以通过远程辅助会诊，防止因救治不力造成更大伤害。

事实上，这些卫生员不仅会救助自己的船员，当同一渔场其他公司的船员出现事故求助时，也会及时救助，他们被亲切地称为“海上白求恩”。救死扶伤仁道显大爱是中华民族的传统美德。在茫无边际、巨浪翻滚的太平洋、大西洋，远洋作业船只随时经受着风浪的考验，恶劣的海上生产环境难免会发生各种安全事故。公司从事远洋鱿鱼钓生产20多年来，遇到过无数起海上紧急救援事件，

每当接到兄弟渔船的求救电话，总是第一时间赶赴出事船只提供无私救助。

几十年来，海上救死扶伤事例不胜枚举。2017年10月23日，在距秘鲁海岸线230海里外的南纬17度18分，西径78度18分的水域，一艘船号为“CHAPI 2”的秘鲁小渔船因机械故障，主机失去动力漂流，且对外通讯中断，在公海苦苦坚持了十多天，水和食物断顿，情况十分危急。正在生产作业的公司“舟渔8号”闻讯后立即向出事船只发起救援，并联系境外船东与船员家属及秘鲁港警总局，通报相应情况。在大家的共同协助下，10月24日下午，秘鲁“CHAPI 2”小渔船终于被前来救援的船只安全拖带至秘鲁港口，避免了海上恶性灾难事故的发生。

远洋捕捞，安全大于天。作为一家深耕远洋渔业几十年的老国企，公司在致力于企业长远发展的同时，始终不渝的承载着崇高无私的社会责任，纵然时代变迁，舟渔人用自己的行动见证，无论是现在还是将来，在努力抓好生产经营的同时，竭尽全力为兄弟单位和船只提供无私帮助，为国家远洋渔业发展作出企业应有的贡献。

坚持以人为本的天高海阔间，舟渔公司又为社会奏响了慈善事业的乐曲。

2006年，舟渔公司组建成立了舟山市慈善总会舟渔分会。2008年四川汶川地震、2010年青海玉树地震，以及每年开展的“爱满人间，慈善一日捐”活动，公司领导层及全体员工以实际行动展示了舟渔人的慈善爱心。

此外，每年组织开展的义务献血活动，也已成了舟渔公司的优良传统。1998年至今，公司合计义务献血达4000人次以上，他们发扬救死扶伤的人道主义精神，用勇气和爱为社会带去新的希望。

## 明珠领航人董恩和：
## 打造明珠知名品牌　铸就舟渔百年基业

舟渔公司现任董事长董恩和，对大海有着比旁人更深的理解和挚爱。四年象牙塔孜孜不倦的学习，积攒了走向大海的储备；西非渔业代表处几千个日夜的坚守，就是为了带领舟渔踏上全新征程。这份与大海相伴的情缘，早已演变成大力发展远洋渔业的生动实践。

舟渔传统渔业产业在他的运筹帷幄下，逐渐改变格局，空间也随之不断延伸……凤凰涅槃，一个全新的集科研、成果转化、综合配套服务为一体的海洋渔业基地，将矗立在中国浙江自贸试验区，伴随着新时代的主旋律持续跳动。

董恩和董事长始终坚定搞好国有企业的信心和决心，团结带领全体舟渔人凝心聚力，盘活存量、激活增量，锐意进取、攻坚克难，在巩固发展优势产业基础上科学决策、周密部署，开创了舟渔公司生产经营及各项工作的新局面。

2017 年舟渔公司主营收入达到 15 亿元，企业顶住巨大压力逆市上场，顺利完成了舟渔解危脱困的阶段性任务，全面进入谋发展、创伟业的新阶段。

在他的带领下，今天的舟渔人继续探索实践着远洋渔业科学发展、健康发展、协调发展的新路，“打造明珠知名品牌、铸就舟渔百年基业”的梦想势在必行，再造一个特色鲜明、优势明显、管理科学、业绩优良新舟渔的目标，正呈现在人们面前。

浩浩大海洋，泱泱生命源。改革开放 40 年，舟山发展如滔滔东海奔流不息。四十年的改革开放给予舟渔公司最重要的启示是，必须站在更高层次谋求现代海洋经济新发展。

大浪淘沙，洗练“明珠”璀璨；追求至真至纯，尽享美味和健康。未来，舟渔公司也将带着“明珠”品牌砥砺前行，走向更蔚蓝的深海。

文：安宇　陈云云　林一炜

# 做世界最好的缝纫机

今年前三季度，浙江新杰克缝纫机股份有限公司收入达32.26亿元，同比增长52.53%；收购全球领先牛仔服装自动化设备制造商——意大利威比玛。

“我们的信心来自对实业的专注。”杰克控股集团有限公司总裁阮积祥接受记者采访时坦言。杰克从一个200平方米小作坊发展成为现在年产值几十亿元的企业，归根到底，在于23年来一直深耕缝纫机制造不动摇，“通过创新和品质升级，连续8年全球销量第一，产品销往130多个国家和地区”。

## 先人一步，始终聚焦制造业领域发展

战略大师迈克尔·波特指出，所谓竞争战略就是创造差异性。在杰克控股集团有限公司总裁阮积祥的理解中，差异化并不需要独辟蹊径，能够专注一个行当，不跟风就是差异化。

23年前，在没有资金、厂房和有设备情况下，阮积祥三兄弟怀揣一腔热血，走进缝纫机世界；23年后，他们一手创办企业构筑坚实基础，积蓄雄厚的力量，成为卓越缝制产业版图上最为闪耀星光。“聚焦、专注、简单、感恩”核心价值观，构筑杰克企业发展的精髓。

“十多年前，许多人将钱投入房地产，买块地不用建房，卖了就赚钱，我

生产场景

说我们不做。”阮积祥说道，自创办企业以来，不管外面风云变化，杰克始终专注缝纫机研发和生产，始终聚焦制造业领域发展，并以此为口号，不断坚守。

这样的决策在金融危机到来时检验出正确性。2008 年，许多缝纫机厂或破产倒闭，或转移投资别的行业，杰克却觉得机遇期到了，不仅不裁员，还加大力度，在人才招聘、产能储备、存货和研发等各方面做足准备。

成功倾向有准备的人，杰克在这时候突出重围，将其他缝纫机企业远远甩在后面。2008 年，全球行业平均销售额下跌 48%，杰克下跌 20%；2009 年，全球下跌 20%，杰克却上升 5%；2010 年，行业整体回暖，杰克则率先实现 160% 增长，并成为全球销量第一的缝纫机企业。2011 年和 2013 年，由中国轻工业联合会和中国缝制机械协会联合发布中国缝制机械行业十强名单中，杰克综合实力排名第一。

在全球新一轮工业革命浪潮席卷而来之时，杰克又先人一步，率先在行业内提出“智慧工厂”建设引领未来发展，将数字化、信息化和智能化技术倾注生产模式和产业形态，通过智能数据、智能生产和智慧服务结合打造“智慧杰克”，并成功践行“中国制造”到“工业 4.0”转换。

企业发展离不开客户支持，杰克人明白客户才是真正“发工资”的人。如何才能牢牢抓住客户心，杰克做法非常简单，那就是始终坚持以客户需求为中心，进行产品研发、生产、销售和服务，用感恩、利他经营哲学，与客户、供应商、经销商长期保持信任合作关系。

过去，客户要求是产品性能好、价格低。如今，客户已不再满足于此，他们需要卖家配送到家，安装调试，并教会他们使用，且有完善的售后服务。

2010 年 5 月，杰克率先在行业内提出“服务是一种核心竞争力”理念，致力服务体系不断完善，全力引导和帮助经销商提升服务意识和服务质量；2011 年 4 月 2 日，杰克荣获“全国售后服务十佳单位”称号，是缝制设备行业唯一获选单位；2012 年，杰克与里斯咨询公司合作引入战略定位，服务的功能和地位再一次被强化，提出快速服务 100% 品牌定位，聚焦快速服务，即各项资源都向服务聚焦，杰克开启快速服务 100% 时代。

阮积祥有句话很经典：“即使损失单子，也要把服务做上去。”为专注服务信念，杰克毫不犹豫地舍弃以往十多年建立的面向高端、大型服装企业的定位模式，舍弃已经开展的各类品牌和产品，转而专攻中小型服装企业。并通过培训、沟通、辩论等方式，导入理念，加强研发和营销，针对品牌特性定位，重点建设服务体系。

新服务定位落实不到一年时间，显现成效。2013 年，行业销售额平均增长 15%，杰克的增长则超过 50%，其中国内销售额增长超 110%，而定位试点区域则增长 150% ～ 200%。杰克已成功从以生产和销售为导向的业务模式，向以客户和市场为导向的业务模式转变。

## 不惜重金，“砸”出创新研发之路

将优质服务理念转为生产力，杰克通过不断创新不断跟上客户的需求。与生俱来的创新基因，让杰克不断打破常规，敢为人先。

广纳良才，广开言路。杰克通过“走出去、请进来”的办法，与轻工业自动化研究所、上海缝纫机研究所、清华大学、浙江大学、浙江工业大学、东华大学等多所科研院所进行产、学、研合作，加强技术创新的能力。杰克在杭州创办中央研究院，并以此为核心，以德国、西安、武汉、台州等研究所为基地，构建研发驱动型企业的发展模式，走上快速发展的轨道，形成布局合理、功能完善、运转高效的科技创新基础条件支撑体系。

“我们在研发上投入，一向是不惜重金‘砸’的。”杰克控股集团有限公司董事长阮福德用“砸”字彰显出企业对创新投入的力度。

据统计，杰克每年投入销售总额 4.3% 用于新品研发。通过自主创新，杰克大胆地将高新技术引入传统产业，注重核心技术和自主知识产权开发，获得 700 多项专利授权，并逐渐构建专利保护网，保持产品竞争优势。拥有强大国际研发团队，包括研发人才 500 多人，博士 5 人、硕士 47 人、高级职称 5 人、中级职称 12 人，核心专业技术人才均来自德国、日本等行业技术全球领先的国家。

全球首台会说话缝纫机，行业率先启动第一条智能生产线，将缝纫机应用于发展汽车、航空航天等高端领域……目前杰克生产的 52% 产品是经过省科技厅鉴定的新产品，或是其他类型的高新技术产品，占主营业务收入的 62.3% 左右。

杰克用一项项尖端产品成果和销售数据，向我们展现其强大创新能力和创新转化能力。

车间一角

## 强强联手，国际化布局加快裂变

“与德国、日本等缝纫机行业相比，我们企业大而不强，在自主创新、制造工艺、产品质量、品牌美誉度和产品附加值等方面，仍有一定差距，在中高端缝制机械市场，还有很大潜力。”阮福德说道。

与国际强企强强联手，是杰克走向国际化，实现跨越式发展捷径。

2009年，杰克股份收购在世界自动裁床行业中占有重要地位的两家德企——Bullmer（奔马）和Topcut（拓卡），成立德国拓卡奔马有限公司。通过收购拓卡和奔马两家企业，杰克在产业链环节技术外溢效应明显。2009—2018年6月，拓卡奔马中国公司新增授权专利243项，成为全球业内获得专利数量最多的企业之一。德国公司则利用杰克股份制造、组装优势，降低裁床的生产成本，提升产品在国际市场上的竞争优势。

2018年7月，杰克股份以650万欧元全资收购意大利迈卡公司。双方“牵手”后，在生产、采购、营销渠道等实现协同发展。杰克将过去5年自主研发服装智能制造技术与迈卡的技术相融合，加快向智能制造成套解决方案服务商转型。

国际化布局不仅于此，2018年9月，上海举办中国国际缝制设备展览会第一天，杰克股份与国际知名4A广告公司北京电通广告有限公司举行品牌战略合作签约仪式，成为中国首家正式启动品牌战略的缝制设备商。杰克率先迈向品牌驱动全新发展阶段，以战略高度和全球品牌视野，与北京电通携手，探索适合杰克、适合缝制行业品牌发展之路，实现全球缝制设备第一品牌的梦想。

在与国际企业联合的同时，杰克自身发展依然不停歇。杰克正在启动智能制造科技产业基地智能缝制产业基地规划。未来，这一基地将集合现代化智慧工厂、智能缝制流水线装备定制中心、国际缝制装备工业设计中心、展览中心等生产、研发、休闲、教学于一体的智能缝制产业链。

阮福德说：“我们相信，未来我们将突破智能化全流程制造模式，打破国际垄断，开拓国内外高端市场，打造研制最前沿智能缝制技术的试验基地，推动缝制机械行业乃至包括服装行业在内上下游产业结构升级，真正实现缝制行业全球第一品牌民族工业振兴。”

## 打造全球缝制设备第一品牌

杰克一路走来，步伐坚定，志存高远。如今，杰克从智能缝制设备制造商向服装智能制造成套解决方案服务商优化升级。成为全球缝制设备第一品牌的“杰克梦”扬帆起航。

车间一角

杰克创始人阮积祥有个职业习惯，看人不看脸，先看人领子齐不齐。“别看一个小小衬衫领子，涉及工艺很复杂，柔软布料对技术操作很高。”阮积祥说。一直以来，服装行业都很难真正实现“智”造。

再熟练裁缝也很难做到“精准”二字，但杰克做到了。在杰克生产车间，记者见到一系列智能化缝纫设备。正在操作一台衣领袖口全自动缝切机的工作人员说，这台设备通过精密传感器，解决服装“智”造中一大难题：收放料自动校正对齐。

机器还自带熨斗，可以抚平布料褶皱，再加上针速率、布料受力都是均匀的，做出来领子自然就很平顺、规整。

杰克“智变”得益于高瞻远瞩的战略眼光。2009 年，杰克股份在金融危机后，抓住机会，逆势而上，收购德国奔马和拓卡两家公司。拓卡、奔马在并购后没有出现“水土不服”，当月便全面恢复生产经营，同年 9 月开始盈利，11 月实现满负荷生产，12 月开始扩大产能。

杰克还善于将“洋品牌”先进技术化为已用。2010 年，成立台州拓卡奔马机电科技有限公司，开始面向全球大展拳脚，开辟世界自动裁床新格局。经过几年努力，2017年合作开发出全球唯一的、最领先的、采用振镜式裁剪技术的自动激光裁床。年产100万台节能智能工业缝纫机建设项目，更是成为以智慧数据、智慧生产和智慧服务为一体的“智慧工厂”样板。

如今，杰克自主研发之路越走越开阔，在杭州、西安、武汉、台州和德国、意大利建有六大研发基地，至2017年拥有专利总数800多项，发明专利数量行业第一。去年，杰克还收购了具有40多年历史、全球唯一一家衬衫智造专家——意大利迈卡公司，杰克智造之路再跃上一个台阶。

至此，杰克成为世界唯一一家集缝前缝中为一体的成套缝纫设备制造商。

“早期家用缝纫机单台平均价格150元左右，目前工业缝纫机单台平均价格2000元左右，未来智能缝纫机单台平均价格将达10万元。”阮积祥说道，当前，缝纫机行业产品价值不断提升，行业规模在逐步扩大。

缝纫机设备通过效率提升，可以节省大量人工成本。同样以衬衫领子为例，一台智能化设备可以达到5秒一个的速度，不管是质量还是效率都远高于人工。一台设备一年半载就可以回收成本，孰优孰劣对于服装企业来说一目了然。

当前，杰克正处于高速发展的“快车道”。杰克一个业务员告诉记者，自己当天接单量超过3000单，杰克总是处在“忙完上半年忙下半年”状态中。

企业外景

"让天下没有难做的服装。"阮积祥说，智能化缝纫设备普及，让今后服装企业可以快速进行量体裁衣的定制化服务。"此外，掌握高端裁床技术让公司在汽车、航空等领域也有大有可为。"

在阮积祥看来，当前制造业迎来"强者恒强"时代，杰克也处处展现强者自信。杰克一路走来，创造无数的行业第一。近日，杰克还拿下国字号制造业单项冠军企业重磅荣誉。

专注并坚守是杰克梦得以一次次梦想成真的关键。

接下来，杰克将继续走研发驱动、品牌领航道路，构建以智慧数据、智慧生产和智慧服务为一体的智慧工厂，逐步从智能缝制设备制造商向服装智能制造成套解决方案服务商优化升级。实现企业质量、效率和动力"三大变革"，实现企业的裂变发展，推动"中国制造"向"中国智造""中国速度"前进。

文：陈余玉

# 驰骋在高质量发展跑道上

浙江吉利控股集团董事长李书福

台州，吉利汽车梦开始的地方。

“我的汽车梦源自台州，发展于全球。吉利从无到有，从小到大，从台州到全球。”11月30日，在2018中国民营经济发展（台州）论坛上，浙江吉利控股集团董事长李书福说。2017年，吉利汽车销量突破124万辆，销量位居自主品牌之首；今年上半年，吉利汽车总销售量达77万辆，同比增长44%，继续领跑自主品牌市场，“吉利继续探索实践和转型，为企业可持续发展再出发”。

## 起步制造业，坚守实业32年

改革开放40年来，吉利控股集团经历6次创业转产。虽然过程坎坷曲折，但磨难经历就是宝贵的财富。“对于吉利来说，这是一个不断实践和探索的过程，也是一个不断转型升级和持续创新的过程。”李书福表示。

1996年，吉利集团退出摩托车生产行业，在台州临海买下800亩土地建造生产汽车厂房。1998年8月8日，中国民企首辆自主品牌——吉利豪情汽车

1998年，第一辆吉利汽车豪情下线

在临海市下线，这标志着吉利汽车工业正式启动，初创吉利整车技术和零部件配套体系，开启吉利轰轰烈烈的造车历程。

2000年5月17日，吉利首辆美日车在宁波基地下线，仅用9个月建成宁波基地，拥有四大工艺生产能力，展现了吉利人在工厂建设和生产装备水平提升上的显著进步，标志着吉利汽车向规模化发展迈出重要一步。2001年10月31日，吉利控股集团成为中国首家获得轿车生产资格的民营企业。

2002年，吉利以产销量年均增长117%的规模进入中国汽车制造企业“3＋6”格局，并以此基点，为今后中高端汽车发展奠下坚实基础。同年7月，吉利控股集团取得直接对外汽车出口贸易权；2003年8月，吉利轿车首批出口海外，实现中国轿车批量出口“零突破”。

之后，吉利又全面推进一场更为深刻的“三链协同”，着力打造营销链、研发链和供应链，并以吉利自由舰、金刚和远景等新三样汽车，进入一个现代化、规模化和高水平自主创新的造车时代。

2015年起，吉利汽车营收连续跨越300亿、500亿和900亿三个关口，营收增速明显高于销量，也折射了吉利汽车质量和品牌的进步。

## 品牌不断革新的战略

“唯有从价格取胜转向技术领先战略，从成本领先转向品牌创新，从以效益为中心转向以客户为中心，吉利才能真正地实现造每个人精品车愿景，中国品牌汽车才能实现高质量发展。”李书福说道。

为从市场和用户需求出发，深化平台化战略，打造精品车型，2015年4月，为强化和提升新吉利品牌，吉利汽车将帝豪、全球鹰、英伦三个子品牌汇聚统一成吉利品牌，以统一形象和产品组合为消费者提供服务。

新品牌战略是针对市场环境和消费者需求做出的主动性战略布局，对既往品牌战略传承和深化，以崭新技术支撑、产品品质和品牌形象打造一个充满激情的新吉利。

为培养自主创新的专业人才，吉利控股集团创办浙江汽车职业技术学院、北京吉利学院、三亚学院、湖南吉利汽车职业技术学院及培养企业高端人才的汽车工程研究院。然而，想让吉利汽车“跑更快”，吉利控股集团还意识到仅靠自主培养人才和积累创新能力还不够，于是，一个海外并购的大胆设想产生了。

2010 年，吉利与福特签订沃尔沃轿车公司最终股权收购协议

## 海外并购助力吉利“走出去”

2018年年初，吉利集团有限公司收购德国戴姆勒股份公司9.69%具有表决权的股份。作为梅赛德斯－奔驰的母公司，它在世界豪华汽车市场占据领先优势。吉利集团有限公司成功收购后，成为戴姆勒最大股东，且将长期持有其股权。

真正让吉利控股集团名声大噪的是，2010年8月，吉利控股集团成功收购了沃尔沃汽车集团100%股权及知识产权等相关资产，成为中国首家汽车跨国公司。当年，总收入约1000亿元的沃尔沃在面对总营业收入只有42.89亿元的吉利控股集团的收购要约时，最为担心的莫过于知识产权，而吉利控股集团知识产权系列举措让沃尔沃吃了“定心丸”。

事实证明，这次“联姻”实现双赢。沃尔沃帮助吉利控股集团提高研发能力，吉利控股集团帮助沃尔沃降低规模成本。2017年，沃尔沃汽车累计销售57.15

杭州湾研发中心

万辆，同比增长7%，盈利达141亿瑞典克朗，同比增幅近三成。

“融合沃尔沃开发体系优秀经验，我们建立新产品开发系统（NPDS）。”吉利控股集团知识产权部负责人介绍，在该系统开发初期，吉利控股集团知识产权团队与NPDS技术研发团队共同努力，定义NPDS中知识产权子程序，包括产品开发全生命周期中专利、商标、软件著作权等知识产权内容，明确吉利新产品开发过程中知识产权保护模式，定义所有重要节点知识产权工作内容及成果。同时，派知识产权工作人员进驻项目组，专门解决知识产权相关问题。

近几年来，吉利先后收购澳大利亚DSI（变速器公司）、瑞典沃尔沃汽车、英国伦敦电动汽车公司、马来西亚宝腾汽车和英国路特斯汽车，快速成长为一家国际化汽车制造企业，年销售汽车达182万辆，进入世界汽车企业前十强。历经数次成功收购案例的吉利，堪称中国企业“走出去”的经典教案。

## 未来布局：高质量发展

在李书福的心里，一直不变的是创业创新和坚守实业初心：坚持技术创新，持续投入研发；坚持人才培养，锤炼工匠精神。

吉利控股集团不断积累创新力量，在中国宁波、杭州，瑞典哥德堡和英国考文垂、德国法兰克福布局五大工程研发中心、在中国上海、瑞典哥德堡、西班牙巴塞罗那、美国加州、英国考文垂设立设计造型中心，聘用研发设计和工程技术人员达2万余人，每年的研发投入高于行业；加快传统汽车企业向新能源智能汽车企业转型，以创新驱动发展，尤其在智能网联汽车领域和新能源汽车产业链布局上，在新材料、新工艺、新技术应用上前瞻性战略部署，成为以技术创新为引领最有活力的全球科技型企业；还建有国家级企业技术中心、博士后科研工作站和院士专家工作站。

高质量管理是系统性工程，质量必须是全业务链和系统性质量。近年来，吉利控股集团探索出一套高效协同管理模式，对标先进国际研发管理体系，吸收沃尔沃先进研发技术，打造具有吉利特色的NPDS研发管理体系，组成融合各部门跨职能研发组织，有效地整合工作流程、组织和制度，开创多方协同创

总部大楼

新、实现成果转化联合创新模式，确保公司研发战略实施。

21 世纪是科技革命、产业变革和商业重塑世纪。打造共享数据平台，形成线上优势，才是决胜未来关键。高连接性和高稳定性数字网络系统一旦形成后，全球汽车将链接这个系统上，今后汽车将是线上线下高度融合智能空间移动终端。

“未来交通格局是智慧立体的，分为地面、地下和楼宇之间等三层，各种交通工具会串联起来，出行更加多样性。”李书福表示，吉利目前已经加快向全球创新型科技企业转型，全面抢占全球科技制高点，在未来智慧立体出行生态方面作出重要布局，将吉利汽车打造成最具竞争力和受人尊敬的中国汽车品牌。

## 民族汽车工业扛起社会职责

吉利控股集团在坚持为发展自主品牌不懈努力的同时，始终秉持“让世界充满爱”的公益理念，将企业公民的理念聚焦于文化教育、扶贫赈灾、社区帮扶等众多公益领域。

多年来，吉利控股集团积极履行社会责任，大力支持社会力量办学，努力践行产学研结合，开展技师、技工培养，积极投身慈善事业。特别是2016年3月，为积极响应党和政府的号召，吉利正式启动“吉时雨”精准扶贫项目，建立“集团牵头、基地主办、伙伴协同、全员参与”的扶贫工作机制，构建“政府搭台、企业出资、农户参与、社团监管”的扶贫工作格局，秉承“吉利把生产基地建设到哪里，就要把精准扶贫工作开展到哪里”的指导思想，计划至少投入6亿元，在9省17个区域从“产业扶贫”“教育扶贫”“就业扶贫”“农业扶贫”等四个方面入手，精准帮扶20000个家庭。截止到2018年10月，已累计投入资金超过3.5亿元，在全国启动20个农村帮扶项目，资助建档立卡户超过13000户，其中资助超过10000人次贫困学子圆校园梦，帮助3705位建档立卡户实现就业。将党和政府的关怀、温暖，通过企业这一载体，精准地送到千家万户，为推动乡村振兴贡献力量。

愿吉利控股集团在前进的道路上继续扬帆远航，一路高歌。

文：陈余玉

# “第一锅”的创牌密码

如果时光倒流 30 年，普通百姓家中厨房锅具无外乎铁锅、电饭锅、压力锅等简单厨具。时过境迁，如今人们正享受着创新厨房带来的“人间烟火”。浙江爱仕达电器股份有限公司是这一变化的受益者，也是这一变化的引领者。

从不粘锅、无油烟锅、多重保险高压锅、无锈铁锅，到可控温炒锅等品类的锅具，都是爱仕达在国内率先开发和销售的。“制造厨房健康产品、提升人类生活品质”，让爱仕达成为中国炊具市场诸多领域开创者和刷新者，也成为爱仕达企业发展的目标。

## 品牌篇：
## “补锅匠”造出国内第一口不粘锅

地处东海之滨的浙江温岭，千禧首缕阳光照入之地。尤其是改革开放之后，涌现出许多具有创业和创新精神的行业领军人物，浙江爱仕达电器股份有限公司董事长陈合林便是其中之一。

20 世纪 80 年代，陈合林在温岭小有名气，他因精湛纯熟的补锅手艺而远近闻名。正当补锅生意风生水起之时，他却感到这并非长远发展之计。偶然间，一个带锁合页皮箱引起了他的注意，他意识到机会来了。于是，一种外观漂亮、质量优良、用五金边角料生产的箱包合页便在温岭西浦乡下“工厂”中诞生。就是这小小合页，让他掘到人生中“第一桶金”——100万元，完成原始资本积累。

1987年，陈合林办起温岭市金属制品厂，这个就是爱仕达前身。80年代末，一次与不粘锅的不期而遇，使陈合林和不粘锅结下不解之缘，由此催生此后他传奇的商业之旅。

当时，不粘锅刚从国外进入国内市场，国内还没有一家不粘锅生产企业。而国外不粘技术已成为炊具行业发展趋势，引领着健康和环保的厨房革命。不粘锅“不粘、不焦、不糊，易洗、易洁、无毒和无味”特性，使颇具商业头脑的陈合林眼前一亮——这种产品将来一定会有广阔发展前景。

当时他脑子里闪现出一个大胆的设想：要在国内抢先生产不粘锅。经多方打听，贵阳一家军工厂应用不粘技术生产军工产品。可是，他很快得知这种锅一般只供部队使用，生产不粘锅主要原料“特富龙”也主要应用在导弹等军用品上。

没有技术、人才和经验，一家小小民营企业要生产不粘锅，谈何容易？然而，陈合林却不是轻易被困难击倒的人，他高薪聘请了原本手捧“铁饭碗”的技术员，1991年，中国民营企业生产的第一口不粘锅在他的工厂中诞生，陈合林也因此成为国内第一个应用世界先进不粘技术生产不粘锅的人，当年产值即达300多万元，他再次以自己的智慧和努力收获了人生中的“第二桶”金。

## 市场篇：
## 吹响“冲锋”号角，步步为营

在国内市场，爱仕达不粘锅的市场份额一直稳居国内行业第一名，压力锅市场份额稳居行业第二名；在出口方面，爱仕达铝制炊具出口连续位居国内炊具行业第一名。经过十几年国内外市场的拓展，爱仕达已形成强大的国内营销网络和以经销商为主的国外营销网络，在国内27个省市建立销售终端达2600多个。

1994年，美国杜邦公司授权爱仕达使用特富龙锅具涂料标志，直接提升爱仕达产品档次和品位，使爱仕达迈出发展的关键一步。1997年，爱仕达不粘锅销售达到6000万元。

看起来，爱仕达似乎稳坐国内不粘锅市场头把交椅。然而，陈合林却发现不粘锅市场容量的局限性。事实上，爱仕达不粘锅销量高达6000万元，全国不粘锅市场总容量也就1.5亿元，而压力锅市场容量却是其10倍之多。陈合林意识到，炊具走多样化道路趋势，已成必然！

其实，在1994—1995年，爱仕达已为红双喜贴牌生产压力锅。根据双方签订协议，爱仕达为红双喜贴牌生产压力锅，红双喜则委派专人亲临爱仕达指导技术和监督生产，并通过双方市场网络销售。就这样，爱仕达在不到一年的时间，既掌握了压力锅制造技术，也赢得了“红双喜”原有市场。

1998年6月，爱仕达推出自主研发生产和自有品牌六保险压力锅。这种流线型设计压力锅一经推出，不仅解除了终端消费者对压力锅安全性能的疑虑，更将国内压力锅安全性能提升了一个等级。那一年下半年，爱仕达压力锅创造了销售6000万元的佳绩。

“无内不稳，无外不强”，这是爱仕达的发展思路。1991年10月，爱仕达收购湖北安陆国有纱窗厂，成为首家收购国企的当地民营企业，之后，爱仕达布局内销市场收购战术，随后又相继收购安陆国有铝厂、国有钢厂等大小五家国企。湖北安陆作为内销材料供应基地，年生产能力达5000吨。同时，把温岭作为出口基地，于2006年收购原温岭江厦罐头厂，使之成为炊具产业零部件生产基地。

1993—1998年，爱仕达一直以内销市场为主，产值始终徘徊亿元之内。而当时国内不粘锅及压力锅买方市场趋于饱和，国外市场对大多数炊具生产企业包括爱仕达来说却是一片空白。中国全部炊具市场不过也就60亿元容量，而美国一个公司可以做几十亿美元，更不必说欧洲、日本成熟市场。

1999年，关于中国何时加入世贸组织讨论时，当国内多数企业将其视作政府行为时，爱仕达早已盘出一套中国加入世贸组织挺入外销的计划。

说做就做。爱仕达锅具产品漂洋过海，出现在美国芝加哥国际家居日用品博览会上。无巧不成书，爱仕达样品竟引起世界炊具第一巨头美国纽威公司采购人员兴趣，当时纽威公司正有意把生产基地从东南亚迁移至中国，双方一拍即合。后来，纽威公司派专家实地考察爱仕达企业，“我们愿意与爱仕达合作，请在 30 天之内拿出两个合格样品”。

30 天后，爱仕达如约交出新样品，高效的开发能力打动了纽威公司，随即便给爱仕达下了 1000 万美金订单，一扇通往国际的大门从此向爱仕达打开。之后，仅纽威公司每年在爱仕达的采购量就达 4000 万美金。

与大型连锁超市及卖场合作直接进驻终端市场，这是爱仕达布局一二线市场的主要销售渠道。

1996 年，家乐福在上海开了国内首家分店，爱仕达选择入驻家乐福。事实证明，超市连锁网络和国际知名品牌的独特影响力，使爱仕达免去构建营销网络的大量精力，爱仕达产品也随之铺向全国各地。2004 年，爱仕达不粘锅产品被纳入全球超市采购体系。2008 年开始，爱仕达将苏宁和国美等家电卖场纳入自己销售渠道，同时，通过与全国经销商的共同努力，爱仕达展开国内三、四级市场拉网式营销，把产品从一个大城市向中等城市延伸，再从一个中等城市向普通地级城市延伸，最后从普通地级城市向镇和村延伸。

当然，发力三四线市场并不意味着爱仕达放弃一二线市场。因为布局三四线市场的同时，定位高端的 ASD 项目也已起步，爱仕达进入一批精装修新楼盘厨房项目。外资炊具市场统领炊具奢侈品市场，爱仕达则采取继续满足并统领大众消费者，兼顾该领域所延伸出来的高端市场的策略。

爱仕达提出通过推行多渠道并行，实现厂商共赢。在已有一级渠道的基础上，通过与经销商合作，共同推进企业形象店和旗舰店建设，发展 300 家左右代理商。此外，还创新运用形形色色的营销手段，如在大卖场采用现场演示的直销方法，将消费者、商业和企业融合在一起，取得非常好的成效。

## 创新篇：
## 坚持自主创新，发展节能环保科技

以“制造厨房健康产品，提升人类生活品质”为企业使命，确立“追求卓越、科技创新”的企业价值观，致力做绿色厨房倡导者，近年来，爱仕达提出自主创新，创百年民族品牌企业的愿景。

中国第一口六保险压力锅、第一口陶瓷无油烟锅、第一口采用不锈技术的铁锅、第一口采用储热节能专利底炒锅、第一个复合铜内胆电压力锅……爱仕达产品研发自创立以来始终走在业内前沿。爱仕达还负责起草、参与制订18项国家和行业标准，拥有460多项专利技术，并投入巨资组建国家级标准检测中心。

20世纪80年代末期，爱仕达上马不粘锅项目需要2000万元技术改造资金，而当时公司只有200万元。陈合林认为，一个企业只有不断技术改造，提高质量，降低成本，才能长久地立于不败之地。于是，他力排众议，筹措资金，招募人才，盖厂房，进设备，这才有了中国民营企业第一口不粘锅的诞生。之后，陈合林又累计投入资金5000万元进行技术改造，使爱仕达从一个小工厂成长为国内炊具行业领航企业。

中国加入WTO，爱仕达再次投入3亿元技改资金，在温岭经济开发区征地350亩，引进世界先进厨具生产设备，使爱仕达厨具年生产能力达到3600万套。随后，爱仕达I P O，以18.8元/股的价格，发行6000万A股，募集资金11.3亿元，用于年新增750万只无油烟、改性铁锅和年新增500万只不锈钢及复合板炊具技改、年新增650万只智能型节能厨房系列小家电建设和技术研发中心技改等项目。

庞大的生产能力、超前设备的改造和产能的扩张，为爱仕达降低生产成本、保证货源及品质提供条件，也为爱仕达高速成长奠定坚实的基础，让爱仕达在机遇来临时候得以牢牢把握。

当能源和环保问题成为制约全球经济发展主要矛盾时，中国创造必须坚持节能减排和走持续发展之路。爱仕达发起节能降耗减排活动，电耗同比下降10%左右，废水回收率达60%；积极调整产品结构，开发低碳、节能、安全健康的炊具和厨房小家电产品。爱仕达健康厨房首推使用聚能节能专利技术的炊具，可比普通炊具节能10%以上，无油烟锅烹饪食物，可以节省10%以上食用油，帮助人们重新建立健康生活标准，真正提升人们生活品质。

上海世博会上，爱仕达作为民企馆16家参展倡导企业，买断民营企业馆从开始到结束的所有碳排放量，用实际行动倡导世博会“绿色、低碳”的口号及要求，坚持践行产业节能低碳使命，打造低碳厨房。同时，为契合“城市，让生活更美好”的主题，爱仕达以“盛世晶典”极品套锅亮相，成为世博民企馆的一大亮点。

## 文化篇：以人为本，勇担社会之责

“一个优秀企业离不开人才。”陈合林是一个惜才爱才之人，只要是合适人才，他会千方百计将其纳入爱仕达旗下，这点从创业之初以高薪聘才事例中，可见一斑。“爱仕达中‘爱’体现为广大员工创造美好生活殷切关爱；‘仕’指有才能人，体现广纳世界贤才以实现企业愿景途径。”

据了解，爱仕达员工享受国家规定社会保险和住房公积金等福利待遇，还享受工作之余丰富多彩的娱乐活动；他们住在公司斥资3000万元建设的爱仕达公寓，医疗、通信、食宿、娱乐等生活设施齐全；逢年过节回不了家，公司会为这些留守员工准备好丰盛的春节年夜饭大餐；累了，想休息了，不用担心工资待遇问题，他们可以享受带薪休假；为公司作出贡献的老员工或中层以上干部，还能分得公司股份制改造中拿出的股权。

爱仕达创办至今，已累计向慈善机构、希望工程、灾区群众、新农村建设捐款1000多万元；支持当地党委、政府各种社会活动500多万元。2008年5月12日，汶川大地震后，全公司为灾区捐款捐物77万余元。

爱仕达还十分重视环境保护工作，污水处理按照当地要求达到三级排放就算达标后，为确保周边环境安全，创建和谐企群关系，又投资600多万元，建成一套日处理综合废水1000吨污水处理系统，使污水处理达到国家一级标准，并一直做到稳定排放。公司通过ISO9001认证、ISO14001认证、CCC认证和德国GS认证、美国UL认证、瑞士SGS认证、日本SG认证等多项国际认证，顺利通过浙江省绿色企业审核验收。

上市后的爱仕达，借助资本市场力量，加紧新战略布局，向着“制造厨房健康产品、提升人类生活品质、创百年民族品牌”的目标迈进。

文：陈余玉

# 一颗纽扣开启百年梦想

如今，浙江伟星实业发展股份有限公司首个海外工厂——孟加拉国工业园投入生产，将形成年产拉链 9240 万条、金属扣 8400 万套的规模。伟星国际化的进程，又坚实地向前迈出一大步。

从一颗纽扣做起，伟星乘改革开放东风、启市场经济之始，怀揣一颗匠心，由一家名不见经传的民营小厂，迅速成长为一家拥有服装辅料、新型建材、光学制品、房地产、水电、金融投资服务等六个产业、十余个工业园、两家上市公司、总资产达 215 多亿元的国家级企业集团，事业版图越画越大。其中，浙江伟星实业发展股份有限公司是中国钮扣和拉链行业首家上市公司，浙江伟星新型建材股份有限公司是中国唯一一家以 PPR 管道为主导产品的上市公司。

伟星车间一角

40余载，伟星人带着伟星梦，续写“百年伟星”新篇章。

## 创新为魂，插上“智造”翅膀

仅靠3间古庙、7名工人、9台机器，1976年9月，伟星在临海尤溪镇一个偏远山区开启艰苦创业的征途。

企业发展好比丛林生存。在这个资源紧缺、竞争激烈的时代，唯有力争上游、勇攀高峰者，才能在大浪淘沙、物竞天择下存生。

40多年来，伟星历经金融危机、转型升级等多次挑战，从举步维艰到悄然崛起，之所以能保持长期可持续发展，是因为有一群敢于拼搏的伟星人。

走进伟星股份大洋工业区拉链厂区拉头毛坯组装车间，上千平方米场地，早已不见人头攒动的景象，取而代之的是一台台正在开足马力生产的机械设备。

无独有偶。在伟星新材管件注塑车间，一名工人通过人机对话，操控着十几台大型机器，机械手上下翻飞，或切或拉，替代此前密布的工人。

从人工制造到机械化操作，再到自动化生产，这些先进机械设备见证伟星“机器换人”的轨迹和效率。

早在2013年，伟星股份开始推进“机器换人”项目，目前已投资2亿多元进行技术改造，陆续上线多合一设备、AGV小车、智能物流等项目，减人成效显著。以金属拉链穿拉头设备为例，将拉头倒入容器内，拉头就会自动排列整齐，在动力装置牵引下被送上布带，固定成型。“这台设备将这一工序的生产效率同比提升200%。不仅如此，几乎每条生产线都有‘明星设备’。”伟星股份临海拉链分公司总经理助理梁利斌说。

“科技创新、深化改革是伟星不断向前发展的根本动力。”伟星集团有限公司董事长章卡鹏反复强调科技创新的重要性。

伟星人是这样说的，也是这样做的。伟星股份拥有国内首个通过服装辅料专业检测机构CNAS的实验室，以及服装辅料研究院、中国拉链纽扣技术研究中心和省级技术中心；伟星新材在原有基础上，不断加大科技投入，引进先进的研发设备、顶级人才，开展行业关键技术研究。集团两家上市公司，仅2017年，

伟星外景

就投入研发资金 2 亿多元，中国轻工业百强企业、国家火炬计划重点高新技术企业、国家知识产权示范企业等多项荣誉纷纷落到伟星头上……

## 质量为先夯实发展之基

不久前，伟星新材参与由国标委牵头的《塑料管道系统埋地用无压热塑性塑料管道系统弹性密封圈接头的试验方法》等四项国家标准起草。这是伟星用产品硬实力换来的行业话语权。

产品质量是衡量一家企业持久发展的关键因素。伟星视质量为企业的生命。

“去年，公司荣获全球三大水务集团之一法国威立雅环境集团供应商‘特殊贡献奖’。”伟星新材品质保障中心经理助理李俊光介绍，这得益伟星对产品近乎苛刻要求。“可以说，无论是民用领域给排水、采暖和燃气等，还是工业领域船舶、矿山、输油管道，只要有管道地方，就有伟星。”

不管是做管材还是做拉链，伟星都实行细化、量化、标准化的“三化”管理，接到订单严格审查，购入原料严格检测，生产过程全程全员检验，竭力提高产品质量，提升产品竞争力。各生产基地严格执行“三检制”，在容易出现质量缺陷的环节加强监控，在充分发挥产品全检优势的同时，加大互检、巡检和抽检的力度，始终保持上乘品质。公司还以开展质量月活动为突破口，鼓励人人为产品品质的提升献计献策，全方位、多角度地挑质量上的“刺”、揭自己的“短”，以推进质量体系的完善。

因此，伟星产品经过严格检测与筛选，成功地应用于鸟巢、水立方、奥运村运动员宿舍、世博会部分场馆、巴西世界杯场馆等。2018年平昌冬奥会，中国体育代表团领奖服的拉链，由伟星独家供应；由伟星股份SAB团队设计制作的航天服拉链，还曾跟随神舟十一号飞船上天。

## 服务为本提升品牌价值

“去年7月，伟星拉链与冬奥会结缘，通过前期与冬奥会服装合作伙伴安踏沟通交流，历经半年时间，最终设计定稿，并顺利完成生产。”在设计室，伟星股份“90后”设计师罗浩向记者展示平昌冬奥会上中国体育代表团领奖服的拉链，“领奖服首次采用渐变字母印花拉链，由红到黄渐变彰显中国风。”

这些年来，伟星股份一直维持年开发新产品6000多个，在开发模式上，早已舍弃大众化，改为个性定制。依托国内行业唯一服饰辅料研究院，伟星每年分别为合作伙伴精心设计适合服装风格的辅料产品，铺设工厂与市场对接“高速公路”，实现从卖产品到卖创意转变。

服务是垒实伟星品牌基石。伟星始终强调，优质产品必须要有优质的服务，才能真正赢得客户、打响品牌。

如果说，伟星拉链个性化定制是延伸产品的前置服务，那伟星新材业内首创“星管家”服务，更是打通服务到家的“最后一公里”。

水、电是家装中的隐形工程，除了产品质量极其重要外，安装也是关键。“星管家”服务应运而生，更衍生遍布全国各地、数量庞大的“星管家”服务专员队伍。“星管家”除提供免费试压服务外，还提供免费上门为客户鉴别产品真伪，施工完毕后提供完整管路排布图，为日后检修提供保障等服务。也就是说，当消费者购买伟星管并安装完毕后，就可以预约“星管家”上门验收，杜绝管道系统中存在的隐患。

## 做好产品赢得市场

2017 年上半年，伟星燃气管件通过 G5+ 评审，这意味着企业无论在生产和技术水平，还是管理和质量水平上，都处于行业领先地位，也为其燃气管件打开一条重要销售渠道。

G5+ 标准体系采用英国的燃气工业标准为蓝本制定，除对产品性能要求极高，部分指标要求远高于现行国家标准外，还有一套极为严格的认证程序。

2002 年，伟星开始投入生产 PE 燃气管件。16 年来，先后成为中石油、华润燃气、浙江能源集团等知名燃气采购集团供应商。但是，伟星人并没有止步于此，而是朝着更高目标迈进——进入燃气 G5+。

面对严苛的 G5+ 评审，伟星在第一时间组建了一支涵盖技术攻关、供应管理、品质管理等专业人员的攻关团队。这支团队以“浙江制造”人气工匠于进杰为核心，各成员分工明确，密切合作，从原材料采购和贮存、生产现场管理、质量体系、成品库存等方面着手，扎根生产一线聚焦产品质量。

一次次攻关整改、一次次推倒重来，这条征途一走便是数年。有时，为了找到一个相对合适焊接的参数，攻坚团队就要耗时 2 个多月，采用十多种不同工艺，经历 100 余次实验。

时间既慷慨又公平，在这个追求效率的时代，那些沉得下心人，总能淬炼

企业外景

出最精华部分。数年蛰伏与坚守，伟星攻坚团队最终成功，一次性通过评审，成为国内为数不多入围 G5+ 的管件企业。

## 以人为本才尽其用

临海作为伟星的发源地，有着深厚的文化底蕴，也是伟星集团规模最大的生产基地，承载着企业高端产品制造基地、智能制造先行者、人才输送基地等使命。

随着多年来持续高速发展，企业也开始面临着骨干转型不够快、后备人才供应跟不上发展等问题。

“唯有破人瓶颈，才能助事转型快速到位。”以伟星新材为例，近年来，企业专注于制造、市场两大一线，通过生产管理特训班、调试员技能评定、对接区域人才共育等培育措施，实现企业高质量发展。

基层是培养骨干最好练兵场。面向制造、设备、品管、技术线人员，伟星新材以生产管理特训班作为关键人才培养的摇篮。

搭平台、建通道，开展青蓝工程，由车间核心骨干担任导师，一对一帮扶与指导，多举措确保新员工成长。

没有市场就没有规模，没有规模就难以参与竞争。为此，企业积极对接区域分公司人才共育，以政策支持、联动优选等方式，为市场攻坚、开拓提供人才保障，磨砺出一支诚信勤勉、知变善战、具有高度责任感的优秀团队。

“以伟星事业凝聚人，以伟星文化培育人，以业绩考核人，以学习提高人。”多年来，伟星集团一直坚持在一线历练人才，从一线选拔人才。

一方面对引进各类专业技术人才及高级管理人员委以重任，营造积极向上的人才创业氛围；另一方面，从公司内部骨干员工中挖掘培养，选拔可塑性强、符合伟星发展思路的员工，放到重要岗位磨炼，培养成为公司各条战线的中坚力量。

与此同时，企业还在完善福利基础上，实行骨干持股制，且持股多与少、升与降都与业绩紧密挂钩，充分调动人才积极性，有效发挥人才的潜能。

## 共筑梦想续写新篇

一个时代有一个时代的主题，一代人有一代人的使命。不论身处哪个年代，不管从事什么岗位，奋斗都是伟星人不变的精神。

有这样一群伟星人，远离家人，奔波全国各地，攻坚战期间，开启“白＋黑”工作模式，不断走访、调研，一线就是他们的主战场。

注塑、检验、包装、调试……他们是分布在伟星生产车间各道工序的一线员工，平凡的岗位重复平凡的工作，严格把守品质，做出最优质产品。

不断挑战新高度，永远追求完美。多年来，经过一代代人的持续接力，伟星已发展成为一家综合性国家级企业集团。2010 年，伟星在金融投资服务产业迈开新步伐，先后参股浙江临海湖商村镇银行，创立创投公司和典当公司。2016年，伟星股份成功收购北京中捷时代航空科技有限公司，实现“传统＋军工”双主业的发展模式。

伟星股份参股公司伟星光学，不断引进世界一流的生产设备和检测仪器，先后推出渐进多交焦点镜片、碳晶膜镜片、抗蓝光镜片、驾驶镜片等系列产品，并不断获得多项科学技术发明奖项。

南极洛河水电厂是亚洲同等装机规模第一高水头电站，伟星仅用三年半时间，就高效、高质地完成建设，创造民营水电站建设的一个奇迹……

“争做奋斗者，共筑伟星梦。”艰苦奋斗创业精神贯穿伟星发展历程，这也是一代代伟星人所传承和坚守的品格。

40 年的风起云涌，伟星一直挺立潮头，在“百年伟星”征途上创造出一个又一个令人赞叹的奇迹。

文：陈余玉

# 让世界关注“中国药”

日前，浙江华海药业股份有限公司向美国食药品监管局（以下简称美国FDA）申报盐酸二甲双胍缓释片新药简略申请（ANDA 即美国仿制药申请）获得批准。这意味着华海药业生产并在美国市场销售该产品。

“公司投入研发盐酸二甲双胍缓释片项目费用约 600 万元人民币。”华海药业董事长兼总经理陈保华告诉记者，盐酸二甲双胍缓释片获得美国 FDA 批准文号，不仅标志着公司具备在美国市场销售产品的资格，还对拓展美国市场带来积极的影响。

历经 20 多个春秋，华海药业不断挑战、转型和突破，成长为民族制药国际化的典范，成为全球最大普利类和沙坦类药物供应商，被誉为“普利专家”“沙坦之王”。

探究华海迈向成功法宝，“品质 + 创新”是关键。品质赋予实力，创新赋予生命，二者相辅相成，共同铸成华海企业品牌，为企业发展注入持续不竭的内生动力。

## 对生命高度负责，以国际品质跻身世界医药之林

药品是特殊商品，直接关系人类的健康与安全。当今时代，患者对健康和

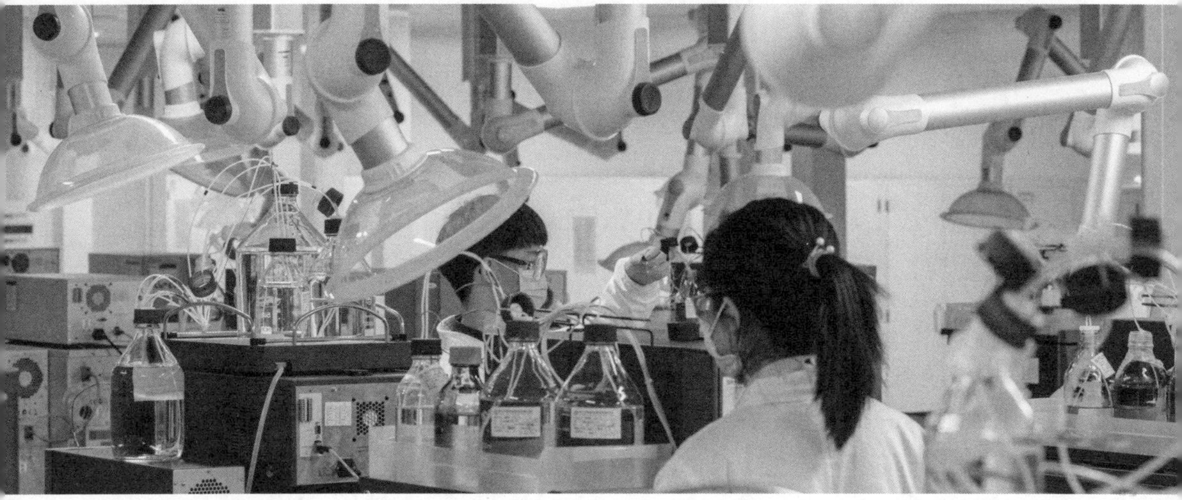

华海研发场景

药品质量的要求越来越高。面对进口药疗效好但价格高的现实，华海药业致力于进口药疗效相同但价格合理的药品研发与生产。

当别人开始做中间体和国内市场竞争时，华海药业转做原料药挺进印度、南美市场；当别人开始做原料药涌入非规范市场时，华海药业开始做欧洲 COS 认证，跻身规范市场；当别人开始做 COS 认证时，华海药业又携制剂 FDA 认证，跨洋抢滩美国高端市场……华海药业在持续转型升级和市场竞争中，始终保持领先一步。

理念决定行动，华海药业从理念意识入手，提升全员质量意识，将质量视为企业发展之本。陈保华常说道，“制药企业生产和销售不仅是药品，对患者来说更是健康和希望。”

“不接受公司质量知识培训，绝对不能上岗！”这在华海是容不得半点商议的。华海每年都要全员质量培训，从上至下强化全员质量意识，宣传质量管理法律法规，提高员工 GMP 规范操作执行力。

“质量不是检验出来，而是设计和生产出来的。”这是华海人共识。为保证药品质量，华海药业不仅对产品检验严格把关，同时将 GMP 管理理念前移，对药品全过程，包括研发、采购、生产、仓储等环节严格把关，同时通过多种方式，对公司整个质量体系管理和监督检查，确保产品百分百合格。

正是对质量的高度重视，华海药业在打造高品质道路上取得非凡成绩：公司所有产品均通过国家GMP认证，多个产品通过美国、澳大利亚、法国、韩国等官方机构认证，是国内通过国际药品质量认证最多制药企业之一；制剂产品以及生产线以零缺陷通过美国FDA认证，进入美国市场，开创中国制药走向国际先河。

经过近几年国际制剂市场考验，华海制剂产品赢得美国消费者认可，自进入美国市场来，产品抽检结果全部符合美国FDA的质量标准，华海品牌在美国市场影响日益扩大。

华海图形商标被定为中国驰名商标，展示了公司自主创新能力和产品优良的品牌特点，提升了企业品牌竞争力。华海将以打造百年企业为目标，坚持以品质为核心，铸就值得信赖的品牌。

如今，华海药业已形成以治疗心血管、抑郁症和抗病毒药物为主导的系列化、规模化产品，多个制剂产品进入美国和欧洲等国际主流医药市场。

## 完善产业链建设，接轨国际医药高端市场

“市场和研发就像‘哑铃’两头，需要强劲产业链来连接。”陈保华说道。

随着市场转型升级和全球的医药产业大转移，华海药业审时度势，作出战略性调整，改变以往以中间体和原料药为主产品的结构，转变成以原料药和制剂并重的产品结构。

华海药业紧抓专利到期潮的有利时机，充分利用产品优势，大力推进特色原料药产业发展：投入巨资建设占地478亩川南原料药生产基地，成为国内重要抗心血管、抗艾滋病等原料药生产基地；投资约2亿元、年产170吨沙坦产品全部出口欧美，沙坦类产品生产能力达到世界第一；位于华海药业汛桥区块、投资6.5亿元、年产100亿片的出口制剂车间，投资5亿元新建一座年产100亿片的制剂车间，成为国内乃至亚洲最大制剂生产基地之一，实现原料药和制剂并重局面。

作为一家与世界医药巨头共舞的国际化医药企业，华海药业追求和谐发展之路一刻也未停歇。“安全是稳定之本，环保是生存之本，质量是发展之本，员工是财富之本”，成了华海人共同理念。华海药业创立以来，始终把环保作为企业生存之本，把呵护环境、和谐发展作为企业环保管理理念。同时，公司逐步建立和完善 EHS 管理体系，提升管理水平，不断完善员工安全保障和职业健康体系。

“以前车间工人防护眼镜才几毛钱一副，现在全部换成 3M 品牌眼镜。”华海药业相关人员介绍，车间人员一律换成特种鞋，能够防护 600 公斤铁块砸轧，还能防刺、防滑和防腐蚀。

如何保证生产又减轻环境带来的压力？华海药业请教环保部门，跑遍国内外医化环境治理先进技术企业，引进废水处理技术与系统。尽管设备、工艺投入资金占当年利润三分之一，但华海药业觉得一切都值。

在不断提升环保处理装备同时，华海药业十分重视源头上控制。2002 年起，全面推行 ISO14001 环境管理体系和清洁生产，确立公司在环保治理中“以源

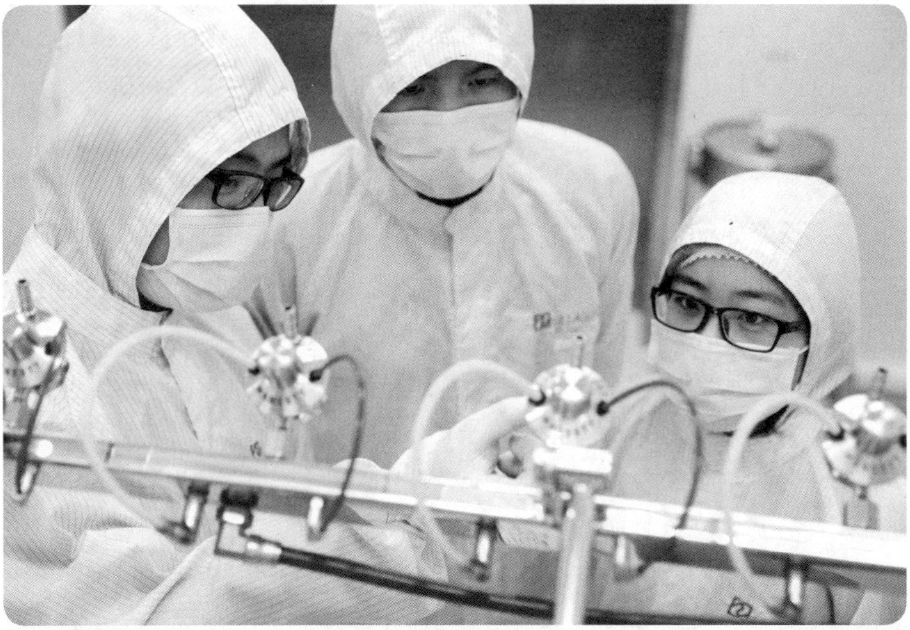

生产场景

头控制为重点、过程管理为手段、末端处理为把关”的管理原则。

## 以创新推动发展，让世界关注中国医药

从特色原料药出口向非专利药制剂出口转移，是中国药业必经之路，但这种产业升级过程非常艰辛，不仅是市场和产品结构调整，更是理念、体系颠覆性改变体现。华海药业率先迈出第一步，圆了中国药业梦。

2004年，华海药业选择美国“药谷”新泽西州作为公司国际化发展起点，成立华海（美国）国际有限公司，形成高技术研发平台和美国市场开拓平台。这既是民营医企业的一个创举，更是华海药业延续多年来高速发展趋势的必然要求。

2007年，华海药业抗艾滋病药奈韦拉平制剂产品及生产线以零缺陷通过美国FDA认证，拿到中国药业首个问鼎美国制剂市场准入证，标志中国制剂走向国际主流市场，标志中国制药生产、管理和运作已达到国际认可水平。

当然，不论是市场还是产品结构华丽转身，都与华海药业研发投入和产品高品质密不可分。近年来，华海药业研发投入始终保持在销售收入10%～15%，构建以美国研发为先导、以上海研发为核心、以临海研发为生产支持的完善的研发体系。

在美国“药谷”新泽西州，华海(美国)公司成立拥有30多名从事高端制剂研发科研人员及药物研发实验室，作为医药技术前沿信息平台和高技术研究平台，为公司提供技术支持和咨询外，每年向美国FDA申报2～8个制剂品种；在上海“药谷”张江高科技园区，华海拥有近2万平方米的研发中心，集合上海区位优势和国内外人才优势，这是公司集自主专利技术研究、Me-too准新药研制、新剂型研发和生物药创制研发平台；在临海汛桥总部，华海拥有被国家五部委联合认定的国家级企业技术中心，其中8000多平方米原料药研发中心，每年新产品项目达60多项；制剂研发方面，随着6000多平方米新制剂研发中心的使用，确保每年向国家药品审评中心申报10～15个产品、向欧洲药审中心申报3～5个产品。另外，华海药业以研究院为平台，着力建设六大新剂型

研发平台，具备从普通制剂、复方制剂到缓控释制剂、首仿药和创新药产品多层次制剂产品研发能力，生物等效性成功率达80%以上，远超美国市场平均水平。

华海药业的国际化发展之路受到多方关注。2010年以来，华海药业荣获“十一五”期间医药行业国际化先导企业称号；华海药业国际化运营及管理模式创新成果荣获浙江省、台州市企业管理现代化创新成果奖，并受邀参加浙江—美国新泽西州投资贸易洽谈会、中国生物医药国际化合作与发展论坛。华海药业的国际化发展经验，在国内制药行业产生示范引导效应。

## 管理转型升级，提升企业软实力

厚积薄发。华海药业通过多年的创新体系完善和创新实力集聚，走出了一条前景广阔的国际化发展道路，在制剂出口以及国际化发展方面走在同行前列，引航民族制药在国际化征程中一路前行。

“随着公司的产品和产业转型升级目标的确定，公司成功融入世界医药产业链，进入世界医药主流市场，企业管理转型升级势在必行。”陈保华说道，“世界医药巨头是规范市场的代表，华海药业在开拓规范市场中，逐步与前10位世界医药巨头建立战略合作，以代表世界级水平的高要求倒逼自己，大力提升各项管理水平，保障企业整体转型升级顺利推进。华海药业凭借高起点、高标准，不断提高和促进内部管理，实现企业发展制度化、科学化、正规化和国际化。”

20多年来，华海药业管理机制经历4次变革，每次变革像个强有力的助推器，把华海推向更高层次：1997年，实施ISO9002质量管理体系，完善公司内部管理机制；2000年，以实施国家GMP改造载体，全面提高药品质量管理水平，实现产业提升；2003年，股票成功登录上海证券交易所A股市场，从原来家族管理模式转向现代管理体制，建立现代企业制度；2009年以来，提出“以战略为目标，以文化为导向，以人力资源为主线，以精细化管理为目的”的指导原则，全面开展管理转型升级项目，项目涵盖管理诊断、组织设计、工作分析和岗位评估、战略绩效管理系统、全面预算管理、岗位胜任力等主要内容。

华海全景

目前，华海药业已形成以质量管理、EHS 管理、人力资源管理和精细化管理为主导的管理体系。

“十三五”期间，华海药业加快产业升级步伐，做精做强做大特色原料药和出口制剂业务，进一步开拓国内制剂市场，加强与原研厂家纵深合作，建立绿色化学合成、缓控释新剂型、药物质量控制、生物抗体和基因库筛选等技术平台，并通过与中科院有机所、上海医药工业研究院、浙江大学、浙江工业大学、天津大学等科研院所合作，建立国家级企业实验室和工程技术中心。至“十三五”期末，华海药业将实现年销售收入 50 亿元；2020—2030 年，实现年销售收入 400 亿～ 500 亿元。

华海药业通过不断转型升级，走上独树一帜的发展道路，成为中国制药企业华丽转身的典范。

文：陈余玉

# “丽水山耕”的富农传奇

丽水生态环境优越，全市 95% 以上水体为一类水质，森林覆盖率高达 80.79%，空气质量常年为优。习近平同志在主政浙江期间，曾先后八次到丽水调研，指出“绿水青山就是金山银山，对丽水来说尤为如此”。

丽水市委、市政府牢记嘱托，以“八八战略”为总纲，明确“绿色发展、科学赶超、生态惠民”发展思路。针对农业优质产品，丽水市政府提出创建“丽水山耕”农业区域公用品牌，走出一条打通“两山”通道，促进乡村振兴的品牌建设之路。

“丽水山耕”区域公用品牌为丽水市人民政府打造的覆盖全区域、全品类、全产业链的首个区域公用品牌，由丽水市生态农业协会注册，丽水市农业投资发展有限公司（简称市农发公司）运营，丽水市生态农业协会秘书处与市农发公司采用两块牌子一套人马的运行机制，为丽水地区农业精品化发展发挥了重要作用。

## 创新生态精品农业发展模式

丽水地处浙南山区，境内崇山峻岭，有“浙江绿谷”“华东氧吧”之誉。改革开放以来，全市涌现出 7000 多个生产经营主体，2800 多个品牌商标。但是，国家级农业龙头只有1家，著名商标屈指可数。靠弱小的单个主体去打响品牌相当困难，创品牌要宣传，要包装策划，要大量资金，还要专业的品牌营销人才。随着市场的发展，一方面，消费者出于对美好生活的要求，从而对品牌农产品有旺盛的需求；另一方面，众多弱小的品牌难以形成大气候，生产的优质产品也难以与消费者形成有效的对接。

为此，丽水市政府意识到，实施品牌化，不仅仅要引导生产主体创品牌，更需要政府直接参与创品牌，同时，也需要高水平的品牌团队参与整体规划。在这样的情况下，丽水市政府委托浙江大学CARD中国农业品牌研究中心策划，创建一个覆盖全市域、全品类、全产业链的区域公用品牌“丽水山耕”，并构建起一套比较科学、完善的“母子品牌”运行模式，并实行农业企业子品牌严格准入和农产品溯源监管的机制。

丽水市农发投资发展有限公司就在这样的背影下应运而生，成立于2013年8月份，属丽水市政府的国资运营机构，注册资金4亿元，承担工商资本在丽水投资农业的项目落地、农村产权服务、实施标准化、品牌化、电商化、金融化等“四化”战略工作，是丽水市政府倾力打造的生态精品农业发展的创新服务平台。2015年4月17日，丽水市生态农业协会正式成立，成为“丽水山耕”商标注册的主体资格。

2014年9月，“丽水山耕”正式亮相后，在政府的强力推动下，快速在浙江及周边省市叫响。通过不断提升母品牌“丽水山耕”的影响力，以“母鸡带小鸡”的方式，降低生产主体进入市场的成本，实现子品牌产品溢价，走活扩大农产品有效供给之路。

丽水市市场监管局工作人员到企业指导丽水山耕品牌建设

通过丽水山耕品牌的引领，创新一条山区生态精品农业发展的道路。

2017年2月3日，省工商局、

省农业厅、省质监局、省食品药品监管局联合下发《关于支持“丽水山耕”品牌提升发展的若干意见》，全力推动“丽水山耕”再提升、再拓展。丽水市政府出台了《关于深入实施商标品牌战略的意见》《“丽水山耕”品牌建设实施方案（2016—2020年）》等扶持政策。截至目前，丽水市政府已累计投入丽水山耕品牌专项扶持资金8000余万元；为进一步壮大运营主体，将国有市场中心优良资产划转到市农投公司。

## 农业品牌体制机制创新

一方面，运用政府宣介推广品牌的独特优势，不断提升丽水山耕品牌影响力，带动子品牌产品价格增值；另一方面，从各类农产品供给侧的各个环节，比如标准化生产、信息化服务、金融化改革、电商化发展等方面，形成市场化的一站式全产业链农业公共服务体系，大大增强农产品供给侧对需求变化的适应性和灵活性。

为推进品牌在农产品结构性供给侧改革中所发挥的作用，创新性地建立“丽水山耕”区域公用品牌引领下的“1+N”全产业链公共服务体系。“1”为“丽水山耕”区域公用品牌引领，“N”为品牌背后标准化、金融化、电商化的服务。

通过品牌带动服务的模式整合全市优质的农业资源，形成母品牌与子品牌、政府与市场、生产者与服务商等各方面的合力，推动丽水市生态精品农业的发展，服务于农产品结构性供给侧改革。总的来说，

子品牌之一

助农惠农

主要分为以下四大块建设内容。

推进标准化。做到四个“严”：一是严把生产标准关。结合农业投入品“双减”工程，推行农产品标准化生产。二是严格追溯体系关。自行开发并应用市级追溯系统，创新产品溯源、监管追责的追溯平台管理模式，实现从田间到餐桌闭环式管理。三是严控检测准入关。依托国有检测设备和场地，进行检测机构市场化创新，市农发公司与绿城农科检测技术有限公司共同组建的混合所有制的丽水市蓝城农科检测技术有限公司，打破原农业局检测中心人员编制、检测能力的瓶颈，以政府出钱买服务的形式，为农产品质量安全提供公益支撑，并同时实现对外有偿服务，实现盈利。四是严守贮运操作关。陆续委托科研机构制订40多种当地主要农产品贮运操作手册，并指导加盟农业主体推广应用。

发展电商化。自主开发拥有自主知识产权的以农业大数据为基础的农业数据中心，融合农产品电子商务、质量追溯、农村产权交易、农企服务、大宗农产品电子现货、农业物联网等六个应用平台的“壹生态农业信息化服务系统”，创新“互联网＋农业”的信息化模式，用数据指导品牌运营，提升丽水农业数据化水平。

依托“壹生态”平台开展农产品包装设计、文化故事挖掘、电子商务培训等电商化培育服务。开发集大橱窗的商品展示、智能零售系统、便捷的支付功能、多媒体广告系统、移动端互联网、云端电子商务管理后台、整合大数据、无线

WIFI 等功能为一体的全国首台“丽水山耕”农旅农产品智能体验商店，以及集网络销售、分销系统、营销大数据等功能为一体的“丽水山耕”农集 APP，大幅提升农产品线上营销力度。

创新金融化。一是产权交易框架初成。构建国内第一个面向基层，以县、乡交易为主，市级承担服务的“市 – 县 – 乡”三级农村产权交易平台，实行统一信息发布，统一交易规则，统一交易鉴证，统一网络操作，统一平台建设的“五统一”管理模式，为全市提供统一软件平台，解决交易的合法鉴证，同时能为后期金融服务提供基础数据。二是首创土地（林地）信托模式。2014 年 7 月 22 日，创新农业金融服务体系的全国首单生态公益林补偿金信托在龙泉落地。通过对水塔村 3.7 万亩生态公益林补偿金收入 74 万元的信托设立，可为每户新增近 3 万元的信托凭证资产。配合政府的引导资金，在水塔村设立村级担保互助社，以解决本村村民在生产生活中碰到的融资难问题。

开展营销推广。打造全市农产品的物流配送体系，破解农产品上行的最大瓶颈。在上海、杭州、宁波、温州和绍兴五大城市，建立“丽水山耕”农产品 20 家社区店，并全面入驻顺丰嘿客杭州 92 家门店。同时，从 2014 年开始，连续两年参加在杭州举办的丽水生态精品农博会。2016 年，先后开展遂昌笋竹产业、青田杨梅产业的产销合作营销。每月开展的“丽水山耕”农集活动，参

丽水山耕惠及当地产业

丽水山耕惠及当地产业

加新春农博会、义乌旅交会、上海旅交会、北京京交会、杭州 G20 峰会旅游嘉年华、浙江省农业品牌大会等各类营销活动。同时，以品牌农产品转化为旅游地商品为契机，全面开展品牌产品的自主营销工作。

## 发掘市场规律实现有效供给

通过“丽水山耕”品牌，丽水对农业主体实施有效的“四化”服务，实施了 22 个农业标准化科技项目，完成了 280 余种产品的文化挖掘和包装设计，制定设计了 10 个农产品贮运操作手册；完成了 3000 余个批次的产品检测；省、市追溯平台加入 1000 家主体，吸引 155 家农业主体加入“母子品牌”运作。目前经丽水山耕品牌背书的农产品，已经成为消费者信赖的生态优质农产品，自 2014 年 9 月品牌发布之日起，背书农产品销售额达 14.9 亿元，平均溢价 33%。

截至 2018 年 10 月底，丽水市共有地理标志证明商标 30 件，首次跃居全省第一，其中农产品地理标志证明商标 28 件，占全市总数的 93.3%；共有集体商标 25 件，其中农产品集体商标 16 件，占全市总数的 64%，农产品区域品牌得到较好的发展和保护，为丽水市农民收入增幅连续 9 年位居浙江第一积极助力。

文：潘玮琳

# 编后记

《中国LOGO:浙商品牌腾飞之旅》的编纂，前后历时一年，拿到出版社样稿的时候正是举国共庆改革开放40周年的纪念日前夕。

1978年的12月18日，党的十一届三中全会召开，中国由此迎来新时代。浙江民营企业从真正意义上迎来腾飞，他们的品牌意识由此萌芽并走向壮大。40年后的今天，无数浙商品牌以醒目的中国LOGO风云激荡，蜚声国际。

吉利为什么能从代工摩托车一跃收购沃尔沃？富通为什么能成为通信电缆NO.1？华东医药如何从一家濒临倒闭的小药企变身全国药企引领者？……本书40个浙商品牌样本由浙江省各级市场监管局层层推荐，并征求相关各方的意见，参考了企业经济总量、税收贡献、品牌含金量、社会价值、信用信息等十多项指标，最终遴选出在全省不同领域内深具特色的40个品牌样本（排序不分先后）。

虽不能通过40个样本全景展示浙商品牌改革开放40年中的纵横捭阖、风云激荡，但其在全省不同领域内的精彩表现，可谓改革开放大潮下浙商品牌成长的缩影。每一篇稿件均经过市场导报社专业财经记者的深度采访，以纪实性的笔触展现企业家的内心世界，展示企业的品牌精髓。世界上没有无缘无故的成功，这些经典的浙商品牌故事都是具有借鉴意义的。

在此，一是感谢浙商企业家对采访的重视和关注。二是感谢记者团队夜以继日的笔耕劳作，以保证成书品质。三是感谢浙江省市场监督管理局商标条线干部根据多年品牌工作的积累和眼光，推荐最有成色的品牌企业，促成此书的出版。

与此同时，感谢浙江大学教授、博士生导师，浙江省政府文史馆馆长、浙商发展研究院（浙商智库）院长王永昌先生为丛书作序。感谢中国市场出版社编辑张再青协同出版社编辑团队，对本书一再仔细审核，提出很多有价值的修改意见。一本值得阅读和收藏的好书，一定离不开大家的共同付出和努力。

是为后记。

编者

2018 年 11 月 30 日

**图书在版编目（CIP）数据**

中国LOGO ：浙商品牌腾飞之旅 / “之江崛起”丛书编委会著. -- 北京 ：中国市场出版社，2018.12
（之江崛起 ：纪念改革开放40周年系列丛书）
ISBN 978-7-5092-1773-3

Ⅰ. ①中… Ⅱ. ①之… Ⅲ. ①品牌－企业管理－研究－浙江 Ⅳ. ①F279.275.5

中国版本图书馆CIP数据核字(2018)第279711号

**中国LOGO——浙商品牌腾飞之旅**
ZHONGGUO LOGO——ZHESHANG PINPAI TENGFEI ZHI LÜ

---

**编　　著：**“之江崛起”丛书编委会
**责任编辑：**张再青
**装帧设计：**林智广告
**出版发行：**中国市场出版社
**社　　址：**北京市西城区月坛北小街2号院3号楼（100837）
**电　　话：**（010）68024335/68034118/68022950/68020336
**经　　销：**新华书店
**印　　刷：**新华通讯社浙江分社印刷厂
**规　　格：**170mm × 240mm　　16开本
**印　　张：**20.75　　**字　　数：**335千字
**版　　次：**2018年12月第1版　　**印　　次：**2018年12月第1次印刷
**书　　号：**ISBN 978-7-5092-1773-3
**定　　价：**88.00元

---